粤西府縣舊志叢書

孫長軍 主編

康熙海康縣志

（清）鄭俊 修 宋紹啓 纂

蔡平 整理

鳳凰出版社

圖書在版編目（CIP）數據

康熙海康縣志 / （清）鄭俊修 ；（清）宋紹啓纂 ；蔡平整理. -- 南京 ：鳳凰出版社，2023.9
（粵西府縣舊志叢書 / 孫長軍主編）
ISBN 978-7-5506-3947-8

Ⅰ. ①康… Ⅱ. ①鄭… ②宋… ③蔡… Ⅲ. ①海康縣—地方志—清代 Ⅳ. ①K296.54

中國國家版本館CIP數據核字(2023)第095724號

書　　名	康熙海康縣志
著　　者	(清)鄭　俊 修　(清)宋紹啓 纂
整 理 者	蔡　平
責任編輯	李相東
特约编辑	王晨韵
裝幀設計	陳貴子
責任監製	程明嬌
出版發行	鳳凰出版社(原江蘇古籍出版社) 發行部電話025-83223462
出版社地址	江蘇省南京市中央路165號，郵編:210009
照　　排	南京凱建文化發展有限公司
印　　刷	南京新洲印刷有限公司 江蘇省南京市六合區雨花路2號　211500
開　　本	880毫米×1230毫米　1/32
印　　張	14.25
字　　數	349千字
版　　次	2023年9月第1版
印　　次	2023年9月第1次印刷
標準書號	ISBN 978-7-5506-3947-8
定　　價	188.00圓 (本書凡印裝錯誤可向承印廠調換，電話:025-57500228)

『粵西府縣舊志叢書』整理編輯委員會

主　編：孫長軍

副主編：蔡　平（執行）　鄧　建　劉　剛

編　委：（以姓氏筆畫爲序）

李玉晶　沈曉梅　周思明　馬瑜理　陳關怡

閆　勖　董國華　彭潔瑩　蔡　平　鄧　建

裴夢蘇　劉　剛　劉　嵐　閻懷蘭　顏雲榕

鍾嘉芳

『粵西府縣舊志叢書』總序

一、『粵西』所指及叢書範圍

『粵西』與『粵東』相對，本是一歷史地名。《中國歷史地名大辭典》：『粵西，指今廣西壯族自治區，爲廣西之别稱，因位於古百越（粵）地西部而名。』『粵東，指今廣東省地，因位於古百越（粵）地東部而得名。』清人汪森所輯《粵西通載》一百三十卷（《粵西詩載》二十五卷、《粵西文載》七十五卷、《粵西叢載》三十卷），書名『粵西』即指今廣西。其《粵西詩載序》曰：『凡係粵西之事，形之詩與文者，抄撮成一編。』雖然其中所録詩文的書寫并非盡爲今廣西之事，但以廣西視角的觀照是明確的。至民國陳柱編輯明末清初至民國十三年（一九二四）十四家詩，則皆爲廣西人詩作。今人曾德珪所編《粵西詞載》網羅清宣統三年（一九一一）以前廣西歷代詞作而成。以上所稱『粵西』，均屬歷史的稱謂。即便是當代學者面對廣西的歷史文化問題研究，仍有以『粵西』名之者，胡大雷《粵西文化與中華文化研究·前言》説：『之所以稱粵西文化而不稱廣西文化，則是出於我們的研究比較多地是注重文化史研究的考慮。』明清時期的廣東，有『粤中』『粤東』之稱。清乾隆時期范端昂輯撰的《粤中見聞》，是一部以廣東風物爲記述内容的筆記散文。乾隆時期順德人温汝能纂輯《粤東詩海》，則以清代廣東省域爲範圍，收録廣東本土詩人之詩作。吴永光《粤東詩海·前言》指出清代廣東的政區範圍：『粤東，或稱東粤，以其地處古百粤之東，故有此稱。含今廣東省、海南省及廣西欽州地區。』

現代意義上的粤西，一般是地理、經濟、文化等的綜合指稱，包括湛江市、茂名市、陽江市、雲浮市及肇慶市和江門市的部分地區。《廣東省今古地名詞典》：『粤西，泛指廣東省西部地方，包括肇慶市、湛江市、茂名市及陽江市。』隨着改革開放四十年廣東經濟社會的發展，珠三角地區向外逐漸輻射，粤西的指稱範圍相應地也在縮小，今通常指廣東西部四個地級市，即湛江、茂名、陽江、雲浮。四市於明清時期分屬於雷州府、高州府、肇慶府及羅定州，其中湛江市政區所屬盡歸於明清時期的高、雷二府，徐聞、海康、遂溪屬雷州府，廉江（石城）、吴川屬高州府。雷州府三縣位處雷州半島，是雷州文化孕育、發展的主體區域，與雷州府毗鄰的高州府是雷州文化的輻射區域。故將高、雷二府所包含的舊《志》作爲『粤西府縣舊志叢書』整理的對象，叢書名稱中的『粤西』僅指今湛江、茂名二市。

粤西府縣舊《志》整理所依據的底本爲『廣東歷代方志集成』之『雷州府部』『高州府部』所收編的舊《志》。『雷州府部』含府縣舊《志》十一種，即《萬曆雷州府志》《康熙雷州府志》《嘉慶雷州府志》《康熙海康縣志》《嘉慶海康縣志》《民國海康縣志》《康熙遂溪縣志》《道光遂溪縣志》《康熙二十六年徐聞縣志》《康熙三十七年徐聞縣志》《宣統徐聞縣志》。『高州府部』含府縣舊《志》三十五種，即《萬曆高州府志》《康熙高州府志》《乾隆高州府志》《道光高州府志》《光緒高州府志》《康熙二十六年茂名縣志》《康熙三十八年茂名縣志》《嘉慶茂名縣志》《光緒茂名縣志》《康熙十二年電白縣志》《康熙二十五年電白縣志》《道光電白縣志》《光緒電白縣志》《民國電白縣志稿》《康熙十三年信宜縣志》《康熙二十六年信宜縣志》《乾隆信宜縣志》《光緒信宜縣志》《康熙九年化州志》《康熙二十五年化州志》《乾隆化州志》《道光化州志》《光緒化州志》《康熙八年吴川縣志》《康熙二十六年吴川縣志》《雍正吴川縣志》《乾隆吴川縣志》《道光吴川縣志》《光緒吴川縣志》《康熙六年石城縣志》《康熙二十五年石城縣志》《康熙五十一年石城縣志》《嘉慶石城縣志》《光緒石城縣志》《民國石城縣志》。合高、雷府縣舊《志》總爲四十六種，除其中少部分因版面字迹漫滅不具備整理條件外，均納入叢書之内。

二、舊《志》整理——地域歷史文化研究的基礎工作

從人類發展史看，任何一個民族或族群，在求得自身生存、發展的歷史進程中，都必然依賴於某一特定的地理空間，在這一地理空間内繁衍生息，既接受大自然的賜予，適應特定的地理環境，又在一定程度上影響甚至改變着周圍的自然地理環境，這種雙向互動便産生各式各樣的、帶有人的影響印迹的、物質性的或非物質性的形態，我們通常將這些形態稱作『文化』。一種生命體與其生存的環境發生互動是普遍存在的，并非僅有人類如此，但其他生命體與環境互動産生的結果都不能稱作『文化』，唯獨人與環

境互動的衍生物才是『文化』。或者也可以這樣説，『文化』是人類的特有屬性之一。這種對『文化』内涵所指的認定，是以人與自然的二元存在爲觀照點的，更傾向於人的主體地位。常言道『一方水土養一方人』，這是立足於自然空間環境的説法，將人看作自然的一部分。因爲一方水土并非祇養一方人，還養育着這方水土上的其他生命體。一方水土上的人受一方水土的滋養，反過來一方水土也在一定程度上受到來自人的影響，這一方水土上的人與這方水土的互動，便構成地方文化，或稱作區域文化。

中國幅員遼闊，民族衆多，各地有各地獨特的文化形態和文化生成脉絡。從較大的地域空間而言，湛江地方特色文化屬嶺南文化的構成部分，而今廣東政區所屬又是嶺南文化孕育、生成、發展的最主要區域。在這一區域中，由於早期百越民族的外遷與不同歷史時期中原漢民族族群在不同時期的南下，北方漢民族和嶺南百越民族或融合、或獨立發展，形成了多樣化的族群文化形態，這些不同形態的族群文化有着特定的存在空間，諸如廣府民系所代表的廣府文化主要分布在珠三角地區、客家民系所代表的客家文化主要分布在粤東北地區、潮汕民系所代表的潮汕文化主要分布在粤東沿海的潮汕地區。今湛江政區所屬區域最具特色的文化形態被人們界定爲『雷州文化』，而且在一定話語層面，『雷州文化』被指稱爲廣東四大地方文化板塊之一。然而，雷州文化是怎樣性質的地域文化？是否如同廣府文化、客家文化、潮汕文化一樣是主要基於漢族族群稱謂的文化類型？有哪些方面的特質决定了它可與其他三大文化形態并列指稱？凡此種種，都缺乏必要而有力的注脚，常常給人以比附甚至是『攀附』的印象。再者，長期以來，官方話語和學術話語中，提起湛江的地域文化，往往籠統地以雷州文化概之，這種觀念所帶來的

廣東海洋大學 2022 年度人文社科文化建設重點項目

『粵西府縣舊志整理與出版』專項

結果，一方面造成更廣大社會層面人們的誤讀，以爲湛江的歷史文化就是雷州文化，連帶而來的是吴川、廉江兩地對雷州文化的排斥；另一方面造成從事湛江地域文化研究的學者，多重視和傾向於雷州文化研究，而忽略了不能納入雷州文化圈層的廉江和吴川的地域文化，造成對湛江地域文化的發掘和研究的不平衡，難以一體化推進。

之所以形成湛江地域文化話語中的諸多疑問（争議），不少專家學者或地方文化人士參與研究與闡釋，却似乎没有誰能説得更明白，也没有哪一家説得更令人信服，究其原因，最根本的是長期以來看似越來越多的地域文化研究成果，僅僅是對部分舊有史料的反復使用和轉抄，對這部分被人們用熟了的材料轉换視角進行再闡釋和再使用，其結果就是無論文章還是著作，都給人似曾相識之感。地域文化研究，并非純屬學術層面的基礎研究，它是一種綜合研究，是基礎性研究、闡釋性研究、傳承性研究、創新性轉化的應用研究的綜合。當下的湛江地域文化研究，僅僅停留在文化現象的闡釋性研究層面，基礎性研究不够，闡釋性研究則是片面的、缺乏整體性和客觀性的；缺乏和忽視傳承性研究與創新轉化研究，則失去了闡釋性研究存在的意義和價值。在基礎性研究、闡釋性研究、傳承性研究、應用性研究這一綜合研究體系中，所有研究開始的基礎都必然是從基礎研究做起。對於湛江而言，頭等重要的基礎研究課題便是要弄清楚今日湛江政區範圍内，在歷史時期留下了怎樣的文化遺産，包括物質性文化遺産和非物質性文化遺産。這裏談到的文化遺産，是指今天仍見在的文化遺産，需要政府部門進行頂層設計，整合人力、物力資源進行全面普查。這是一項非常浩大的文化建設工程，涉及人的生存發展所旁及的一切方面，即留下什麼就調研什麼，并搜集、記録、闡釋什麼，最終以文字或圖片的形式將其固定下來，從而成爲本土文化後世傳承的文獻源。地域文化研究的另一項基礎研究工作，是要弄清中外各類文獻（主要是指不同歷史時期的文獻遺存）中究竟有哪些關於今日湛江政區範圍内的各方面文獻記載與文字呈現，并將其中所有相關文獻全部編輯出來，這就是湛江地方文化研究的文獻集成工作，進而利用現代技術手段將集成性的湛江歷史文獻數字化，建立湛江地域文化研究文獻資料庫，爲未來湛江地域文化的綜合研究提供第一手資料。

由以上表述可知，湛江地域文化研究的步驟是由基礎性研究到闡釋性研究、傳承性研究、應用轉化性研究層遞推進的。基礎性研究爲後續研究提供第一手可信度强的文獻資源；闡釋性研究是對個體文化形態的認知研究；傳承性研究是對優秀的物質性和非物質性文化遺産的生態保護和傳承，使之血脉不斷；應用轉化性研究是在客觀認知和呈現文化遺産的前提下，進行基於個體文化遺産的現代創新和轉化研究，即歷史文化遺産的市場化運作，進入文化産業發展層面。

湛江地域文化的基礎性研究，包括『湛江地域文化研究文獻集成與數字化』（湛江歷史文化研究文獻集成）和『湛江歷史文化遺産普查與數字化』兩大工程。粤西府縣舊《志》整理屬於湛江地域歷史文化研究文獻集成的重要内容，也是最主要的部分。

三、舊《志》整理與區域文化研究的學科歸屬

區域歷史文化元素的發掘、整理、研究與傳承，前提是必須摸清特定區域内的歷史遺存，由歷史存在文化元素所屬的門類，結合現代學術研究的學科分類，提煉歸納出一個個地方歷史文化研究方向。在物質性的歷史文化遺產中，紙質文獻相對是最豐富的，也是區域歷史文化研究最重要的依據。紙質文獻包括歷代地方舊《志》、方志以外歷代本土與外來人士的本土書寫、歷代地方譜類文獻、歷代地方碑刻、歷代正史及地理總志的本土史事人物載録等。其中，歷代地方舊《志》能相對最全面、最集中、最細緻地呈現一地經濟社會發展狀況，故地方歷史文化研究理應從方志整理做起。

就今湛江政區而言，其涉及的府縣舊《志》，雷州府所屬《雷州府志》三部、《海康縣志》三部、《遂溪縣志》兩部、《徐聞縣志》三部，高州府所屬《高州府志》五部、《吴川縣志》六部、《石城縣志》六部。雷州府部全部十一種及高州府部吴川、石城二縣十二種，是湛江本土府縣舊《志》，高州府部中的五種《高州府志》載録了吴川、石城史事，以上總計二十八種，是湛江歷史文化研究資料的直接來源。另外高州府所屬《茂名縣志》四部、《電白縣志》五部、《信宜縣志》四部、《化州志》五部，總十八種，是湛江歷史文化輻射最近區域遺存的志書。

今收編粵西高、雷二府舊《志》的大型叢書主要有三種：一是上海書店等三家出版社合作出版的

『中國地方志集成·廣東府縣志輯』；二是臺灣成文出版社所出『中國方志叢書』；三是嶺南美術出版社出版的『廣東歷代方志集成』。前二者體例相近，於每一府縣僅收編一種志書。如成文版『中國方志叢書』收編《萬曆雷州府志》《萬曆高州府志》《光緒吴川縣志》《民國石城縣志》《宣統徐聞縣志》《道光遂溪縣志》《康熙二十六年海康縣志》，大致均爲一府一縣歷代志書中較有代表性或較爲完善的一種。唯『廣東歷代方志集成』不擇巨細，收録一府一縣傳世所有舊《志》，爲舊《志》校勘和研究提供了極大的方便。以往湛江本土舊《志》整理已有部分成果，主要有劉世傑、彭潔瑩點校《萬曆雷州府志》，蔡平點校《道光遂溪縣志》，廉江市地方志辦公室點校《民國石城縣志》，廉江市志編纂委員會辦公室點校《光緒石城縣志》。上述數種舊《志》整理本，啓動整理方考慮到普及和方便使用，均采取簡體横排形式。『粤西府縣舊志叢書』的整理編輯工作，將對所有高、雷二府遺存府縣舊《志》進行全面整理，包括之前已經整理出版的部分舊《志》，采用繁體豎排形式，以更貼近古籍原貌。

提及地方歷史文化研究，人們想到的往往是一地之風俗、人物、民間藝術、獨特的景觀等，故常見的地方歷史文化研究成果大都呈現爲幾個人物、幾種民俗、幾類藝術形式、幾處文化景觀的學術書寫或文化書寫。實際上，這與地方歷史文化元素發掘研究的要求是存在很大距離的。一地的歷史文化構成究竟有什麽，在哪里，如何表述，最可靠的依據就是文獻的載録。地方舊《志》是一地過去時代經濟社會發展狀況的真實記録，是百科全書式的，它可成爲地方歷史文化研究學科體系建構的重要依據。古代地方政區建置主要基於人口數量的盈縮、人口的民族構成而變化，政區沿革與歸屬的變遷是區域歷史文化研究的首要問題，它是地域文化得以孕生發展的地理空間。與區域政區沿革相伴，是這一特定地理空間中人們賴以生存的自然環境，它包括陸海格局、氣候狀況、山川分布等。舊《志》中的《縣圖》《圖經》《沿革》《星野》《氣候》《風候》《潮汐》《山川》等屬此，歸於歷史地理學的研究範疇。特定地理空間的物產是人們賴以生存的物質資源，保持物產充足和可持續發展，又需要相應的水利設施、防災減災設施建設，這就是舊《志》中呈現的《土產》《井泉》《陂塘》《堤岸》《珠海》《貨物》等門的記述，爲地方農業史研究的資料來源。一方水土、一方物產養育一方人，從而形成特定地域的習俗，體現在舊《志》中即《習尚》《言語》《居處》《節序》等，是民俗學研究的對象。在『普天之下莫非王土，率土之濱莫非王臣』的時代，王朝必設官以分理天下，舊《志》中的《秩官》詳盡地載録了一地各級官府的職官設置，是制度史研究的内容。『爲官一方，造福於民』，歷來是王朝對地方官員的勸勉，也是方正官員的夙願。於民造福之事，體現在各種與民生相關的舉措中，舊《志》中《城池》《公署》《亭館》《坊表》《驛鋪》《橋渡》《塔宇》等相當於今之市政建設之屬，歸於《建置》一門。地方官員履行安民職事的同時，還須大力發展地方經濟，并代爲王朝抽取，上繳賦税，《户役》或《食貨》揭示的是税制問題，當爲地方經濟史内容。經濟發展了，百姓安居樂業了，又需要對其施之以教育，於是學校之建是必不可少的。舊《志》中的《學校》提供的是古代一地的教育史料。爲確保一方平安，軍事防禦是必須的。粵西背山面海，既要防山賊，又須禦海寇，《兵防》門提供的是古代的軍事史料。舊《志》中占很大篇幅的是人物，具體分爲《名宦》《流寓》《鄉賢》《勛烈》《貞女》等，是一地人物研究的重要文獻。《藝文》通常居舊《志》文本之末，爲本土或異地官宦、文士、鄉賢等對當地的詩文書寫，既是開發地方旅游資源的重要文獻依據，更是書寫一地文學史的重要研究文本。仍有《古迹》《寺觀》《名僧》《壇廟》等，反映了一地的民間信仰和宗教信仰，是地方宗教等問題研究的基本材料。

四、粤西府縣舊《志》整理的路徑

粤西高、雷二府舊《志》整理工作分爲兩個階段：

第一階段是將四十六種府縣舊《志》中凡具備整理條件的全部整理出來，作爲『粤西府縣舊志叢書』的内容；第二階段是以整理本爲基礎，將其中史料從現代學科視角分門别類，進行分類資料彙編。

本叢書編訂屬方志文獻的集成性工作，是分類資料彙編和地方文獻資料庫建設的基礎，故對整理對象不分内容粗細、篇幅大小、前後承襲狀况，均加以整理。整理方式爲衹分段、斷句、標點，而不校勘，文字忠實於底本，底本明顯錯漏之處，亦保持原貌，并以小注形式標示。舊《志》的斷句、標點工作，先雷州府部，後高州府部，先今湛江政區所屬各地舊《志》，後今茂名政區所屬各地舊《志》。

各舊《志》體例大同小異，名目不同，内容相類。各卷次排列及其所屬各門順序，始於《輿圖》，終於《藝文》。這一體制特點爲舊《志》文獻的分類彙編提供了方便。同一府、縣不同時期舊《志》，後代志書對於前代志書内容多爲承襲，補入前代志書所未涉及時間斷限中的史料。有的舊《志》編纂向後延伸到民國，有的衹是至清代的某一個時期，如《石城縣志》和《海康縣志》都延及民國，而《遂溪縣志》僅修至清道光朝。舊《志》修纂和傳世狀况直接決定了府、縣史料的系統與否。資料的分類彙編，是將府、縣舊《志》中某一類型文獻編輯成卷，如《湛江舊《志》教育史料彙編》《湛江舊《志》海洋史料彙編》《湛江舊《志》文學史料彙編》《湛江舊《志》民俗史料彙編》等。以此作爲地方歷史文化研究的課題選項和深層研究的依据。

本叢書的整理出版，得到廣東海洋大學科技處、發展規劃處、文學與新聞傳播學院經費支持，雷州市地方志辦公室、遂溪縣地方志辦公室在文獻資料上的支持也保證了整理工作的順利展開，出版方鳳凰出版社承接本叢書部分出版，亦給予整理工作極大的支持。各舊《志》整理工作主要由廣東省雷州文化研究基地科研人員承擔，在先期文字録入過程中得到廣東海洋大學文學與新聞傳播學院部分學生的幫助，在後期定稿時的技術處理上得到不少有關專家的指導，在此一并致以謝意。限於各種因素，雖然我們堅持以嚴謹審慎的態度對待舊《志》文本，并盡最大可能避免錯漏和斷句、標點問題，但仍然會存在這樣或那樣的不盡如人意之處，敬希讀者不吝指教，以便日後完善補正。

蔡　平

二〇一八年九月

『粵西府縣舊志叢書』凡例

一、今粵西湛江、茂名二市政區所轄，自古代至一九四九年前編纂之府志、縣志之刊本、鈔本等，均爲本叢書整理出版對象。一地而成於不同歷史時期之舊《志》，盡予收編，以明當地之沿革變遷與志書承續之脉絡。

二、所録志書不論篇幅大小，均按府、縣傳世志書獨立分卷。

三、各志書整理，概以尊重原著、保持原貌爲原則；原書之題記、序跋、圖版、注釋、引文等，悉予保留；不得不删減之重複者，保留原目，以明全貌；原書字迹漫漶、缺損嚴重者，據本地其他志書同類内容補入，以求完備。

四、部分舊《志》目録與正文有異，均按正文釐定。圖版按原書所在位置排列，不作另行調整。

五、整理者按現行現代漢語規範對原書文字進行標點，一般不分段，原則上不作校勘，不出校記。原文明顯錯訛者保持原貌，以頁下小注形式予以説明。原文使用的避諱字或缺筆字徑改，異體字一般不改，俗字均改爲通行的繁體字。

六、各書有版本不同者，均以工作底本爲基準，作文字對勘；遇有内容較大差異，擇其要者於《前言》中交代。

七、整理者所撰《前言》，主要交代編修者、修纂過程、内容、該書重要價值、整理工作情况，以及其他必要的説明等。

八、叢書采用繁體字竪排版式，原書用於敬稱、謙稱時之特定格式，均予取消。

九、各舊《志》原書在序跋、凡例、目録等的順序上多有不同，本叢書均釐爲統一格式。

十、各舊《志》整理本目録包括兩部分：一是『粤西府縣舊志叢書總序』『粤西府縣舊志叢書凡例』『整理者前言』；二是原書各構成要素。原書目録融入整理本目録中，不再重複。

前　言

海康縣（今雷州市），爲廣東省湛江市轄五縣（市）之一，明清時期爲雷州府所領。有傳世舊志三種，即由康熙朝鄭俊主修、嘉慶朝劉邦柄主修、民國梁成久主修之《海康縣志》。雖無可靠證據表明康熙朝之前無縣志之修，因無前朝修志及志書内容的任何蛛絲馬跡，姑將康熙朝《海康縣志》看作是海康縣方志修纂史上之首創亦不爲過。該志之體例、門類之設置、史事之載録等，都爲嘉慶朝及民國兩部續志之修所借鑒和采擇，其地位和文獻價值是不可替代的。

一、康熙朝《海康縣志》之版本

今可見鄭俊主修《海康縣志》版本大致有三：康熙二十六年初刻，乾隆印本；民國十八年聚珍本；抄本（年代不詳）。

（一）康熙二十六年（一六八七）纂成時初刻，乾隆印本

李默《廣東方志要録》：『康熙二十六年丁卯刻本，乾隆印本。』駱偉《嶺南文獻綜録》：『清康熙二十

六年刊，乾隆印本。』其首有鄭俊《海康縣志序》，題下有館藏章『故宫博物院藏書』。入編《廣東歷代方志集成·雷州府部（三）》，影本。該本闕損十分嚴重，《廣東歷代方志集成》於卷末注有二十七個闕頁，即存者亦有不少頁面漫漶難以辨識者，據此整理幾無可能，僅有校勘之效用。至嘉慶十六年（一八一一），四川涪州人劉邦柄任海康知縣，始主修《海康縣志》，『乃延觀察陳觀樓先生總纂，分延諸紳宿同校』（劉邦柄《海康縣志序》），海康縣孝廉陳宗緒、歲貢陳源闕、職員陳君典、增生陳丕顯等『並以康熙間鄭明府俊所刊舊志到局，因删并門類，廣採事實』（陳昌齊《海康縣志序》），至嘉慶十七年中秋，纂成縣志八卷。此次修志，主要以鄭俊《康熙志》爲依據，或創或因。廣泛因循的是鄭《志》所載之前代史料，以及鄭《志》所置門類的名稱，新變的是將鄭《志》所分十八門删并而爲八門。陳昌齊《海康縣志序》曰：

舊志分十八門，今定爲八門。首《疆域》，而以《輿圖》《星候》《地里》《食貨》《民俗》五門併入之；次《建置》，而以《學校》《秩祀》二門及《兵防》之《屯衛》《臺汛》併入之；次《職官》；次《名宦》；次《選舉》；次《人物》；次《列女》；而以《藝文》終篇。其《兵防》《勳烈》《流寓》三門並統之郡，非縣所得專也，故删之。

《廣東歷代方志集成·雷州府部》輯入《嘉慶海康縣志》，乃據廣東省立中山圖書館藏本影印，有劉邦柄《序》，而闕陳昌齊《序》。陳《序》見於梁成久修《民國海康縣志》卷二十五《藝文志一》。若論嘉慶《志》與康熙《志》的淵源關係，劉《序》未有涉及，陳《序》則説得非常清晰明白。

（二）民國十八年聚珍本（活字版）

一九七四年，臺灣成文出版社影印此本，編入《中國方志叢書》『華南地方』第一八五號，其書名頁稱『據清康熙二十六年修民國十八年鉛印本影印』。《廣東歷代方志集成·雷州府部》未采此本。該本卷末有邑人梁成久《跋記》，其曰：

右康熙年《海康縣志》，爲知縣鄭俊纂，迄今將三百年，存者寥寥。會縣修《續志》，查取此書。城區採訪員陳君登策送來一部，閱之，見中所記載多有嘉慶年《縣志》所漏略者，是亦考證前事所不可少之書也。第原板已朽壞無遺，此孤本亦虞或佚，爰與局中同事勞君佐文、陳君景鎏、吴君天澤、林君麟年等商，再付聚珍板印，以廣流傳。而志爲一縣之書，僉謂宜用一縣之款，司新賓興祠錢穀事李君其璜主張尤力，遂以該祠存款白金一百五十元，印書一百部，庶流傳勿替，邑事大有足徵也。印既竟，爲志其緣起於此。民國十八年夏曆己巳歲八月續修《縣志》，總纂梁成久記。

此《跋記》内容大致有四點值得注意：其一，鄭俊所修《海康縣志》，乃因纂修《海康縣續志》（即《民國海康縣志》）所查取。據吴天寵《海康縣續志序》，《海康縣續志》起修於民國九年（一九二〇），至民國二十六年（一九三七）修成，歷時十八年。與歷代方志的纂修套路一致，《續志》之修亦須廣泛徵集素材，鄭《志》方進入修纂者視野。其二，所得鄭《志》一部，乃城區採訪員陳登策所獻，所載多有嘉慶《志》所漏略，是新修《續志》考證前事的重要參考。陳《序》未提及陳登策所獻鄭《志》闕損之狀，當與《廣東歷代方志集成》之影故宫博物院藏本不同，應相對較爲完善。其三，原鄭《志》書板已朽壞無遺，無法再印書，在陳昌齊看來，陳登策所獻一部很可能已成孤本。在今天看來，該本不應是孤本，至少有比此本殘損更爲嚴重的故宫博物院藏本。僅以故宫博物院藏本之殘滅部分，與民國十八年雷陽印書館鉛印本對應部分比照，前者空無一字，後者文字卻歷歷在目。鉛印本乃據陳登策獻本重制活字印行，由活字本可推知陳登策獻本頁面狀況，與故宫博物院藏本完全不同。舊籍殘損，大致由兩種情況造成，一是原書板已殘，書乃因殘板付印，故宫博物院藏本便酷似這種情況；二是舊本原書已殘，後再刻、或抄、或改用活字排印，只能將闕損部分留白，民國十八年印本即屬這一情況。由此可以推測，故宫博物院藏本未必是初刻，陳登策獻本倒有可能是初刻。其四，陳昌齊慮及陳登策獻本原板已絶，孤本或有朝一日毁絶不傳，便與志局同事勞佐文等人依陳登策獻本，以聚珍板形式重刊，共刊印一百部。今臺灣成文出版社編入《中國方志叢書》的影本及坊間所傳複印中國國家圖書館藏本，即爲百部之一或之二。然而，臺灣成文出版社影本多有頁面文字模糊現象，特别是小字部分，幾乎少有清晰者，但坊間流布中國的國家圖書館藏本之複印本頁面文字異常清晰，二者雖版式相同，單從頁面之清晰與文字之歷歷可辨看，已是天壤之别。二者原書當同爲民國十八年雷陽印書館刊印，國圖藏本應爲初印或百部的先印幾部之一，成文出版社影本所據乃百部之後幾部之一。活字印刷特點就是先印者效果好，後印者因活字模磨損而致印書效果變差，木活字尤其如此。

（二）抄本

與故宫博物院藏本、民國十八年聚珍本相比，抄本頁面清晰，字跡清晰，内容最完備，藏京師圖書館。此本與舊刻本、民國聚珍本可辨别文字部分相較，多有使用錯字、别字等文字舛誤問題，亦有抄漏問題，不過極少。這是抄書所難免的。抄本一般或抄原稿本，或抄原刻本，只從抄本文本自身無法判斷其抄自何本。在版式佈局上與刻本、聚珍本存在若干細節上的出入，如卷首部分，故宫博物院藏本排列順序依次是鄭《序》、目録，民國聚珍本順序是鄭《序》、《纂修姓氏》、《參訂姓氏》、目録，抄本則是鄭《序》、目録、《纂修姓氏》、《參訂姓氏》。又如，刻本、聚珍本於三卷之首均題『海康縣志上卷』『海康縣志中卷』『海康縣志下卷』，抄本則無。再如，《輿圖志》有《海康縣圖》一幅，此圖四邊文字内容各本相同，字體不同，圖中山陵、海洋、村落、城牆等標記圖式各有其異，而以抄本最爲形象可觀。

本次整理的康熙朝鄭俊主修《海康縣志》乃是基於抄本之獲得，原依故宫博物院藏本、臺灣成文版民國十八年聚珍本，已基本確定無法整理成型。得抄本後，即以抄本爲底本，以刻本、聚珍本爲參校本，另又參照嘉慶《志》、民國《續志》中的相應部分，諸本之缺漏、異文，均出校記。

二、康熙朝《海康縣志》之修纂

康熙朝《海康縣志》之修纂信息，僅有鄭俊《海康縣志序》《海康縣志跋》、梁成久《海康縣志跋記》、吴天寵《海康縣續志序》等有限文獻涉及，且十分簡略。民國二十六年邑人吴天寵《海康縣續志序》云：『吾邑志，前明已佚。清康熙二十六年，知縣鄭俊與教諭黄濂、訓導林昌煜、邑人宋紹啓，吾族祖馬期公始纂成書。』（梁成久纂，陳景棻續纂《民國海康縣志》，民國二十七年鉛印本，《廣東歷代方志集成·雷州府部〔三〕》）此説蓋有三義：其一，明代海康是修有縣志的，已佚；其二，康熙朝《海康縣志》纂成於康熙二十六年；其三，參與修纂者爲海康縣知縣鄭俊、教諭黄濂、訓導林昌煜、邑人宋紹啓、吴天寵之祖吴馬期。

（一）康熙朝《海康縣志》的首創與續修問題

稱『吾邑志，前明已佚』，顯然是肯定明代有邑志之纂修。另外可以支持明代已有邑志的證據，是抄本和民國十八年聚珍本《海康縣志》，抄本目録後有《續修姓氏》《參訂姓氏》，民國聚珍本則在鄭《序》之後、目録之前出以《續修姓氏》《參訂姓氏》。如志爲首創，便不能稱作『續修』。《廣東歷代方志集成·雷州府部（三）》所收編《康熙海康縣志》，爲故宫博物院藏本，鄭《序》落款處鈐印二方，其一爲『鄭俊之印』，可見該本應是康熙二十六年之刻本，然此本並無《續修姓氏》《參訂姓氏》頁。《廣東歷代方志集成》於影故宫博物院藏刻本之末標注了『該志缺漏頁』，只有中卷和下卷缺漏頁，而無上卷及其他缺漏頁，從此可知該本無《續修姓氏》《參訂姓氏》，並非因缺漏頁所致，當本無此頁。然抄本和民國聚珍本中的《續修姓氏》《參訂姓氏》從何而來呢？《民國海康縣志》卷二十五《藝文志一》載鄭俊《海康縣志序》並《纂修姓氏》，其《纂修姓氏》内容與抄本、聚珍本全同。《民國海康縣志》成書最晚，所載《纂修姓氏》當有所本，所本爲何則又是一個問題。聚珍本刊印於民國十八年，爲梁成久所發起，乃因修纂《海康縣續志》收集舊本作爲參考時臨時動議的，定不是《纂修姓氏》所本。如此看來，其所本便很可能是抄本了。抄本爲京師圖書館所藏，京師圖書館即今中國國家圖書館前身，籌建於宣統元年，民國十七年更名爲國立北平圖書館。其初期以内閣大庫、翰林院、國子監南學書、文津閣四庫全書、敦煌劫餘遺書爲基本館藏，雖不能確定藏於京師圖書館抄本的年代，但比梁成久聚珍板印本早是可以肯定的。劉邦柄、陳昌齊修纂之《嘉慶海康縣志》、梁成久等人所修《海康縣續志》等均未言及抄本，此抄本内沒有任何關於抄成的時間信息，相對於殘損缺漏嚴重的康熙二十六年鄭俊於《序》後鈐印的刻本、民國十八年重印之聚珍本，在内容上是最完善的。假如此抄本成於康熙朝，據《續修姓氏》之『續修』之稱，康熙朝《海康縣志》之前曾有明代縣志之修便是可信的。

鄭俊《海康縣志序》中三次提及搜求邑志而不得。一是康熙二十五年到海康縣任時尋訪未得，『丙寅春暮，余以不材，叨牧海邑。甫下車，諮訪邑志而讀之，搜求再四，無有也』。舊時，知府縣事者初一到任，首事即訪閱本地舊志，以求全面瞭解治地狀況，鄭俊初任海康，訪讀邑志，即此目的。二是經過一番尋訪之後，僅得十卷《雷陽郡志》（即《雷州府志》），又繼續搜求邑志，仍無所獲，『訪取邑志，搜求再四，訖無有也』。三是因朝廷纂修《一統志》所需，奉上臺之命搜求邑志獻上，終無所得，『訪之遺老，問諸故府，搜求再四，而邑志訖無有也』。鄭俊《海康縣志跋》又云：『海邑屬在荒繳，野無藏藁，庫無鏤板，載籍湮没。』其搜求範圍當僅限於本邑，至多外及本府以内，『未有』不足爲奇。如當時可面向海内搜尋，或許會有收獲，然在當時條件下是無法做到的。至劉邦柄主修嘉慶朝《海康縣志》，鄭俊修康熙朝《海康縣志》，即成爲前代惟一的文本參考和取材來源。陳昌齊《重修海康縣志序》曰：

縣孝廉陳宗緒、歲貢陳源闢、職員陳君典、增生陳丕顯等請之邑侯劉寅谷先生，並以康熙間鄭明府所刊舊志到局，因删並門類，廣採事實，自是年初冬迄次年中秋，纂成縣志八卷。（《廣東歷代方志集成·雷州府部〔三〕·嘉慶海康縣志》）

此説未提及康熙朝以前是否有過邑志之修。《道光廣東通志》卷一百九十二《藝文略四》載道光以前《海康縣志》兩種，前者即爲鄭俊所修康熙朝《海康縣志》。（《廣東歷代方志集成·省部十八·道光廣東通志》）今人李默《廣東方志要録》、駱偉《嶺南文獻綜録》均述雷州府海康縣有志三種，其最早的一種即鄭俊所修《海康縣志》三卷，前者只載録傳世文獻，後者除載録傳世方志外，亦載録歷代載籍徵引或題名而書散佚者。由此可知，鄭俊主修康熙朝《海康縣志》之前是否有邑志之産生，今已全然無考。明清兩代的許多地方志書，在《職官志》或《名宦志》中對曾主修過舊志者，往往將傳主修志作爲其事功之一加以記述，如閻如玷《徐聞縣志·名宦》（康熙二十六年本）稱張師益『嘗創邑乘，以備文獻之考焉』，對於首修邑志者，則以『創』稱之，然省志、府志、縣志《職官志》中的鄭俊小傳，均不言修志之事，更無『創』修之説。

由上述考辨大致可以有三點認識：一是從吴天寵《海康縣續志序》之説及康熙朝《海康縣志》抄本、民國十八年聚珍本《纂修姓氏》來看，鄭俊之前是有邑志之修的，然除此以外没有任何文獻可以支持明代有邑志的説法；二是鄭俊及以後歷代修志者，因不同目的尋訪康熙以前海康縣舊志均無所獲，不能證明明代就無邑志之修；三是歷代再四搜求而不得，且没有任何文獻徵引及名稱之提及，即便是散佚也不太可能湮没得如此乾净，故稱康熙朝《海康縣志》爲邑志之首創亦未嘗不可。

（二）康熙朝《海康縣志》的修纂時間和歷程問題

方志之修，因涉及輿地之廣狹，歷時短者有數月或一兩年，歷時久者或達十幾年、數十年不等。對於康熙朝《海康縣志》之修纂時間，文獻中稱述明確者是成書時間。吴天寵《海康縣續志序》曰：『清康熙二十六年，知縣鄭俊與教諭黄瀠、訓導林昌煜、邑人宋紹啓，吾族祖馬期公始纂成書。』這是説成書之年爲康熙二十六年。關於成書月份，亦無文獻直言。鄭俊《海康縣志序》於篇末落款爲『康熙二十六年歲次丁卯季春之月，賜進士文林郎知海康縣事晋長平鄭俊撰』，此言《序》作於康熙二十六年三月，通常而言，古代志書修成之時，主修者即爲之作序，或邀人作序，時間一般是前後相續的，書當成於康熙二十六年年初，至遲在三月。不過，成書與刊刻成書還是有區別的，『成書』既可指書稿完成，也可指刊刻成書，但自『書』字本義看，成書乃將書稿刊刻裝訂成册，因此，又可將康熙二十六年三月看作是該志刊刻成書的時間。鄭俊《海康縣志跋》又云：『閲朞月而書成，分爲三卷。』『朞月』指一整年，『閲朞月』即歷時一整年。由康熙二十六年三月前推一年，則康熙二十五年三月爲起修時間。康熙二十五年三月，又恰是鄭俊到任海康知縣的時間，『丙寅春暮，余以不材，叨牧海邑』（《康熙縣志序》），『春暮』即『暮春』，爲春季的最後一月，義同『季春』，可知鄭俊到任之始便開啓修志之事，歷時整整一年，其間包括搜尋舊志、成立志局、職事分工、抄纂補輯、定爲志稿、剞劂成書等準備、修纂、成書環節。

有清一代，先後三次官修本朝地理總志《一統志》（亦稱《大清一統志》）：一修，起於康熙二十五年，歷康熙、雍正、乾隆三朝，至乾隆八年始成；二修，起於乾隆二十九年，歷時二十年，至乾隆四十九年告竣；三修，起於嘉慶十六年，歷時三十一年，至道光二十二年成書。以第一次耗時最長，前後近六十年，由於是首次纂修，作爲史料採輯依據的歷代文獻，特別是地方文獻的搜求以及收獲如何，是决定《一統志》是否能够修成的關鍵因素。經過明末清初易代之際連年的兵燹之禍，天下版籍損毁嚴重，康熙帝命修《大清一統志》的同時，又下詔儀部（禮部）『徵取直省州縣諸志』，『粤省撫藩各上臺檄取再四』（鄭俊《海康縣志跋》）。在當時，這是由皇帝發動自上而下的國家行爲，也是一個不可迴旋的政治任務，各省幾乎同一步調搜舊開新，搜舊所獲寥寥，更多的是須新修以獻上。李默《廣東方志要録》云：『時修《大清一統志》，省檄各府州縣修志呈繳，因而邑令閻如珆進行纂修。』在今天看來，整個清代修纂並傳世數量最大的是康熙朝纂成之方志，其中又以康熙二十六年所修成者最多。僅以雷州府所屬三縣而言，當年便有《徐聞縣志》《遂溪縣志》《海康縣志》。康熙二十五年舉全國之力修纂《一統志》之前，也修成了不少方志，但數量上遠不及康熙二十五年之後，從全國範圍看，根據《一統志》修纂進度及需要，各地呈繳之方志在修成時間上早晚不一，終康熙一朝，方志修纂不曾間斷。

全國範圍的大修志書，自大處而言爲國家行爲，自地方而言乃各級政府行爲，只要是大清寰宇之內，省必有省志，府必有府志，縣必有縣志。有幸能搜求到前代舊志，則相對省時省力，修志時可直接抄纂舊志，補入新舊時間差内的相關内容。如鄭俊主修《海康縣志》時幾番搜求而未有，志又必須修成並按期繳付，作爲一縣主政官員的壓力是巨大的。他將實情如實上報省撫，得到的指令是可從府志中採緝海康縣内容部分，『諸上臺廉得其故，下檄就郡志採輯之』（《海康縣志跋》），『余捧檄進學師、紳士而謀之，有原任學博宋紹啓、明經吴馬期者，博雅之彦也，身任其事，潛心搜輯，研究考訂』（《海康縣志跋》），『無已乃會集學師、紳士，取郡志而採輯之』（鄭俊《海康縣志序》）。修志所持原則、具體做法、預期目標是：『其詳于昔者，今不敢略也。壬子至今事蹟有未載者，按類增入之，勿敢佚也。補苴草創，以成一邑之志，非所云不刊之成式也，亦聊以備統志之採擇耳。』（鄭俊《海康縣志序》）此言新志之修，對於郡志中之詳盡者，縣志亦詳，不妄加刪削郡志之有。『壬子』即康熙十一年，本年吴盛藻修《雷州府志》。康熙十一年（壬子）至康熙二十五年，爲府志和縣志之間的時間差，府志未載，則按府志所設門類分別補入縣志中。修志内容所及之下限至修志當年，通常是舊志纂修的原則，『勿敢佚』，也不能佚。既

《康熙雷州府志》爲鄭修《海康縣志》主要的採緝對象，則《康熙雷州府志》大可作爲已殘損嚴重的康熙二十六年原刻《海康縣志》了。

三、康熙朝《海康縣志》的修纂人員

康熙朝《海康縣志》抄本、民國十八年梁成久重印聚珍本，將參與纂修人員分爲《續修姓氏》和《參訂姓氏》，民國吴天寵《海康縣續志序》則總稱爲纂修者。前者提及九人，『海康縣知縣鄭俊、海康縣教諭黄濲、海康縣訓導林昌煜（續修姓氏）』，『原任保昌學訓導宋紹啓、候選貢生吴馬期、莫若亭、鄧宗雷、蕭鳴玉（參訂姓氏）』，『督造刊生員吴有翼（督造刊）』；後者提及五人：知縣鄭俊、教諭黄濲、訓導林昌煜、邑人宋紹啓、吴馬期。鄭俊《海康縣志跋》除其本人外，還提及『原任學博宋紹啓、明經吴馬期』二人。

鄭俊，生卒年不詳，山西高平縣人，康熙二十五年出任海康知縣，三月到任。其生平事跡見於《道光廣東通志·職官表四十五》，其曰：『鄭俊，山西高平人，進士，二十五年任。』（《廣東歷代方志集成·省部十五·道光廣東通志》）《嘉慶雷州府志·職官》：『鄭俊，高平人，進士，二十五年任。』（《廣東歷代方志集成·雷州府部〔二〕·嘉慶雷州府志》）《民國海康縣志·藝文志一》：『案前志，鄭俊，高平人，進士，康熙二十五年任海康知縣。』（《廣東歷代方志集成·雷州府部〔五〕·民國海康縣志》）。從

《嘉慶雷州府志・職官》《道光廣東通志・職官表》中康熙朝歷任海康知縣任職時間間隔看，鄭俊之前任鄭惟飆於康熙二十二年任，後任張翥於康熙三十一年任，鄭俊任海康知縣六年，康熙三十一年離任，任職時間相對較長。初赴任，即主持修纂邑志，『余身司邑事，總率是書，鄙陋無文，不能勝也』（鄭俊《海康縣志跋》）。其在任内，除主修邑志外，又捐俸修復平湖書院。《康熙海康縣志》中卷《學校志・書院》：『平湖書院……康熙二十五年冬，知縣鄭俊捐俸修復，諸生就學其中。』又會同教諭黄濲捐俸重修學宫，『康熙二十五年，奉文修葺學宫。先是學宫，連年颶風，倒塌，知縣鄭俊、教諭黄濲捐俸首倡，會集弟子員捐助，重修聖殿、明倫堂，兩廡、櫺星、儀門、齋舍完竣，迄今焕然改觀』（《康熙海康縣志・學校志》）。

黄濲，生卒年不詳，惠州人，貢生，康熙二十三年任海康縣教諭。《道光廣東通志・職官表》《嘉慶雷州府志・職官》《康熙海康縣志・職官》均有極簡小傳，所述全同，『黄濲，惠州人，貢生，康熙二十三年任』。《康熙海康縣志・藝文》載録黄濲《建修明倫堂記》，可補諸志小傳之闕略。黄濲，康熙二十三年十二月始任海康縣教諭，『甲子季冬，余秉鐸海邦』。涖任之日即謁聖廟，『但見櫟宇榱題，爲風雨所壞，及進而登明倫堂舊址暨東西齋，悉皆荒土纍纍，荆榛瓦礫』，便集本學諸生吴集賢、王純忠、黄時憲、温起龍、陳易新商議，又請命於雷瓊道程憲，程憲使郡守沈聯鏕、縣尹鄭惟飆設法修葺，『於是始各捐俸，爲鳩工庀材，揀選物料備用』。此番舉修，起工於康熙二十四年四月，歷時一年亦未趨完備。康熙二十五年三月，鄭俊涖任海康知縣，『復振起而經營焉』，至本年十二月，工始告成。明倫堂之修葺，是在鄭惟飆、鄭俊兩任知縣任内完成的，黄滌以『修明學校』作爲身膺教諭之職的重要職責，由最初的起意謀劃，申請上臺，到捐資、庀材，以至於完工後作文記之，全程事必躬親，是康熙朝海康縣頗有政績的地方官員。

纂修、參訂姓氏中，除以上二人外，其他七人事跡至爲簡略。康熙朝海康縣訓導林昌煜，僅《參訂姓氏》及民國吴天寵《海康縣續志序》提及其名，别無其他。省志、府志、縣志中『訓導』一目並無此人。宋紹啓、吴馬期、莫若亭、鄧宗雷、蕭鳴玉五人，均爲海康縣歲貢。宋紹啓，邑人，曾於順治朝任保昌訓導。吴馬期，民國邑人，吴天寵《海康縣續志序》稱其爲族祖。督造刊吴有翼，僅從《參訂姓氏》知其爲生員。

蔡　平

二〇二一年十二月

目録

中卷

海康縣志序

郡邑之有志，猶國之有史也。古者，列國各有國史，掌記時事，凡一國之禮樂、政教、兵農、財賦、分野、星候、山川、城池、疆域、名賢、人物，以及祠祀、災祥、土産、風俗，罔不載焉，罔不備焉。自秦始皇滅六國，分天下爲三十六郡，而史亡矣。史亡，然後志作焉。是志者，史之遺也。由郡而析之，則有縣。縣雖有小大，而一縣之禮樂、政教、兵農、財賦、分野、星候、山川、城池、疆域、名賢、人物，以及祠祀、災祥、土産、風俗，罔不載焉，罔不備焉，是縣志也。由縣而上之郡，彙屬縣之志而纂輯之，有郡志焉。由郡而上之省，彙屬郡之志而纂輯之，有省志焉。由省而上之朝廷，彙直省之志而纂輯之，然後一統之志以成矣。是縣者郡之積，而郡者省之匯也。直省者又統志之所裁成，而修史者之所參考也。然則縣雖有小大，而志烏可以少乎哉？丙寅春暮，余以不材，叨牧海邑。甫下車，諮訪邑志而讀之，搜求再四，無有也。僅得《雷陽郡志》十卷，取而閲之，知其創于明正德之丁丑歲，而修之者三，一在嘉靖之甲辰，一在萬曆之乙卯，而今康熙十一年壬子歲，歷陽吴明府重修之者也。訪取邑志，搜求再四，訖無有也。夫有邑志，而後有郡志。今郡有志矣，而邑反無志。噫，何其闕略有如是耶？

我國家幅幁〔一〕萬里，遐陬僻壤。若滇、黔、西粤，有縣則有志，無分大小〔二〕，靡有異也。雷自秦以來隸象郡，地已入中國之版圖矣。由漢而唐而宋元，迄明以至于今，聲名文物亦有時而〔三〕盛矣。而邑志之弗備，何其闕略有如是耶？况今聖明在御，聰明天縱，學問日新，經史詢博雅之士，詩賦試侍從之臣，訪隱逸，求遺書，凡所以黼藻太平，丕昭文治者，蔑不至矣。爰命儒臣修一統之志，以成鉅典。而縣志有未備，即郡志亦未詳也；郡志有弗詳，即省志亦未云完美也，其何以昭文治而成一統之大志乎？昨冬迄今春仲，奉撫都院、藩臺暨雷〔四〕府公檄文移取邑志，不啻三五，而至于七八矣。訪之遺老，問諸故府，搜求再四，而邑志訖無有也。無已乃會集學師、紳士，取郡志而採輯之，其詳于昔者，今不敢略也。壬子至今事蹟有未載者，按類增入之，勿敢佚也。補苴草創，以成一邑之志，非所云不刊之成式也，亦聊以備統志之採擇耳。且弗使邊海小邑，文事未備，致聖明之朝有闕略之憾云爾。

康熙二十六年歲次丁卯季春之月，賜進士文林郎知海康縣事晉長平鄭俊撰〔五〕。

〔一〕故宫博物院藏刻本、民國十八年聚珍本皆作『隕』，誤。此據抄本。
〔二〕故宫博物院藏刻本、民國十八年聚珍本皆作『小大』。
〔三〕抄本無『而』字。此採刻本、聚珍本。
〔四〕刻本、聚珍本無『雷』字。
〔五〕後句據刻本、聚珍本，抄本僅作『海康縣知縣鄭俊撰』。

續修姓氏〔一〕

海康縣知縣鄭俊
海康縣教諭黃滌
海康縣訓導林昌煜

〔一〕故宫博物院藏刻本無本頁《續修姓氏》《參訂姓氏》之内容。民國聚珍本、抄本皆有此頁。

參訂姓氏

原任保昌學訓導宋紹啓

候選貢生吴馬期、莫若亭、鄧宗雷、蕭鳴玉仝訂

督造刊生員吴有翼〔一〕

〔一〕民國聚珍本有「督造刊生員吴有翼」，抄本闕。

海康縣志上卷〔一〕

〔一〕抄本無『上卷』二字，目録僅作『上卷』，爲目録與正文相應部分稱名統一，故作『海康縣志上卷』，刻本、聚珍本皆如此。

輿圖志

縣圖　圖經　沿革　事紀

語曰不出户見天下，非馳思之謂也。古者版籍藏諸王府，故蕭何收秦圖書以知天下阨塞，馬援聚米爲谷而隴在目中。夫閲險易，按封域，豈不以圖哉？雷之爲縣三，延袤幾千里，令竭蹶未易以底，合圖之，析〔一〕又圖之，而雷盡是矣。數户口若者繁，産殖若者頤，關梁若者險，而鍵風俗若者淳，文物若者燦，掌而指之不翅也。作輿圖志。

〔一〕抄本作『折』，誤。此據刻本、聚珍本。

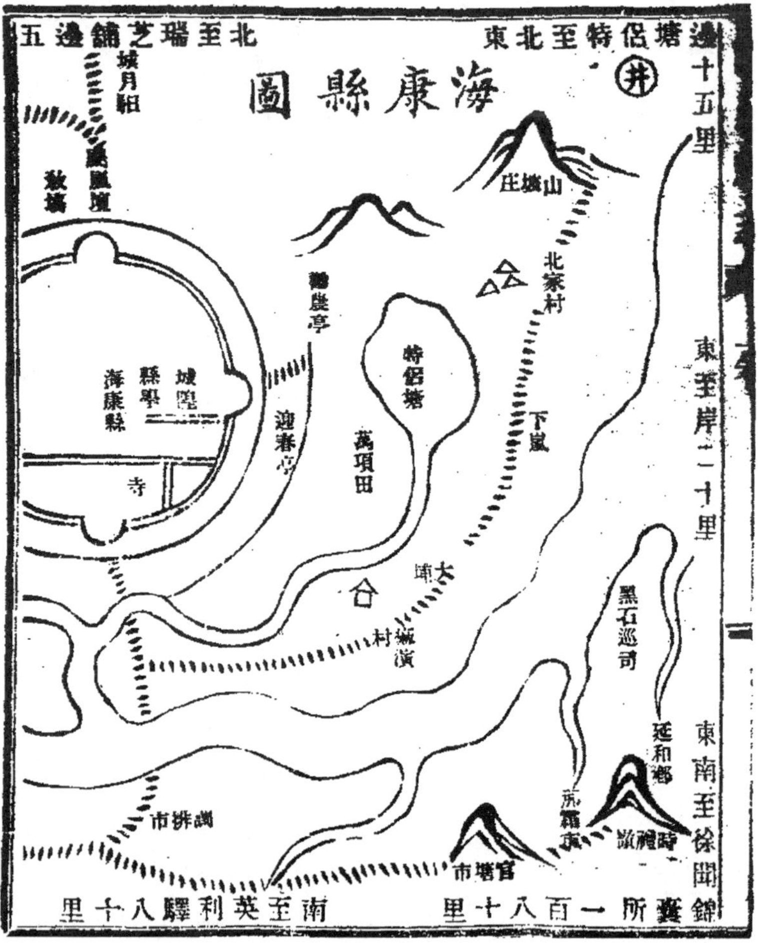
海康縣圖
東北至特侶塘邊十五里
東至岸二十里
東南至徐聞錦囊所一百八十里
南至英利驛八十里
城月驛
鳳凰嶺
山塘庄
北家村
勸農亭
特侶塘
迎春亭
萬項田
下嵐
城隍
縣學
海康縣
寺
黑石巡司
延和都
官塘市
調排市

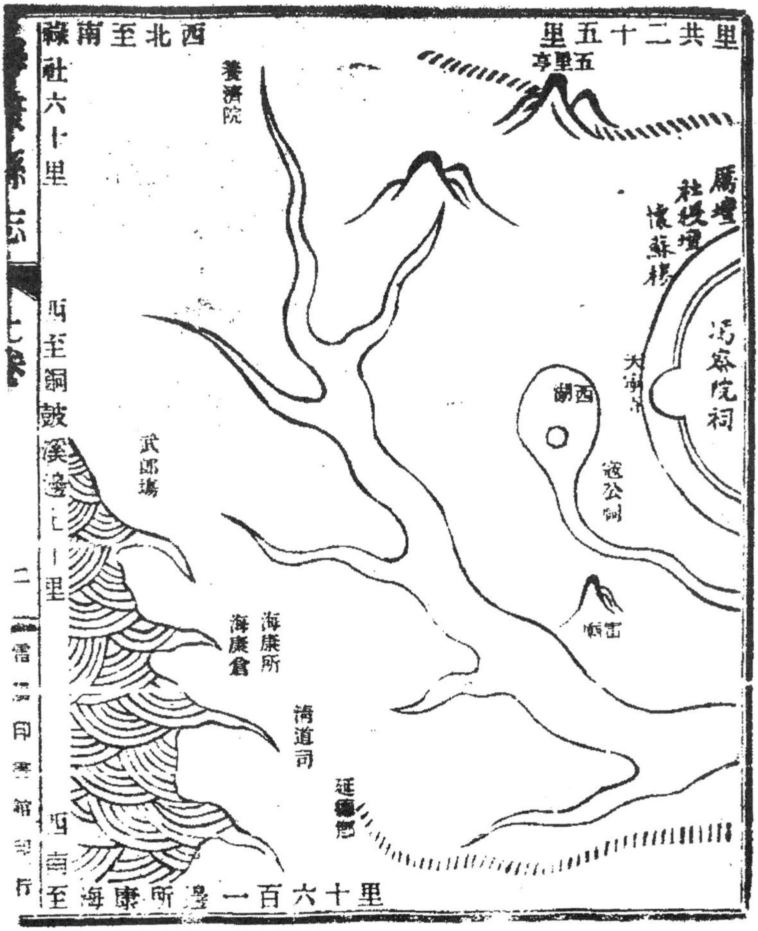
西北至南渌社六十里
里共二十五里
五里亭
養濟院
厲壇
社稷壇
懷蘇樓
西湖
寇公祠
武郎墟
海康所
海康倉
海道司
西至銅鼓溪邊七十里
西南至海康所邊一百六十里

圖經

雷州輿圖盡域，支于嶺嶠，負于高凉，腋于廉，面于海。其郡有擎雷山，擎雷之水出焉，東入于海。博袍水出博袍山，西流〔一〕入于海。附郭爲海康縣。北，英靈崗〔二〕，羅湖之水出焉，南流與擎雷水合，入于海。東，思靈島峙洋中。西，徒會山浮焉。

沿革

古者宇内九州，舜即位，析之爲十二。蓋地廣則政難周，如呼『邪許』者，衆負之，則其趨也，便勢使然也。周有天下，建諸侯千八百國，秦併之置郡。粵歸漢後，雷統屬焉。中間或分或合，紛若棊枰。至明，始定爲三縣。我朝鼎興，仍如舊，徵而紀之，亦因革之軌也。唐玄宗天寶元年，以雷州爲海康郡。肅宗至德初，復爲雷州，領海康、遂溪、徐聞。海康，雷附郭。縣本漢徐聞地，屬合浦郡。梁屬合州。

〔一〕刻本、抄本作『流』，是。聚珍本作『統』。
〔二〕刻本、聚珍本作『岡』，抄本作『崗』。

隋於此置海康縣，元明仍舊，國朝因之。

事紀

唐

天寶元年，改雷州爲海康郡。

至德二年，復爲雷州，領海康、遂溪、徐聞三縣。

宋

淳化五年，知雷州軍事楊維新始建子城。

乾興四年，貶故相寇準爲雷州司户參軍。

紹聖四年，安置門下侍郎蘇轍于雷。

紹興八年，海賊陳旺攻雷子城，澄海將軍虞輔國、李憲死之。

紹興十五年，知雷州軍事王趯築外城。由那盧至西湖暨赤嶺、東嶺塹英禄山，周圍五里。未就。黄勳、趙伯檉繼之，其功乃畢。

二十六年，知雷州軍事何庾導塘渠灌東洋田。雷地病燥涸，庾築特侣、西湖二塘堤，通渠水以灌東洋田萬頃，民利賴之。

乾道六年，知雷州軍事戴之邵築長堤以捍潮。潮味鹹，溢則傷稼，舊堤久壞，至是大築之。

元

至元十八年，元改安撫司爲雷州路總管府。

明

洪武元年，遣指揮張秉彝成雷，改路爲府，領海康、遂溪、徐聞三縣。

二十七年，始命備倭。

永樂七年，颶風大作。時颶挾鹹潮泛濫至城，海堤潰，民溺死者甚衆，知府王敬捐俸恤之。

十四年，詔採珠。

成化元年，廣西猺賊胡公威反，流劫至雷。是時承平日久，民不知兵。賊至，俱奔入城，相持日久，城中疫起，十死六七，田野荒蕪，户口頓減。

海康知縣王麒〔一〕禦賊於那柳村，死之。

成化十四年，奏併海康縣學於府。時地方殘破，絃誦者少，省祭何璉奏，改〔二〕併入府學。

二十年，雷大有年。

〔一〕抄本作「王麟」，聚珍本作「王麒」。

〔二〕刻本頁面闕，聚珍本作「故」。

弘治九年，奏復海康縣學。是科海康張德中式，且兩學生員相擠，知府陳嘉禮、知縣林彦修命歲貢生員田安奏復原學。

十二年，詔採珠。

正德五年，守珠池太監牛榮激變於雷。榮恃勢横暴，計家資取所入，地方苦之，故變。

九年，詔採珠於對樂池，無珠乃止。

十一年，賊刦遂溪縣，官民俱受虜，至海濱乃放還〔一〕。颶風害稼，民告災，乃減征。

十四年，守珠池太監趙蘭激變於雷。蘭視牛榮尤横，賊殺良民陳應魁，誣奏知府王秉良詔獄，故變。

嘉靖元年，罷採珠，詔内監還京師。先是，宣德間，命内使來守珠池。弘治間，詔一採之，旋罷。至是屢激民變，故御史陳實奏而罷之。

三年，地震。

二十一年秋九月，颶風。廬舍、禾苗俱壞。

二十二年，雷民告饑，發賑之。

二十三年三月，雨雹。

二十七年，瓊州崖黎復反，都御史歐陽必進總兵平江伯陳珪征之，稅于雷〔二〕。秋九月，雨色緑。

〔一〕『賊刦遂溪縣，官民俱受虜，至海濱乃放還』，刻本、聚珍本無。

〔二〕『瓊州崖黎復反，都御史歐陽必進總兵平江伯陳珪征之，稅于雷』，刻本、聚珍本闕。

地震。

三十一年夏，鹹潮暴溢。南亭居民夜暮無知，漂屋，溺死者甚衆。

三十九年，詔採珠。次年颶風。

四十三年，廣西流賊突至。入府城，殺守門人二人。

隆慶元年〔一〕，詔罷雷州貢葛。

四年夏六月，颶風。

五年冬十二月晦，倭賊突掠雷西南郊。擄掠男婦，地方幾破。

萬曆二年秋，鹹潮湧浸。

六年秋，彗見西南方。尾散如箒，其長竟天，五十餘日方滅。

十五年，蝗殺稼。

十七年，颶風，水溢害稼。

十九年，颶風。

二十二年春二月，地震。

二十三年，旱，大無禾稼。

〔一〕抄本作「四年」，誤。聚珍本作「元年」，是。

二十四年，大旱，赤地千里。是歲，斗米二錢五分〔一〕，民多茹樹皮延活，饑〔二〕死者萬計。守道洪敷誥、知府伍士望捐俸賑之。

增築〔三〕城東土龍。城東平曠，風氣不聚。知府伍士望因舊土龍〔四〕加築高大，上植榕木〔五〕，數年成林，鬱葱環繞。

二十六年，詔採珠。

冬地震。

二十九年春三月，倭賊自淡水登岸，據龍鬱村，尋討平之。時官兵進戰，多爲賊所傷，署參將臧國光肭縮不出，知府葉修募兵防禦東山，參將鄧鍾督兵誅之，雷以寧。

三十一年〔六〕，詔内監李敬採珠，加條鞭餉。

三十三年夏五月，地大震。

三十七年，召内監李敬還京師，罷採珠。

四十一年，崖州黎變，命將征之，師次於雷。是年無功。

〔一〕聚珍本作『三分』。刻本、抄本俱作『五分』。

〔二〕抄本作『幾』，誤。此據刻本、聚珍本。

〔三〕故宫博物院藏刻本作『第』，誤。

〔四〕聚珍本作『舊土龍』。刻本、抄本作『舊土』。

〔五〕抄本作『榕樹』。刻本、聚珍本作『榕木』。

〔六〕刻本、抄本作『二十一年』，誤。此據聚珍本作『三十一年』。

四十二年，命將再征崖黎，師次於雷。

鼎建巽方啓〔一〕秀塔。

四十六年戊午冬十月，白氣如練，長竟天。日旁初有小星，散爲白氣，雞鳴時起於東北，直指西南。形如大刀，長數十丈。自九月閱十月始没，其占爲蚩尤旗。是年，大徵師征遼東。明年二月，四將軍之師皆没。

四十八年，詔天下餉遼。是增遼餉。

天啓三年癸亥夏六月，熒惑犯南斗。

崇禎〔二〕三年庚午，裁冗官。吏部題汰冗官，以舒國用。裁本府通判一員，照磨一員，廣積倉大使一員，武郎場大使一員。海康縣裁縣丞一員、倉大使一員、黑石司巡檢一員。

八年，都御史熊文燦檄五虎總兵鄭之龍會剿海寇劉香，破之，斬香，餘黨悉平。

十年，增置營兵於淡水港。淡水港，爲雷咽喉要地，知府朱敬衡詳兩院，撥白鴿寨兵四十名及陸營兵建砦于此，委一衛弁統之。

〔一〕刻本、抄本無「啓」字，此據聚珍本。

〔二〕故宮博物院藏刻本作「崇正」，抄本、聚珍本皆作「崇禎」。「崇正」，當爲避雍正帝胤禛之諱，乃同音避諱。終有清一代官修著述皆當有此避諱，抄本、聚珍本用「崇禎」，皆當出於民國之初，由此看來，抄本亦當抄於民國，應比民國十八年聚珍本稍早。由此，亦可推斷，梁成久主修《海康縣續志》時所得志局人所獻《康熙海康縣志》，並非孤本，比起稍早仍有抄本所本之刻本，只是梁成久未能得到並寓目。

十一年，司理關應春開南門外新河。舊有河自南門外直〔一〕瀉南渡關，理刑乃自天妃宫下另開一河，引潮遶抱府城，自捐俸鍰爲之。

國朝順治四年二月内，大兵至雷。雷州參將蔡奎迎降〔二〕，副將汪宗弘同黄海如入鎮雷。未幾，黄海如叛去。

冬十二月，黄海如來劫雷，通蔡奎爲内應，遂陷雷城。汪宗弘出走，黄海如據雷州。先是，九月，有明監軍古鼐、都督〔三〕孫時顯率〔四〕狼兵圍雷，不克。海如通蔡奎内應攻雷城，陷之，遂據雷州，自稱『宫保』。雷人陳仕陞、張彪爲之爪牙，富者破家，貧者斃命。雷人之害，實始于此也。

六年〔五〕，都督閆〔六〕可義率師撫定雷州，破黄海如於平岡坡。海如敗遁入海，爲風所覆，雷人始獲安生。

八年辛卯，平南王、靖南王師定廣東。夏，兵至雷州，雷民歸順。雷州大風，海湧，風中有火，東西洋田無收。雷之颶風，常也。是年，風暴兼雨，雨中火團飛滿天地，二洋之田盡爲鹹潮所没，郡中官衙、民舍無一存者，其亦天地更新之意乎？

〔一〕抄本作『置』，誤。刻本、聚珍本作『直』，是。
〔二〕抄本『降』下有『清』字，刻本、聚珍本皆無，據以删之。
〔三〕刻本、聚珍本作『都督』，抄本作『都統』。
〔四〕抄本作『帥』，刻本、聚珍本作『率』。後『六年，都督閆可義率師』，同。
〔五〕刻本、聚珍本作『六年』。抄本作『六月』，誤。
〔六〕刻本、抄本均作『閆』，聚珍本闕。

九年，靖南王統師至雷。雷人王之翰入山，不薙髮，征之，不能克。翰在北笋巢，翰弟之鑑内港巢，左營陳傑烏〔一〕叫巢，右營黄占三方家巢，王禮士、梁州牧黄寬等各聚黨劫殺，占據西海一帶地方，垂五六年。

十一年甲午三月，故明安西王李定國自廣西出石城，陷高州府〔二〕，雷鎮將先啓玉縱兵殺掠，叛降安西。後安西敗啓玉復反〔三〕，參議陳嘉善劾其罪，斬之〔四〕。

十三年，王之翰來降。時翰據西山，雷之士民遭亂失業，士披短褐，民無完衣。巡按張純禧至雷，始招安之，西土悉平。查雷士子一十年來未經學道，歲試將觀風，生童奏准歲考，士知有學，民始甦生，雷甚德之。惜乎事久年湮，未及以名宦請也。《招撫疏》載志書。

是年，知府陸彪大修雷城。

十六年四月朔，日食，晝黑。

康熙元年壬寅，詔初遷海。内差科、介二大人與平南王李、兩廣總督〔五〕尚、固山楊提督、王將軍、沈國公與粟總兵，同勘遷之。

〔一〕刻本、抄本作「烏」。聚珍本作「鳥」，是。
〔二〕抄本作「高州」，刻本、聚珍本作「高州府」。
〔三〕刻本、抄本作「反」。聚珍本作「返」，誤。
〔四〕刻本、聚珍本作「斬之」，抄本作「以斬」。
〔五〕刻本、抄本無「總督」二字，聚珍本作「兩廣總督」。

秋八月，颶風大作。東洋田萬頃，盡漂没焉〔一〕。

康熙二年，總兵栗養志督舟出海，搜剿楊二、楊三，師旋，駐海康，所擒黄占三，解之。占三跡雖投誠，陰謀囂詐，常與楊二、楊三交通，栗鎮擒之。

康熙三年，詔再遷海。界外之民俱移内地，東西兩界離海或二三十里不等，遷外田土税畝，俱報除豁。

是年，裁雷州府儒學訓導二員、海康縣〔二〕教諭一員。

冬十一月，彗見東南。

是年，水賊黄明標寇西山。本協合化、石共七營討平之，同知沈珍生招撫難民五千餘户。

康熙四年，知府陳允忠重建縣學聖殿、明倫堂。縣學宫及兩廡、廊、舍俱先啓玉縱兵毁拆，故重建之。

是年，陳允忠重建府治。

是年，巡撫王來任奏革各縣里長直月夫役。

康熙六年，奉旨裁本道理刑衙門。

康熙七年正月二十四日昏，白氣見西方。初昏，白氣光灼，尖直如槍，久而末勾乃漸化。連見三昏，蓋攙槍〔三〕星也，末曲，故不爲害。

〔一〕刻本、聚珍本「焉」作「海」。抄本作「焉」。
〔二〕抄本無「縣」字。刻本、聚珍本作「海康縣」。
〔三〕聚珍本作「搶」。

八年冬十二月，展界〔一〕，招民復業。

康熙八年，設分守道駐高州，轄高、雷、廉三府並羅定州。

是年，修海康、樂民等所城垣。

是年，郡東城圮數十丈，知府吴盛藻倡捐修築。

十一年，知府吴盛藻填塞城内濠溝。

十四年七月，兵變。雷城四門俱閉，内外關廂鄉村大肆搜掠，官民受害。

十六年五月，内歸正。總督金光祖大舉王師，先復肇府，自高至雷，一檄而定。

十七年四月，雷兵再變。城門戒嚴，土賊周勝等勾引海逆楊二、冼九，巨艘百餘，灣泊雙溪、南渡〔二〕等處，連營抗距，隔河一帶士民慘受荼毒。五月，内藩下都統金榜選、右鎮楊應龍各將弁領兵戍城。十二月，會同雷協副潘拱宸、知府馬之驦從西閘破賊，招撫難民，地方始平。

十九年秋初，旱。

是年八月，颶風大作。

二十年，大旱。東西兩洋田禾無收。

〔一〕刻本作『康界』，聚珍本作『海康界』，皆誤。抄本作『展界』。

〔二〕刻本、聚珍本作『南波』。抄本作『南渡』，是。

二十一年十一月，地連震三次，聲響如雷。
二十二年十二月，地震。
二十三年正月，地震。
是年七月，颶風大作。鹹潮滔天，殺傷〔一〕禾稼，淹〔二〕死洋田男婦百餘口，牛畜不計其數。
是年，奉旨裁左營都司一員，右營都司一員，右〔三〕營千總一員。
二十四年八〔四〕月，颶風，大水。禾稼少收。
二十五年秋，大濬内城河渠。河自康熙十一年填塞，後積水污穢〔五〕，街道泥濘。協鎮張仕選〔六〕會同文武各官捐俸〔七〕疏

〔一〕聚珍本闕「滔天，殺傷」。
〔二〕聚珍本闕「淹」字。
〔三〕聚珍本闕「右」字。
〔四〕聚珍本闕「八」字。
〔五〕聚珍本闕「污穢」。
〔六〕抄本作「巽」，誤，下文作張仕選。刻本、聚珍本作「選」。
〔七〕抄本作「夫」，誤。聚珍本作「俸」，是。

通，西自〔一〕山奄溝，東至萬金溪，引水灌溉〔二〕洋田，民甚德之矣〔三〕。

是年冬，協鎮張仕選修築鐘樓、古亭。

〔一〕聚珍本作『由』。
〔二〕聚珍本、抄本作『濟』，誤。
〔三〕刻本、聚珍本無『矣』字。此據抄本。

星候志

星野　氣候　風候　潮汐附〔一〕

星野

天文牛女分野。三縣俱同《府志》。

氣候

《府志》已載。

〔一〕『星候志』一頁，故宫博物院藏刻本漫滅不清，此據聚珍本、抄本。

風候

海郡多風，而雷爲甚，其變而大者爲颶風。颶者，具也，具四方之風，而飈忽莫測也。發在夏秋間，將發時，或濤聲倏吼，或海鳥交翔，或天脚暈若半虹，俗呼曰『破蓬』。不數日，則輪風震地，萬籟驚號。更挾以雷雨，則勢彌暴，拔木揚沙，壞垣破屋，牛馬縮栗，行人顛仆，是爲鐵颶。又颶之來，潮輒乘之。雷地卑迫海，無山谷之限，所恃宋元來堤岸，然久則善崩，潮衝輒潰，浮空杳漫，禾稼盡傷。潮味鹹，一歲罹害，越三歲乃可種也。颶之止亦有候，起東北轉西，或起西北轉東，俱回南乃息，否則踰月必再作。尋常作，必對其時。日作，次日止；夜作，次夜止。有一歲再三作者，有三四歲不作者。

聖人在上，海不揚波，吾爲雷祝之矣〔一〕。

潮汐

雷郡潮汐，與廣州略同，其壯盛悉視月之朔望爲候，一月之再盈再虛，如前二十五六潮長，至朔而

〔一〕　聚珍本無『矣』字。

盛，初三而大盛，後又漸殺。十一二又長，至望而盛，十八而大盛，後又漸殺。新舊相乘，日遲一日。每歲八九月潮勢獨大，夏至潮大於晝，冬至潮大於夜，此其大較也。海康西之泉，俱自澗峪而下，至南渡與潮水合。舊潮直通南亭溪，舟楫往來，便於運載。太監張永跨溪爲橋，壅絶潮水，至於橋下，民苦不便。嘉靖間，郡守黄行可甃而爲拱橋，潮乃復通。平時潮水到於田畝，惟颶發則鹹潮逆起，大傷禾稼，故東洋田俱築堤岸以遏之。

地里志一

形勝　里至　山川　井泉　陂塘　堤岸〔一〕

地至雷極矣，北海北極出地二〔二〕十五度，至雷出地僅二十度有奇，瓊又少一度。自雷至瓊，浮海不百里耳，度數已別，則地勢之卑視北海不知倍蓰。昔人謂地形欹，信矣。近海多風潮，陂塘、堤岸每不〔三〕自固，都鄙、墟市懷襄是慄。雷之〔四〕疆域雖延千里〔五〕，祈一夕〔六〕之安未易，數數然也。問土産，絺綌、菽穀有餘于地，魚鹽、蜃〔七〕蛤取饒于海。而原濕平衍，奇峰峭壁，稍殺他郡，若襟海爲觀，則泱泱

〔一〕原書各本目録中《地里志》分爲「形勝、里至、山川、井泉、陂塘、堤岸、珠海、土産、墟市」九目，内卷將《地里志》分爲《地里志一》《地里志二》。

〔二〕抄本作「六」，聚珍本作「二」，刻本闕。

〔三〕聚珍本作「難」。

〔四〕刻本、聚珍本闕「之」字。

〔五〕聚珍本作「十」，誤。刻本漫滅不清。

〔六〕聚珍本闕「祈一夕」，刻本漫滅。

〔七〕刻本、聚珍本作「唇」，誤。

乎大矣。作地里〔一〕志。

形勝

負凉跨海，惟雷州府。嶠服盡域，溟海濱圻，浩淼前臨，清淑内溢，真嶺南名郡、北海奇觀也。海康附郭，北枕英嶺，南拱擎雷，時禮峙東，英榜列西，羅湖、特侶，吞吐浩翰，李仲光稱其『山環海合，鯤鵬變化之鄉』，信矣。

里至

海康縣

東至海岸二十里。

西至銅鼓村溪邊七十里。

南至英利驛八十里。

〔一〕刻本、聚珍本作『地理志』，二本目録中皆作『地里志』，本前後統一原則，以『地里志』爲是。

北至瑞芝鋪過五里，共二十五里。
東北至特侶塘邊十五里。
東南至徐聞錦囊所一百八十里。
西南至海康所邊一百六十里。
西北至南禄社六十里。

山川

雷郡 附海康

城北五里曰英靈岡。府治主山高一丈餘，自螺崗嶺逶迤曲折一百餘里，至此〔一〕奔起一崗〔二〕，如屏如几，立於郡後。其地在陳大建二年出雷英靈，故名，即烏卵山也。

東北八十里，曰蔴〔三〕囊山。枕海。

〔一〕聚珍本作「死」，誤。故宫博物院藏刻本、抄本作「此」，是也。
〔二〕刻本、聚珍本作「岡」。
〔三〕刻本、聚珍本作「麻」。

西北四十里，曰吉斗山。山大而平，形如盤斗，故名。

四十五里，曰雷公山。高十仞，盤旋五十里，相傳昔有雷震此山，故名。

其旁〔一〕曰討泗山。高十仞，盤環四十里，有符氏名討泗者，獨居此山，故名。

東五里，曰靈顔墩。在東洋萬頃洋心，旱歲祈雨，有應〔二〕。

十里，曰思靈島。在海中，其上多米豆，枝葉如楊柳。

二十五里，曰調洲。崛起海中，周圍三十餘里，爲蛋户泊息之所。

七十里，曰虎頭山。枕大海。

西八里，曰英榜山。高三丈許，上有雷祠，號『英山』。梁開平四年，都知兵馬陳襄駐師白院，出榜示民，故改名英榜山。

八十里，曰博袍山。高十五丈，盤圍八里，在博袍村，故名。

一百二十里，曰卵洲。在海中，鳥伏卵於上，故名。

東南八十里，曰時禮嶺。高五十餘丈，盤圍五里，有巖穴深邃，山頂有井泉，歲旱祈禱，往迎其水，有英靈岡廟在上。

八十五里，曰石茆嶺。高三十丈，有泉湧出，流至連村，灌田數十頃。

一百八十五里，曰漉洲。崛起海中，周圍五十餘里，上有田地腴沃，盛産荷花，居民二百餘家，名建康、建寧二村。

〔一〕刻本、聚珍本作『傍』。

〔二〕抄本作『有感』，刻本、聚珍本作『有應』，是。

西南四十里，曰鷓鴣嶺。高十仞，廣五里。
四十五里，曰孔頭嶺。高十丈，左有木棉嶺，右有張牌嶺鼎峙，相去各一里。
七十里，曰五石峰。五石圍列，高二丈，中有〔一〕一石如案，下有清泉。
一百一十里，曰乾壠嶺。高十仞，廣八里。
一百二十里，曰邵洲。崛起海中，周圍六十里，居民皆煮鹽爲生。初有邵姓者闢而居之，故名。
一百八十里，曰途旁嶺。高十數仞，周圍四里。
一百三十里，曰〔二〕英高嶺。兩峰高峭三十餘里，上有石穴湧泉。
南十里，曰擎雷山。形如列屏，茂植葱翠，環拱郡治，即案山也。
一百三十里，曰徒會山。枕于西海中，高三十餘丈，周圍三里。
西北十五里，曰平源水。合擎雷水入于海。
五十里，曰途旁水。流通南渡，入擎雷水，因其傍有經路，故名。
西一里，曰西湖。以〔三〕在城西，故名。出英靈諸岡，潴于堤，洩于渠，渠流爲二，東西流，入于海。

〔一〕聚珍本作「石」，誤。
〔二〕刻本、抄本無「曰」字，聚珍本有「曰」字。
〔三〕刻本、聚珍本無「以」字。

六十里，曰潭望水。南流合擎雷水，爲陂堰，灌田二十餘頃。

西南一里，曰南亭。自南渡分支〔一〕北流至郡城西，與西湖東閘水合。正統間，太監張永建第一橋，水即止于橋下。指揮魏讓復建堰波軒于西洋，舟楫搬運，貨物輻輳，南市賴之。

六十里，曰博窻水。源出博袍山之南五里，入於西海。宋初有儒者吴禄，臨流創一軒，扁曰『博窻』，故名之。

一百一十里，曰婆陸水。下流合北插溪水。

一百六十里，曰博袍水。出博袍山之南岸。

南十里，曰擎雷水。即南渡也。自安攬以上皆淡，南渡以下皆鹹。

三十里，曰曹家溪。自石茆〔二〕嶺發源，流向東，通南浦津，累代阻爲堰，灌本處田。

六十里，曰北插溪。第十都那豐村發源，經石茆〔三〕嶺向北六十里灣港入海。

一百二十里，曰潭浪水。自英高山發源，流向西北三十餘里，合北插溪，東注于海。

東南三十里，曰後遮水。出曹家陂。

東十里，曰海。昔寇萊公少常有夢『到海只十里』之作。及南謫抵郡，按圖，始嘆曰：『人生得喪，豈偶然耶！』蓋海南通瓊，

〔一〕刻本、聚珍本作『支分』。

〔二〕故宮博物院藏刻本、抄本作『茆』，聚珍本闕此字。

〔三〕刻本、抄本皆作『石茆』，聚珍本闕『茆』字。

西通對樂、楊梅珠池，東北通廣州，浮于閩。

有潭一，曰石壁潭。東四十里，石環如壁，泉急，聲如雷，入海。

有港七，曰調陳港。東五十里，上接端旺坑。

曰頭港。東八里，上接草剌坑。

曰新庵港。東南一百里。

曰石港。西南一百二十里，接下步。

曰翁家港。西南一百七十里，昔有翁氏居之。

曰離蓬港。西四十里，通南渡。

曰洪排港。西一百六十里，薄于海岸。

井泉

海康之井二十有三，曰：

萊公井。郡城外西館内。延祐間，憲使余公重浚，憲幕王佐扁『萊泉井』三字，即寇萊公所飲之〔一〕水也。

〔一〕刻本、聚珍本無『之』字。

石神井。郡城外天寧寺北。宋郡守戴之邵品此井第一，寧海次之，造酒者汲焉。元至順，憲幕郭思誠鐫「石神井」三字於闌傍。

寧海井。郡城内鎮寧坊。唐上元間浚，宋淳熙間重浚，近寧海門。

伏波井。郡新城内寧國坊。傳云，馬伏波至此，馬跑得泉，故名。

寇祠井。郡城外西湖渠北。

澄海營内井。郡城内迎恩坊關廟門，宋澄海指揮浚。

樓前井。郡城内愷悌坊穎濱舊祠側，宋時濬。蘇公曾寓此，有讀書樓，人多慕而汲之。今樓廢井存。

南寺井。郡新城内調會坊，舊開元寺内。

育英井。郡城内縣學儀門外，永樂間教諭黄麗浚。

清冽井。府學神厨前，宋教諭鄭煬〔一〕浚。

泉清東井。衛治門外，元都元帥浚。

泉清西井。衛治門外〔二〕。

行衛井。司獄司東街口，宋時浚。

〔一〕刻本、聚珍本作「惕」。抄本作「煬」，從之。

〔二〕刻本、聚珍本作「門下」。

新井。縣學前，宋紹興間，知縣蔣耘浚。其父蔣炳文有詩刻于後闌，云：『鑿開庭下蘚〔一〕痕斑，丈尺俄驚凜冽寒。汲引固知通海眼，出雲須信有龍蟠。』

迎恩井。府鋪前，元初浚。至順間，經歷郭思誠鐫『迎恩井』三字於闌上。

石圓井。郡新城內調會坊。

湖坊井。郡城外西湖坊。

城角井。郡城外東南濠畔。

義井。郡城內東明善坊，曹氏浚。

甘井。郡圓通寶閣前，今廢。

府内井。府治儀門外。

城北井。郡城外鎮寧坊。

石巖井。縣南一百里第九都調郎村，山下泉出，周圍二十里，人皆汲之。截其中爲堰，灌田三十餘頃。

池二，曰：

放生池。即西湖，宋端平年開，提刑張琮立。元廢。

瑞星池。有二，在郡城外桂華坊。宋乾興元年，寇萊公謫州司户，寓于此。旁有隙，鑿之爲池。天聖元年秋杪中夜，星隕於中。

〔一〕刻本、抄本作『鮮』。聚珍本作『蘚』，從之。

翌日，公使人求之，得一石，衆皆寶之，不知爲公歿之兆也。明〔一〕成化間，知府魏翰鑿池于寇祠西，亦曰『瑞星池』。弘治間，知縣林彥修鑿于祠前，竪石字扁，存古意也。

泉一，曰：

陸公泉。解見陸公亭。

陂塘

海康之渠二，陂七，堰閘四，塘十有八。

何公渠。有三。宋紹興二十八年，郡守何庾〔二〕開鑿。一自西湖西閘，由西山南流灌白沙田；一自西湖東閘直下南亭，横經通濟橋而注之東；一自特侶塘建閘南流，與湖水合，溉萬頃洋田。時號『何公渠』，歲久湮廢，蹟存，惟西山活水如故。

戴公渠。有二，俱宋乾道五年郡守戴之邵鑿。

一何公特侶渠。近山易湮，乃去何渠之東四百二十步，別開一渠，導流而南，會張贖塘水，至東橋與西湖渠水合，計長二千七百六十丈，闊三丈，深一丈。沿渠築堤潴水，高闊各六尺。堤置八橋以通往來，開八渠以分灌溉，各長一千〔三〕八百丈，闊一丈，深五尺。東建

〔一〕刻本、抄本無『明』字。聚珍本作『明』。
〔二〕抄本作『腴』，誤。刻本、聚珍本皆作『庾』，是。
〔三〕抄本作『十』，誤。刻本、聚珍本皆作『千』。

萬頃閘以拒水，啓南亭閘以泄水，增堤建六閘，開二十四渠，以沃東北上游之田。各長一千二百丈，深闊各五丈。凡渠首尾悉爲閘以出納，經營周密，民刻石號曰「戴公渠」。

一何公南亭渠。閘湮廢，水不東流，復于西湖東鑿渠水入城，由圓通竇閣下，過東與東渠河水合，灌附郭高壤田，委流至東橋合特侶水，亦灌東洋田，計長四百二十丈，深九尺，闊七尺，俱砌以石。凡通衢則架石樑，民亦刻石于阜民橋下，號曰『戴公渠』。

嘉熙間郡守薛直夫，天順間參政胡拱宸，成化末郡守魏翰，弘治初郡守鄧據相繼濬決。至弘治十二年，僉書王相以淤積水滯，命知縣王瑱毁其石，移砌南亭渠閘，引擎雷溪湖水直抵南亭，轉東會特侶水灌東洋田。功未就，而二公俱罷，兩渠並廢。正德九年，郡守王秉良伐石沿砌，戴渠復焉。萬曆甲辰，推官高維岳復濬治之。宋薛直夫有《渠隄記》，明吏科給事中許子偉有記。

那耶陂。在縣西南五里第四都麻扶村。宋寶祐四年，郡守孟安仁始爲塘。洪武八年，通判李希祖易爲陂，建閘灌麻蛇洋田。洪武二十八年，主簿鄭伯高重築。

窮源陂。在縣西南五里第四都麻扶村。宋寶祐，郡守孟安仁始爲塘。洪武八年，通判李希祖易爲陂，引水灌本村田。洪武二十八年，主簿鄭伯高重築。

那崔陂。在縣西四十里第四都平源村。宋治平四年，鄉人顔同翁爲塘，後廢。洪武十八年，知府秦時中〔一〕易爲陂，灌調爽等處田，以岸有顔那崔家居，故名。

徒林陂。在縣西四十里第四都略斜村。宋治平間開築爲塘，灌田，後廢。洪武三年，知縣陳本改築爲陂，灌田如故。

象骨陂。在縣西二十里第四都白院村。以田西石類象骨，故名。宋咸淳間爲塘。洪武三年，知縣陳本易爲陂，灌田四頃。

〔一〕刻本、聚珍本作『秦符中』。抄本作『秦時中』。

曹家陂。在縣東南三十里第一都曹家村。永樂四年，通判張楫委官伐石建橋閘，沿舊渠引水，自本村迤邐特官路之西，長七十丈，闊一丈六尺，深五丈。正德九年，知府王秉良拆其石，移砌戴渠。今閘廢渠存。

那多末陂。在縣西七十里第四都山仁村。以岸塚僧名。宋元符間，鄉民開爲塘，灌田，元季廢。洪武三年，知縣陳本改爲陂。洪武二十八年，主簿鄭伯高重〔一〕築。

芝林南堰。在縣南二十里第一都芝林村。天順間，鄉民築東西閘〔二〕二溝，灌南洋田，歲久崩壞。正德丙子重築，尋圮。嘉靖五年，復築，又圮。因在芝林南溪，故名〔三〕。

芝林北堰。在芝林村。天順間，民築東西閘二溝灌北洋田，後興廢不一。嘉靖四年，重築，尋復崩。嘉靖十九年，又築。因在芝林村北溪，故名。

赤坭堰。在縣西七十里第七都赤坭村。天順間，鄉民築，引水灌赤坭、顔沙等坑田。

那奇橋閘。在縣西二十里第八都。嘉靖二十年，鄉民告撫按，給銀市石，修砌建閘，爲橋二間〔四〕，跨于横罡溪上，長十丈餘，灌田數十頃。

徒兵塘。在縣西一十五里第四都徒兵村。元至治二年，民築，周廣二畝，灌本處田。

〔一〕抄本作『重築』。刻本、聚珍本無『重』字。
〔二〕各本均作『開』，據下文『芝林北堰』『築東西閘二溝』，此當爲『閘』字。
〔三〕刻本、聚珍本作『故名』，抄本作『故以名之』。
〔四〕刻本、聚珍本作『爲橋二間』，抄本作『爲二橋二間』。

石奇塘。在縣西七十里第二都北山村。宋寶祐四年，郡守孟安仁開築，周廣八畝，灌麻扶村〔一〕等處田。洪武二十八年通判李希祖，正德乙亥知府王秉良相繼重濬。

那蘊塘。在縣西四十里第四都那蘊村。宋嘉祐八年，鄉人開築，灌本處田。洪武十年，重築之〔二〕。

柯四苟塘。在縣東南三十里第一都扶柳南陂。宋治平四年，鄉人柯四苟開築，周廣六畝，積水蔭扶柳等處田。洪武二十八年，知府秦時中重築。萬曆四十一年，居民争訟，縣丞項世聰親勘柯四苟塘，以難修復。去二里許，有嚴家灘，廣將十畝，注下可潴水待灌，乃捐俸買田開塘，以均八岸，而移其税於缺額。衆皆悦服，郡守深嘉其能。

都悲塘。在縣西六十里第〔三〕四都都悲村。宋寶祐開築，積水灌本處田。洪武七年，重築。

那勤萬塘。在縣西南六十里第四都勤萬村。宋天禧間開築，積水蔭本處田。洪武三年，重築。

那蓬塘。在縣西南一百五十里第九都那蓬村。洪武十一年，知縣黄弼開築，積水灌英蓬等處田五頃。

那勞塘。在縣西南一百五十里第九都那勞村。元至大三年開築，積水灌塘下田。洪武十四年修築。

漏悋塘。在縣西南一百五十里第九都漏悋村。洪武十一年，知縣黄弼開築，積水灌本處田。

譚家塘。在縣西南四十里第九都平欄村。元至大間開築，積水灌下坡等處田。洪武十二年，重築。

〔一〕刻本、聚珍本作『麻扶』。抄本作『麻扶村』，從之。

〔二〕聚珍本作『重築』，闕『之』字。

〔三〕刻本、聚珍本無『第』字。

椰子塘。在縣西南一百里第十一都良慕村。宋寶祐四年，郡守孟安仁開築〔一〕，周廣六十餘畝，積水灌良慕等處田。洪武十八年，知府秦時中重築。

潭欖塘。在縣西南一百里第十九都那牽村。洪武間開水爲塘，周廣二十畝，積水灌那多乾田二頃餘。

那讓酸塘。在縣西南二十里第四都中和頭村後。洪武十四年，鄉民報官開築，周廣一頃七十餘畝，積水灌本處田。

南亭塘。在縣西第二都西坡上。

白水塘。在縣西二里第二都西坡上。

堤岸

海康捍海之堤二，餘堤二。雷地濱海，平疇萬頃，颶風時作，鹹水逆流，田廬盡傷。宋紹興經界司始委胡簿，沿海築堤以禦之。

海康北堤三十六號，計一萬二千一百五十二丈五尺，水閘三十九所：

六字號，三百四十丈，水閘一。

藝字號，三百六十丈，水閘一。

〔一〕抄本無『開』字。刻本、聚珍本作『開築』，從之。

禮字號，五百五十丈，水閘一。
樂字號，三百二十丈，水閘一。
射字號，三百五十丈，水閘一。
御字號，三百二十丈，水閘一。
書字號，三百五十丈，水閘一。
數字號，七百丈，水閘一。
角字號，三百二十三丈，水閘一。
亢字號，四百五十丈，水閘一。
氐字號，二百五十丈，水閘一。
房字號，一百五十丈，水閘一。
心字號，二百九十三丈，水閘一。
尾字號，三百五十丈，水閘一。
箕字號，二百五十丈，水閘一。
斗字號，五百五十丈，水閘一。
牛字號，五百五十丈，水閘一。
女字號，二百二十二丈，水閘一。

虛字號，五百五十五丈，水閘一。
危字號，七百五十丈，水閘一。
室字號，二百五十丈，水閘一。
壁字號，三百五十丈，水閘一。
奎字號，二〔一〕百一十三丈，水閘一。
婁字號，二百五十丈，水閘一。
胃字號，二百八十丈，水閘一。
昴字號，五百七十丈，水閘一。
畢字號，二百七十一丈，水閘一。
觜字號，三百六十八丈，水閘一。
參字號，三百二十丈，水閘一。
井字號，三百三十三丈，水閘一。
鬼字號，三百三十丈，水閘一。
柳字號，二百七十丈，水閘一。

〔一〕刻本、聚珍本作「一」。抄本作「二」，從之。

星字號，四百九十九丈，水閘一。

張字號，三百丈，水閘一。

翼字號，三〔一〕百丈，水閘一。

軫字號，一百五十丈，水閘一。

海康南堤四十六號，計一萬三百四十四丈，水閘六十所：

天字號，二百六十八丈，水閘一。

地字號，三百四十四丈，水閘一。

玄字號，二百七十八丈，水閘一。

黄字號，四百二十七丈，水閘一。

宇字號，二百八十九丈，水閘一。

宙字號，三百一十六丈，水閘一。

洪字號，三百丈，水閘一。

荒字號，二百五十丈，水閘一。

日字號，二百三十一丈，水閘一。

〔一〕刻本、聚珍本作「二」。抄本作「三」，從之。

月字號，一百三十丈，水閘一。
盈字號，二百六十七丈，水閘一。
昃字號，三百一十五丈，水閘一。
辰字號，三百八十二丈，水閘一。
宿字號，二百四十七丈，水閘一。
列字號，二百三十三丈，水閘一。
張字號，一百五十丈，水閘一。
寒字號，一百七十丈，水閘一。
來字號，三百三十丈，水閘一。
暑字號，二百丈，水閘一。
往字號，二百丈，水閘一。
秋字號，二百八十六丈，水閘一。
收字號，二百五十丈，水閘一。
冬字號，三百丈，水閘一。
藏字號，三百五十一丈，水閘一。
閏字號，一百七十丈，水閘一。

餘字號，一百二十丈，水閘一。
成字號，一百二十丈，水閘一。
歲字號，一百二十丈，水閘一。
律字號，一百四十丈，水閘一。
吕字號，一百四十丈，水閘一。
調字號，一百四十丈，水閘一。
陽字號，一百四十丈，水閘一。
雲字號，一百三十丈，水閘一。
騰字號，一百丈，水閘一。
致字號，一百八十丈，水閘一。
雨字號，一百二十丈，水閘一。
露字號，一百二十丈，水閘一。
結字號，二百丈，水閘一。
爲字號，一百二十丈，水閘一。
霜字號，二百六十丈，水閘一。
金字號，一百八十丈，水閘一。

生字號，一百八十丈，水閘一。

麗字號，一百八十丈，水閘一。

水字號，三百二十丈，水閘一。

玉字號，三百五十丈，水閘一。

出字號，四百丈，水閘一。

西湖堤。宋郡守何庾因羅湖水築堤成湖，開建東西二石閘，後湮塞。郡守戴之邵重修，名『西湖』。堤出城西半里，横跨西坡，爲往來路。厥後，郡守楊表、黄行可相繼修葺。近因水嚙堤崩，西閘一崩，署郡事戴嘉猷重修堤岸，伐石砌閘，民賓賴之。

護城堤。嘉靖二十一年，巡撫都察院御史〔一〕蔡經相城東北薄海空闊，議築堤以衛風氣，命分巡道翁溥親督成，堤長七百餘丈，闊二丈，高八尺，積税二十畝，給官價銀七十餘兩，其税用開墾，别税補之。

〔一〕刻本、聚珍本作『都御史』。

地里志二

珠海　土産　都鄙　墟市〔一〕

珠海

事載府總志。

土産

稻之種十有五，曰：

早稻。二月種，六月熟。

〔一〕刻本、聚珍本作「地理志」，抄本作「地里志」，各本目録皆作「地里志」，此處亦當爲「地里志」。目録「地里志」，分卷爲二，此其二。

早黏。熟種，與早稻同。

秫稻〔一〕。

光芒稻。

長亡〔二〕稻。

香秔。粒小，性柔而味香。

粳稻。

古秔。性柔，次秫〔三〕。

珍珠稻。米稍圓，而色潔。

黏稻。

百穄稻。坡田種。

黄穭稻。米極潤白。

芮稻。二月種，十月熟。

〔一〕刻本、聚珍本作「林」，抄本作「秫」。

〔二〕諸本皆作「亡」，疑當作「芒」。

〔三〕各本皆作「林」，誤，當作「秫」。

紅芒稻。

烏芒稻。

黍之種四，曰：

糯黍。

黄黍。一名金黍。

牛黍。

飯黍。

稷之種三，即粟：

鴨脚粟〔一〕。釀酒用。

狗尾粟。一年二熟。

大粟。一年一熟。

麥之種一：

小麥。九月種，二月熟。徐聞最多，海康、遂溪少種。

〔一〕故宫博物院藏刻本、抄本作「粟」，民國十八年聚珍本作「黍」。下「狗尾黍」之「黍」，亦當作「粟」。

菽之種七，即豆：

緑豆。豆粉用。

紅豆。

白豆。

刀鞘豆。

柳豆。枝葉似柳。

扁豆。

烏豆。一名爵豆，作豆豉。

麻之種一：

芝麻。香油即用此作。外有苧麻、青麻、黄麻，皆作布用，不入穀品。

竹之産爲種有十三：

麻竹。笋甜，可食。

青竹。

刺竹。笋可食。

紫竹。

觔竹。

包竹。
人面竹。
粉竹。可作器用。
鳳尾竹。
黄竹。
筋竹。
青絲竹。
鑒竹。

木之産爲種二十有一：

香樹。頭結黑者爲清香。
槐楓。脂香可爇。
青楠。
榕。葉繁，多陰。
水松。
桄榔。樹如檳榔，子串珠。
苦楝。有紋理。

刺桐。花紅。
樟。木香，有紋理。
貓尾木。可制器。
木棉。花紅實白，似綿花，可爲褥。
栢。
桑。
楮。
山藋。子可作油。
天南竹葉。
雞骨香。鄉村多焚之。
觀音柳。葉細，取浸水服涼。
山桂。皮味似桂，客家每混入藥賣。
水楠。生于水邊，其氣肖楠。
鶴木。
花之產爲種四十有三：
素馨。

茉莉。青香襲人。
青茉莉。架生，碧色。
蘭。《楚詞》：蘭，葉長而花一；蕙，葉短而幹多花。此中所蒔者皆蕙也，青色者佳。
山礬〔一〕。一名春桂。
月桂。亦名長春，花類薔薇，四時皆放。
木樨。即山蘭，花似無〔二〕旦，氣清香。
薔薇。紅白二種，蔓生，其花易謝。
山茶。有二種。
海棠。色紅，無香。
楊妃蘭。葉似月桂，一名密友。
羅漢蘭。
九里香。一名鳳尾。
雁來紅。

〔一〕抄本作『懋』，誤。
〔二〕故宮博物院藏刻本漫滅不清，民國十八年聚珍本闕文。抄本作『無』。然『無旦』亦不知何意，作『無』亦誤。

綿紅。多出徐聞。
含笑。一名紫笑，色紫〔一〕，清香。
山丹。有白、紅、桃紅三種。
荼薇。
郁李。
七里花。
犂頭。
滴滴金。花黄似菊，朝開夜落，一名夜落金。
鳳仙。又名指甲〔二〕花。
紫薇。
葵花。
珍珠花。

〔一〕刻本、抄本作「色紫」，聚珍本作「紫色」。
〔二〕刻本、聚珍本作「指押」，誤。抄本作「指甲」，是。

石榴。一種雙瓣，一種單瓣，結子可食〔一〕。
佛桑。似木槿〔二〕，而瓣小。
鐵樹。即百日紅。
鷹爪。大含笑而小香。
木種〔三〕。有紅、紫二種。
鷄冠。紅白二色，似鷄冠。和酒炒，銷痔。
闍堤。
水仙。
剪春蘿。花似石，瓣如剪。
鋪錦。
玉簪。
萱。一名忘憂草，即鹿葱花〔四〕。

〔一〕刻本、聚珍本作「食」，抄本作「啖」。
〔二〕刻本、聚珍本作「木槿」。抄本作「木種」，誤。
〔三〕諸本皆作「木種」，疑當作「木槿」。
〔四〕刻本、聚珍本作「鹿葱花」，抄本無「花」字。

菊。品最多。

滿天星。花細白，開時樹燦如星。

海楊梅。

金銀。花深紅色，圓如錢，又名子午花。

淑英。色白似茉莉，而花〔一〕小。

草之產爲種二十有一：

九里明。煎水可療瘡毒。

黄茅。

馬鬃。煎水可〔二〕療毒。

鳳尾。其〔三〕汁愈痢。

知風。

車前。可利小水，愈白濁。

〔一〕抄本作「夫」，誤。聚珍本作「花」，是。

〔二〕刻本、聚珍本有「可」字，抄本無。

〔三〕抄本作「搗」，聚珍本作「其」。

長生。

菖蒲。五月取浸酒飲以〔一〕去毒，曰菖蒲酒。

鸜哥。

馬鞭。形如馬鞭，故名。

莎莪。

豨薟。一名苦草，煎水洗毒，用蜜製丸，九蒸九晒，服之解毒降火，固精延壽。

蒼耳。

蓽撥。

蔓陀羅。白花，漬酒飲之，令人發狂。

鴨脚。可製藥治痢。

石蓮蓬。可〔二〕治癧。

豬耳。即車前。

蔞。即扶藤，合檳榔食之。出錦囊所者佳。

〔一〕抄本無「以」字。

〔二〕刻本、聚珍本有「可」字，抄本無。

斷腸。極毒，人嘗之立斃。

瓜之產爲種十：

西瓜。一名金瓜。

土瓜。野肴，類何首烏。

香甜瓜。即斑瓜。

南瓜。類金而大。

冬瓜。《本草》云，經霜後皮生白粉，故名。

水瓜。一無〔一〕瓜，即閩中天蘿。

苦瓜。味苦性冷。

葫蘆。即瓠子。

金瓜。形圓而短，熟時黃如金。

黃瓜。一名金瓜。

蔬之種三十有四：

白芥。

〔一〕故宮博物院藏刻本字跡漫滅不清，民國十八年聚珍本闕字。抄本作「一無」，不知何意。

紫芥。

莙蓬。即甜菜。《本草》云：莖灰，淋〔一〕汁浣衣，白如玉色。

白菜。

甕菜。蔓生，花白，莖虚。種出東海外，始以甕盛至，故名甕。

波菜。出波稜國，解諸毒。

芫荽。一名胡荽。

蘿蔔。

辣菜。

苦藚。《詩》言菜芑是也。

茼蒿。《本草》云：風動氣薰，人不可多食。

茭笋。

莧。《爾雅》注〔二〕：莧和鱉食，則腹中産鱉，能死人。

紫背。産於海。

〔一〕民國十八年聚珍本闕字，刻本、抄本均作「淋」。
〔二〕抄本作「云」，刻本、聚珍本作「注」。

豬鬃。

鹿角。

羊角。

葱。

蒜。

春不老。冬種，至正、二月不花。

韭。

薤。《本草》云：似韭，用之皆去青留白。

薑。

芹。生池澤中，一名水英。《爾雅》謂楚葵。

鴜脚。

浮藤。

菰。山氣遇雨輒大者不可食。

海粉。

青苔。三物〔一〕俱海生。

土荽。和米粉煮解暑。

薯。徐聞多。

蕷。有四種，旱蕷生于高山，東蕷、麵〔二〕蕷生於澤，薑蕷生於旱坡。

雙筋。

果之産爲種三十有三：

桃。

梅。

李。有臘月二種。

檳榔。産瓊州，徐聞間有之。

柑。有扁柑、珍珠柑、饅頭柑。

菱。

柹。

〔一〕康熙二十六年抄本無「三物」二字。刻本、聚珍本有「三物」二字。

〔二〕抄本作「面」。

橘。
蔗〔一〕。有數種，臘蔗、牛腿蔗、烏脚蔗、莽蔗，可煮爲糖。
荔枝。産徐聞者大而美。
龍眼。産遂溪、北海者最甜。
金橘。可浸〔二〕蜜，善製者葉青而不變。
石榴。
菩提。色白者味甜，五月實。
蓮房。即荷實。
香圓。
柚。
橄欖。
黄皮。
胭脂子。皮淡緑，穰紅，味酸甜，似胭脂，故名。

〔一〕抄本作『樜』。以下同。
〔二〕抄本作『侵』。刻本、聚珍本作『浸』。

楊梅。山中生，三月結實。

餘甘子。圓如龍眼，味似橄欖，産遂溪。

楊桃。五稜，味酸。

芭蕉。有數種，無子者曰績蕉。

瑪瑙。味甘，造酒用。

椰子。瓊州來者多。

胡桃。可作油。

倒黏〔一〕子。一名海漆子，可釀酒。

波羅蜜。樹高，生子圓有刺。附枝幹生者大，味甜，性最熱。

毛韶子。狀似荔枝，殼毛，味酸。

槌子。歲饑可茹，亦可造酒。

山竹子。似菩提，色黄，味酸，亦可蒸酒。

棯子。六月熟，蒸酒，味極佳。

〔一〕刻本、抄本作『秥』。聚珍本作『黏』。

藥之産五十：

益智子。

何首烏。《本草》云：苗葉相對如山芋而不光澤，莖蔓紫，花黄白，子有稜。徐聞有大數斤者，最佳，可烏鬚黑髮。

半夏。

荆芥。

海桐皮。

白丁香。即雀屎。

麥門冬。

車前子。俗名豬耳菜，性極凉。

萆蔴子。炒熟治瘰癧，婦人難者〔一〕，取八顆搗爛，孚脚心即下。恐腸出，又取搗爛，孚頂心。

黑牽牛。

益母草。苗似艾，莖大葉小，可用治産難〔二〕，故名。

〔一〕聚珍本作『難産』。刻本、抄本俱作『難者』。

〔二〕抄本此句作『莖大，葉可用治産難』。此據刻本、聚珍本。

鬱金香。《本草》云：葉似薑黄〔一〕，幹起數寸而後葉開，根黄赤。

蛸螵〔二〕。《本草》云：葉〔三〕上螳螂子。

白扁豆。

香附子。

百部。

橘紅。

蓮鬚。

班貓。豆葉上者良。

白芨。花紫，根形似菱，節間存毛。

百兩金。

蛤蚧。

皂莢。

〔一〕抄本作『薑革』，誤。刻本、聚珍本均作『薑黄』。

〔二〕聚珍本作『螵蛸』。刻本、抄本作『蛸螵』。

〔三〕刻本、民國十六年聚珍本作『桑』，抄本作『葉』。

木鱉。

薄荷。《本草》云：病瘥食之不宜。

茴香。

良薑。山中野産[一]。

百合烏藥。

山梔。小而多稜者可用，大長者只作柴，黄色。

芭豆。子可用藥魚。

山藥。即《本草》薯芋，性温。

忍冬。

蒼耳。一名羊負來。

蜂房。

蛇蛻。石上完全者佳。

虎骨。

海馬。治産難。

[一] 民國十八年聚珍本作「山中野」，闕字。抄本作「野産」。

菖蒲。
草茇。
天南星。
艾。有草艾、耆〔一〕艾。
薏苡仁。又名老鴉珠。
天門冬。葉似茴香，蔓生，有刺。
三籟。味香。
山總管。解漆毒。
柳豆。
茱萸〔二〕。
仙茆。
蟬蛻。取得當蒸熟，勿令蠹。

〔一〕故宮博物院藏刻本、民國十八年聚珍本均作「嗜」，誤。抄本作「耆」，是也。
〔二〕抄本置於「藥之産」之末。

貨物

布之品六：

綿布。

葛布。葛〔一〕産高州府硇洲，雷人製爲布，甚精。舊入貢，今罷。

踏匾布。

苧麻布。

青麻布。

黄麻布。

皮之品十有一：

虎皮。

豹皮。

山馬皮。

〔一〕抄本無『葛』字，刻本、聚珍本皆有。

鹿皮。
麖皮。
獺皮。
狸皮。
牛皮。
鯊魚皮。
南蛇皮。
山狗皮。

絲之品四：

絲。
絲綢。
水綢。
絲經。

用之品八：

蜜。

黄臘〔一〕。

吉貝。

錢。

翠毛。

花紅。染布用。

青石。

灰。

食之品八：

茶。

油。

酒。有桂酒〔二〕、稔酒。

糖。

醬。

〔一〕抄本作『黄蠟』。

〔二〕抄本作『酒』，誤。

醋。

鹽。

粿。

禽之産爲類三十有一：

鷹烏〔一〕。其頭白，能反哺者鴉。

鴛鴦。

喜鵲。

鶻。其性悍，能捕魚。

雞。

鳶。

燕。即紫燕也，立春即來，巢于人家。

鷺。

鳩。

杜鵑。

〔一〕 故宫博物院藏刻本、民國十八年聚珍本作『烏』，抄本作『鳥』。

雀。

孔雀。

翡翠。毛可充貢。

鷓鴣。取雄者養爲囮，春有雌啼占山頭者，取囮對啼，設網取之。

鵪。

黄鶯。

鸜鵒。

鷙老。

畫眉。眉白，毛似鴛。

百舌。

百勞。即博勞。

叫天兒。似雀，愈鳴而飛愈高。

鵪〔一〕鶉。《列子》云：蛙〔二〕變爲鶉。

〔一〕刻本、聚珍本作『鷄』。抄本作『鵪』，是。

〔二〕抄本作『雖』，誤。

白頭公。
鵓鴿〔一〕。即船鴿也，千里放〔二〕，自知還。
山鷄。
水鴨。即鳧鷖〔三〕。
山呼。本地多産，黑腮。其白腮善鬬者間亦有之。
鷯歌〔四〕。
啄木。嘴尖似鐵，能啄木爲巢。

獸之産爲類十有八：

虎。
豹。
麖。
麞。

〔一〕故宫博物院藏刻本、抄本作「鴿」，民國十八年聚珍本作「鴒」。
〔二〕刻本、聚珍本作「千里放」。抄本作「千里於」，誤。
〔三〕抄本作「鳧鷺」。
〔四〕刻本、聚珍本作「歌」，抄本作「哥」。

鹿。
猴。
山馬。
山羊。
野豬。
箭豬。遍身俱箭，怒則射人。
香狸。
穿山甲。
狐狸。
獺。似狐而小，青黑色，水居，食魚。一歲二祭，豺祭方，獺祭圓。
山犬。尾大，身黄色，入地穴。
喙夜食。尾大，樹上疾走取食。
山貓。

魚之産爲類四十有一：

海龍翁。大如屋宇。
海狸。

鯽。形似鯉而體促，腹大而脊隆。

金鯽。

塘虱。首有角，成群〔一〕含水過坡。

鱛。

鱛白。

赤魚。似鮎魚，肥。

紅魚。

紅花。頭中有二大沙。

白帶。

絲刀。

尖嘴〔二〕。

黃魚。

黃齊。

〔一〕抄本作「郡」，誤。

〔二〕抄本作「尖嘴魚」。

金錢花。

朝天。即羊肝魚，尾有兩星。

扁魚。鹹淡水有。

鱆。

鯉。

鮎。

燕。

鯧。

鰻。

鰍。

鱸。

墨魚。

虎鯊。四尺，首脊有骨刺。

海豬。

魟。

鋸鯊。兩牙如鋸，長二尺。

鹿沙。如犁頭，皆斑文如鹿。

鱔。

比目魚〔一〕。

綿魚。

鯇魚。

扁鱗。

青鱗。

馬膠魚〔二〕。

松魚。

錦鱗魚〔三〕。

介之産爲類十有九：

黿。俯行者靈。

〔一〕抄本無「魚」字。

〔二〕抄本無「魚」字。

〔三〕抄本無「魚」字。

鱉。伏於淵，卵於陵。

鱟。形如惠文冠，眼生背殼上，尾尖而堅。

蜆。

蠔。即牡蠣，附石而生，殼可燒灰用。

車螺。

香螺。

白螺。

仙人掌螺。

指甲螺。

馬蹄螺。

紅繡鞋。

珍珠螺。

玳瑁。徐聞海間有之。

蝦。

龍蝦。

蟹。

蛤〔一〕蜊。

蟲之產爲類二十有六：

蚕。繭有黄、白二種。

蚺蛇。最大，皮可販賣。

蝪虎。

蜘蛛。

蝦蟆。

蜥蜴。

青蛇。與孔雀交。

薰鼠。

水蛇。在水中。

蜈蚣。

看家蛇。

螳螂。

〔一〕故宫博物院藏刻本、抄本作「蛉」，聚珍本作「鲐」。

蜜蜂。

佛蛇。即草花蛇。

蜻蜓。

促織。

蚱蜢。

火蛇。紅色。

蝙蝠。

蟋蟀。

蝶。

蟬。

蛙。

兩頭蛇。色紅紫，長六尺，人見之必災。

土綿蛇。將生子，必當大道，俟人擊之，腹破子始出，若無人擊，子食母而出，故人稱土綿蛇爲不孝。

簸箕甲。黑白成節。

鄉都

海康之隅〔一〕二、鄉二、都十，其屬於鄉者爲社二十、爲村十有三。邑舊圖共一百五十。天順六年，猺賊殘破，户口耗減，存圖一百二十。成化八年，止存圖五十。今五十一，内坊厢三、鹽二、蛋一。

東北隅。在縣城東北，圖一即是之，今殘廢〔二〕。

西南隅。縣城西南，圖南，今殘廢〔三〕。

延德鄉。縣西南六十里，領都五。

一都。縣東南二十里，舊圖一十三，今圖六。

二都。縣南一十里，舊圖八，今圖五。

四都。縣西南一十里，舊圖十九，今圖八。

五都。縣南二十里，舊圖八，今圖四。

〔一〕抄本「隅」下有「有」字，刻本、聚珍本皆無。

〔二〕刻本作「在縣城東北，圖一即是之，今殘」，聚珍本作「在縣城東北，圄即是之，今殘」，抄本作「在縣城東北，圖一即是之，今殘廢」。

〔三〕刻本作「縣城西南，圖□，今殘廢」，聚珍本作「縣城西南，圖□，至今殘廢」，抄本作「縣城西南，圖南，今殘廢」。

六都。在縣西南三十里，舊一十九，今圖六、二、五、七、八，存其一、九，俱鹽圖〔一〕。

延和鄉。在縣東南一百二十里，領都五。

七都。縣西北二十里，舊圖一十一，今圖三。

九都。在縣西南一百二十里，舊圖三十二，今圖七。一、二、三、四、五、六存，其二十二係蛋圖，廢〔二〕。

十都。縣西南一百五十里，舊圖一十三，今圖三。

十一都。縣西南一百四十里，舊圖一十三，今圖三。

十九都。縣西南一百二十里，舊圖一十三，今圖四。

白沙社。城西南三里。

渡南社。郡南十里。

塘尾社。

南禄社。

安苗社。

安攬社。

〔一〕此據故宫博物院藏刻本及抄本。民國十八年聚珍本作『一十九，今圖六、二，舊七、八，存其一、五、九，俱鹽圖』。

〔二〕抄本無『廢』字。

略斜社。
大浦社。
調禊社。
調排社。
調賢社。
武郎社。
那山社。
那里社。
黎郭社。
官和社〔一〕。原那和社、官山社，今改爲一社〔二〕。
英風社。
淡水社。
扶柳社。

〔一〕 抄本作「官山社」。
〔二〕 抄本無「官和社」注語。

以上各社分派修理，各衙門人夫及出差竹木等物，俱另刻有社規章程，照派答應。

白院村。在縣西五里，古合州遷此，尚書陳襄曾此駐師。

麻含村。縣西十五里，陳氏世居之。

調排村。在縣南二十里。

永平村。在縣南二十里擎雷山南。

荇洲〔一〕村。在縣南一十五里，以洲多荇菜，故名。吴、林二族世居。

平源村。在〔二〕縣西二十里。

安攬村。在縣西三十里，咸〔三〕淳間黄安、唐攬修築村東溪渡，故名。

官塘村。縣南二十〔四〕里，宋時有王御史植蓮于塘。

仙安村。在縣西南三十里。

曹家村。縣南三十餘〔五〕里。以上九村俱延德鄉。

〔一〕抄本作「州」，刻本、聚珍本皆作「洲」。

〔二〕抄本闕「在」字。下條「安攬村」抄本亦無「在」字。

〔三〕故宫博物院藏刻本、民國十八年聚珍本俱作「成淳」，誤。抄本作「咸淳」，是。

〔四〕刻本、聚珍本作「二十」，抄本作「十」。

〔五〕抄本無「餘」字。

平樂村。在縣西南一百三十里。
義江村。即淡水村，在縣東百里，陳氏世居之。
建康建寧村。縣東一百八十里。以上三村俱延和鄉。

海康，墟二十三，市二：

拱宸墟。在〔一〕縣北十里，本府委官于此，抽收牛税。今廢。
馮富墟。今廢。
陳家墟。縣西五十里。
山門墟。
泉水墟。
楊家墟。
山坡墟。縣北六十里。
鶵哥墟。縣西南四十里。
調風墟。縣東二十里。
馬生墟。縣東四十里。

〔一〕抄本無『在』字。

北河墟。
潭斗墟。縣西南九十里。
調洋墟。縣西南八十里。
紀家墟。
歇官墟。
河頭墟。
譚黎墟。
烏秋墟。
那霜墟。縣南一百里。
蒙山墟。
禁山墟。
那里墟。
特浪墟。
北門市。北城外。
南門市。南城外。

《輿圖》《星候》《地里》總論

論曰：志《輿圖》，正疆域也；志《星候》[一]，紀分野也；志《地里》，别遠近也。古先王建邦分土，合天下之《輿圖》《星候》《地里》，詳察而攷定之，欲使後人承天以理民，因地而措治，阨塞要害之區，樹以藩鎮；侯甸要荒之地，嚴其防衛。於以旬宣德意，共致太平，甚盛典也。士大夫拜官分符，竭力供職，無負國家分土建邦之意，則金湯如故，帶礪無恙，天變可弭星躔順序，斯土無曠土、官無曠官矣。地大不理，名曰土滿，斯山川崩竭之患，星殞[二]旱潦之憂相繼而至也。守斯土者，尚亦留心焉。

[一] 抄本作「侯」，誤。刻本、聚珍本作「候」。
[二] 刻本、聚珍本作「殞」。抄本作「隕」。

民俗志

習尚　言語　居處　節序

入其國，觀其俗，而治可知也，則俗之所繫重矣。然澆淳良楛生而習焉，長而不欲變，雖賢者有所不能免。聖王經世忠質文互爲損益，要不過因其勢而利導之。雷雖遐荒，俗不可不稽也，作民俗志。

習尚

雷地僻，濱於海，俗尚樸野。宋時爲名賢遷謫之鄉，聲名文物多所濡染。明初風教遠訖，雷是時人物最盛，蟬聯纓組，軼於他郡。天順間，重罹兵燹，俗乃凋敝。弘治以來，生聚訓養，雷稍復舊，科第亦振起不絶，庠序知向學秉禮義，見長者則遜而下之。里甲嚴事，官府征科如期，靡敢捍法，惟鄉村小民或輕生敢鬬，然亦不能堅訟，向久則釋。俗喜賓客，飲食宴會豐美，有上國風。土曠而穀賤，人窳於耕作，不事蓄聚，故雷無萬金之産，即稱素封者，不過免饑寒而已。販易惟檳榔、魚菜、米穀、食物、木石、技作，俱自廣州，陶冶諸工無甚奇巧。土多布多麻，而葛布爲上，常服止綿葛，非慶賀不服綢絹。士大夫家多行朱子家禮，冠三加婚，納采納幣，奠鴈一如儀。喪重殯殮，卒哭大小，祥咸有陳，奠葬亦擇墳塋。民間或不知冠禮，娶重裝〔一〕匳，雖貧亦强效之。喪用鼓吹，武弁家或列軍儀，明器芻靈，競爲巧飾。至殯葬，則略貧者或用火葬，歸則祓于巫。有病則請巫以禱，罕用藥餌。大家婦女不出閨門，日事紡績，鄉落之婦尤勤。其街市貿易，皆使婢賤獲。此雷地習尚之大較也。

言語

雷之語三：有官語，即中州正音也，士大夫及城市居者能言之。有東語，亦名客語，與漳、潮大類，三縣九所鄉落通談此。有黎語，即瓊崖、臨高之音，惟徐聞西鄉之言，他鄉莫曉。大抵音兼角徵，蓋角屬東，而徵則南也。雷地盡東南音，蓋本諸此耳。東語已謬，黎語益侏㒧，非正韻其孰齊之。

居處

雷俗樸，屋宇多簡陋。蓋濱海多風，地氣復濕。風則飄摇，濕易蠹朽。城中惟官署始用磚石，差可耐久。里巷則土垣素壁，僅蔽風雨而已，不數年俱圮壞。豪族宅頗完美，然亦稀覯。鄉落間瓦蓋者少，

〔一〕聚珍本作「裝」，抄本作「粧」。

農家竹籬茅舍，有太古風，但終歲拮据，未可以爲安也。

節序

雷俗節序與廣州[一]大同。

立春。先一日，所屬有司晨至東門外迎春。公署闕内小民各辨[二]雜劇，俟祭芒神畢，諸色人前導，迎春以入。老稚咸集通衢，看土牛，或灑以菽穀[三]，名曰『消疹』。是日，啖春餅生菜。

元旦。夙興祀祖，禮畢，乃拜所親，出賀閭里親友。是日，酌栢酒，燒爆竹。

上元。先數日作燈市，剪綵爲花，獻神廟寺觀，遍懸公署。每夜設火樹鞦韆，放爆竹烟火，粧鬼判雜劇，絲竹鑼鼓迭奏，游人達曙。

二月上戊。鄉民祭社，祈穀懽飲。是夕，擊鼓逐疫。

清明。先數日，家各載酒殽，登壠墓祭掃。男女俱簪柳枝，謂之『明目』。

[一] 民國十八年聚珍本作『廣東』。抄本作『廣州』，是。
[二] 民國十八年聚珍本、抄本俱作『辨』，義不通，疑當作『辦』。
[三] 民國十八年聚珍本作『稻』。

四月八日。浮屠氏浴佛，爲龍華會。

端午。衆往觀競渡，好事者懸銀錢于竿，龍舟競奪之，謂之『奪標』。是日，設菖蒲酒〔一〕，束角黍祀祖，閭里相餽遺，懸艾虎于門，童子鬬百卉。

六月六日。祀灶，各〔二〕晒衣服，袪蠹濕。

七月十五日〔三〕中元。薦殽醬諸衣祀祖，爲蘭盆會。

中秋。家設酒殽，蒸芋賞月。

重陽。携榼于樓臺會飲，謂之登高。

冬至。有司夙興拜〔四〕。

聖節。交賀，是日家各祀祖。

臘月二十四夕。祀灶用灶。經曰：送灶神升天。

除夕。設酒殽祭祖，閭里相餽遺。是夕，燒爆竹，堂宇俱燃燈，謂之『守歲』。

論曰：稽治雷于今昔，在乎因其俗而爲之。沃土之民不材，瘠土之民思義，人情也。治治國用輕典，

〔一〕抄本『酒』下有『泉』字，疑爲衍文。

〔二〕抄本闕『各』字。此據刻本、聚珍本。

〔三〕抄本闕『日』字。此據刻本、聚珍本。

〔四〕各本均同，疑『拜』下當有闕文。

治亂國用重典，治理也。雷居處、飲食、節序、燕饗，視他郡或隆、或殺，各適其適，原不可强。惟是淳質之意在，數十年前頗有古風，訟不甚誕，請托夤緣，亦所不事，賦不甚逋，及時催徵，未有不踴躍以赴。前司理〔一〕歐陽公保已洞言之，今日則有不然者。雷俗之最嚚者有四：少買奴婢，長大便告贖，男則藉口户役，女則貪財别嫁，嚚一。失家之婦有矢志自守者，有願他適，依人以乞瞻者，亡夫之肉未冷，奸人之計已售，謀持檳榔一盒投進其門，不問彼婦之允否。倘有别嫁，以奪婚爲口實，嚚二。有一班無恥光棍，或男女親戚寄養人家，或父母兄弟不幸而故，瞰本家稍稍殷實者，以人命告發爲重情，嚚三。又有久買他年田土，兵燹之後，紅契遺失，十僅存其一二，輒藉税糧未收、田價未足爲詞，圖告湊值，重誣收糧，嚚四。諸如此類，不可枚舉。而四者〔二〕，其最相效尤者也，豈非世風不古、人心日凋之故與？恃在當事賢人君子，以發奸摘伏之神，清其聽斷，懲一警百，以挽澆漓。若槩委下司，縱是非到底分别〔三〕，而民生之剥削，世風之狡詐，不知其作何究竟矣。在雷言雷，其言近躁，其情逼真，不可謂非同室纓冠之一助也。敢誌之以俟採擇。（洪《志》）

〔一〕抄本無『理』字。
〔二〕抄本無『者』字。
〔三〕抄本無『分别』二字。

建置志

城池　公署　亭館　坊表　鋪遞　橋渡　塔宇

賈生有言：簾遠地則堂高。古者社里、亭驛悉設之長，邑有令，郡有守。上及連帥，總挈要領，天子加焉，故尊也。大小之職，各有位置，以旌厥事。雷爲列郡，自有城池來，府縣之治尚矣。臺使者税節海隅，岳牧分鼇，亦時至止館署，蓋可缺乎哉？傳問郵遞，濟問橋梁，式瞻問坊表，皆雷所不廢也。作建置志。

城池　海康縣附城

雷州府城，築自南漢乾亨間，甓城甚隘。宋至道丙申，郡守楊維新始築子城。周圍一百四十步，高一丈七尺，下闊一丈三尺，上闊九尺〔一〕。

紹興乙丑，郡守王趯復築外城，作女墻，闢四門，工未就去。海寇陳旺犯城，人莫能禦。十五年，趯始創外城，

〔一〕刻本、聚珍本作『闊一丈三尺，上闊九尺』。抄作『下闊一丈三尺，上闊九尺』，是。

由那廬至西湖，暨赤嶺崗，築南、北、西三城。又包東嶺塹、英禄山爲東城，周圍五里二百八十步，高二丈五尺，上闊一丈，下闊三丈，濠廣五丈五尺，深一丈四尺。城外環築女墻，闢四門。

紹興壬申，黄勳繼之，改用磚甓，亦未就去。二十二年，勳代守，視城土築不堅，乃甃以磚甓。明年，南北城畢，合四百二十二丈，東西未成，勳又代去。

紹興甲戌，朝奉郎趙伯樫乃畢前工〔一〕。越明年，伯樫繼至，視城東西壁，工倍於南北。乃令匠益陶磚甓甃，自西壁凡三百四十丈，東壁半之。又於東北壁塹山削城，凡一百八十丈，逾年功成。胡銓有記。

嘉定壬申，郡守王給葺二城。嘉定四年，颶風大作，水潦彌月，内外二城圮壞者半，故興工重葺。

淳祐庚戌，郡守儲擢復修二城，造四樓。十年，儲至，視内外二城頽圮，及四門樓壞，乃興工修葺二城，創四樓。工未就而去。統領方子玉暨劉叔傑等終之矣〔二〕。

元至元戊寅，罷嶺南城池修築。天曆、至順中，海北道廉訪司僉事吕珫〔三〕復修築。天曆二年，廣西猺賊侵掠，珫乃築城濬隍，高深如故。又於東、西、北三門外置木橋，夜則撤之，以備不虞。

明洪武甲寅，指揮張秉彝、朱永、周淵，通判李希祖，大築雷城。洪武七年，秉彝等謀展其舊基，加之高大。是年孟冬興工，由東南沿西北壘石砌磚，至八年季夏就緒。周圍五里三百步，高二丈，腰墻雉堞高五尺，通高二丈五尺。下闊二丈〔四〕，

〔一〕抄本作『功』。
〔二〕刻本、聚珍本無『矣』字。此據抄本。
〔三〕此據聚珍本作『珫』。
〔四〕刻本、聚珍本作『二丈』，抄本作『三丈』。

上闊二丈七尺。又於四門上各建重樓，東曰『鎮洋』，西曰『中和』，南曰『廣運』，北曰『朝天』。四角對起角樓，城上列窩鋪四十四間，城内環濬濠塹儲水，周圍六里一十步，闊六丈五尺，深一丈二尺。東、西、北三門各置石橋。東門舊無濠，故仍無橋。四方水門俱置鐵窗櫺，防守愈峻。

正統庚申，指揮魏讓砌城上馳道。正統五年，讓掌衛事，乃陶磚繞砌城上爲路。

成化間，知府黄瑜〔一〕、鄧璩相繼修葺。

弘治〔二〕甲子，海北道僉事方良永改建四門重樓。

正德丁丑，知府王秉良葺。以城板朽壞，西、南二門俱用磚石拱甃。

嘉靖己丑，指揮張傑復葺。東、北二門俱易以磚甃。

嘉靖壬辰，知府王行可開浚濠塹。濠外環築土牆，以防湮塞。

己亥，通判朱象賢葺。象賢掌府事，於城外環築女墻，上蓋以瓦。

甲寅，西門樓壞，知府羅一鷟復建。

癸亥，同知蕭文清重築城外樓櫓。時山海賊每突〔三〕至城下，清始於四門城外百步各建樓捍守。扁東曰『安東』，西曰『靖西』，北曰『鞏北』，南曰『鎮南』。扁今廢。

〔一〕刻本、聚珍本作『黄瑜』，抄本作『王瑜』。

〔二〕刻本作『宏治』，聚珍本、抄本作『弘治』。

〔三〕抄本無『突』字。此據刻本、聚珍本。

甲子夏，淫雨，城南門以西及北城俱崩陷，知府陸瓚重修。副使莫天賦有記。

乙丑，生員莫經緯等呈築南門外城，署印高州府推官楊逢元始其事，知府王子卿畢工。布政盧夢陽有記。

萬曆己巳，新城圮，分守道張士純委知縣蔣藴善修築。丙午，新城復壞，生員陳瑾等呈修，同知張應中、知縣鮑際明申葺。

國朝順治丁亥初，開雷郡。冬，没於黄海如。順治八年辛卯，再定。辛卯壬辰，二大颶風，城池崩壞，城中軍民房屋盡圮無餘者。乙未，知府陸彪詳文，大修雷城。

順治十二年十一月，知府陸彪詳道修理城垣，分守海北南道蕭炎具詳，雷郡城垣頹壞已久，兼連年颶風淫雨，倒圮更甚。思城池爲合郡保障，非高深不足備禦。除城上窩鋪每間發銀五錢，共蓋四十間。其城上復於去冬，乘農隙之時，府、廳、縣逐一查驗，估計其城垛，造不如法，每遇風雨，多至損壞。議仿省城式樣，逐一從新改造，工費浩繁。同知府陸彪、同知周熛捐俸，辦料買米，散給工匠，酌委文武各官分行督理，通將圮壞單薄之城，逐一修築高厚，城濠疏濬。而周圍垛口俱另式改造，焕然一新。刺史陸彪有記。

康熙九年，郡城東垣崩數十餘丈。又颶風頻發，城垛〔一〕、窩十壞八九。知府吴盛藻倡議修築，與同官廳縣紳士各量捐資俸，於十年工〔二〕成。

〔一〕刻本、聚珍本作『朵』。抄本作『垛』，是。

〔二〕刻本、聚珍本作『工』。抄本作『功』。

公署

雷州府各官公署俱載《府志》。

海康縣治。在府治後，隋始置。梁乾寧間，設今衛治，續遷今府治。元大定元年，遷郡城西南隅。洪武己酉，知縣陳本遷今治，官全設，建廳署二座，東南耳房、庫幕廳、吏宅、監房、門屋俱備。洪武丙寅縣丞王文通，正統間縣丞王銓，天順間知縣王麟〔一〕，相繼修葺。成化癸卯，縣丞張政鼎建。弘治戊申，知縣林彦修重建。嘉靖丁酉，知縣唐侃建大門、儀門、土地祠。嘉靖壬寅，知縣楊澄因風雨大作，本縣官廳各衙門俱壞，興工修葺。萬曆三年，知縣郭鉞重建。七年，知縣沈汝良復建後堂并衙宇。沈汝良有《重修署記》。

鼎革初，治數遭火燬，無存。順治間，尚存縣丞分署數楹，因縣丞裁缺，知縣蹴居焉。康熙五年，因推官奉裁，知縣移居西門内署。今縣丞署亦竟成蔓草叢矣。

申明亭。在縣門左，今圮。

旌善亭。在縣門右，今圮。

〔一〕刻本、聚珍本作「王麟」，抄本作「王璘」。

捕官公署。康熙十年，因舊署圮毁，里社另買民房改造，新建在雨花臺南大街邊。
預備倉。在縣治西，今廢。
廣積倉。額設大使一員，吏一名，斗級六名。今倉廢官裁。
四門義倉。萬曆二十四年設。因是年饑疫，御史劉會按郡檄府縣，立義倉，東西南北關各置其一〔一〕，預備倉穀儲賑，每倉儲穀六百石。着關内鄉老收支，德意良厚，奉行不善，出陳易新，吏胥爲奸，失建倉之初意矣。今廢之〔二〕。
雷陽驛。額設驛丞一員，吏一名，夫一十四名。城隍廟西，裁廢。
清道巡檢司。額設巡檢一員，吏一名，弓兵八名。縣西南一百二十里九都舊署，已廢。今英風、武郎、官和三社，共買郡城東街民房改造。
黑石巡檢司。額設巡檢一員，吏一名，弓兵八名。縣東南九十里，久裁，署廢。
養濟院。舊在西城外曠坡上，後因痲瘋污人，改孤老院於白沙坡，徙痲瘋院於蔡黎村。

〔一〕抄本闕「一」字。此據刻本、聚珍本補。
〔二〕刻本、聚珍本無「之」字。

亭館

雷州府 海康縣附

迎恩亭。郡北關外〔一〕。凡接恩詔候於此。嘉靖戊申，知府林恕建。今廢。

去思亭。郡北關外。萬曆間署郡同知萬煜、知縣陳錦並德及於民，合郡竪碑以識去思。内附罷采珠碑，亭久傾圮〔二〕。

海北首邑亭。嘉靖癸卯，海康知縣楊澄建於縣治東，亭久傾圮。

陸公泉亭。郡城北十五里。嘉靖間，郡守陸瓚覲行，士民送之載道。道有流泉湧出，衆謂清與公同，因建亭竪碑，勒『陸公泉』三字。至今過亭飲水者，猶思慕之。亭久圮，今修復。

一覽亭。在天寧寺後。亭高豁，登望葱翠環繞。今廢。

東海碑亭。城南龍應宫前。萬曆丙申，守道王民順捐俸置田，鑿渠建橋，士民立碑頌德。詳見文昌橋。

〔一〕刻本、抄本作『郡北關外』。聚珍本作『郡北外關』。

〔二〕抄本作『廢』。刻本、聚珍本作『圮』。

土龍亭碑。郡治左虛曠，嘉靖中郡御史蔡經因士民之請，捐金培築。高一丈，闊二丈，長一千三百丈。歲久湮頹。萬曆丙申，太守伍士望捐俸增築，上栽竹木，陰翳蒼翠，婉如游龍，爲府城左臂屏蔽。自狼兵破城後，所〔一〕敗無餘，土龍圮壞，河渠湮塞，關係全郡風水田利，尚〔二〕未修復。

萬金溪碑亭。龍應宫前。萬曆間，同知萬煜因萬金溪湮塞，捐歲俸開濬。民德之，請宗伯王弘誨〔三〕記，改名『萬金溪』。《記》載藝文卷。

徙學興學碑亭〔四〕。在縣學街。先是，鎮撫〔五〕司獄適當學前，污穢溷濁，久議改，未果。萬曆戊申，推官葉際英署縣，捐資貿中所地徙之。樊玉衡《記》，載藝文卷。

湖心亭。在西湖中。嘉靖十八年，同知孟雷建。先名『與衆』，後分守大參張岳改名『信芳』，分巡憲僉翁溥大書『信芳亭』於其上，張岳爲之記。林雲同、翁溥、徐九臯俱有詩。

仰止亭。官路五里。嘉靖壬寅春建。都御史蔡經提兵過雷，誓師瓊崖，居數月，嚴律省費。運籌之暇，民事兼舉，德惠在雷，人仰思之，作亭以志。

〔一〕刻本、抄本作『斫』。聚珍本作『所』，是。
〔二〕抄本作『向』。刻本、聚珍本作『尚』，是。
〔三〕刻本作『王宏誨』。抄本、聚珍本作『王弘誨』。
〔四〕聚珍本作『徙獄興學碑亭』。抄本作『徙學興學碑記』。刻本作『徙學興學碑亭』，是。
〔五〕刻本、聚珍本作『鎮撫』，抄本作『撫鎮』。

紀功碑亭。郡治北參府右。萬曆己酉，副總兵楊應春善撫軍士，征交趾克捷，立石紀功。

邵司理定税碑亭。郡新城門外。先是，商税加收無藝。萬曆乙巳，廉州府推官邵兼署府事，清查申請定例，建亭刻碑，永爲遵守。碑欵載雜税。

新革榔税牙行碑亭。在新城門外。先是，市棍把持榔税，遞年每名納公堂銀三四兩於府，聽其包攬勒索，商船到埠，苦之。萬曆壬子，推官歐陽保署府，廉得其狀，罷去公堂銀〔一〕，盡革牙行，新立約欵，建亭刻碑，永令遵守。碑約載雜税。

譙樓。衛治前，宋守虞應龍建衛治原府治地，有宋文天祥記。元元興，改宣慰司，遷郡於西。洪武二十七年，改衛治，指揮張秉彝重修此樓，指揮蔡鼎署銅滴漏于上。正統間重建，知府黄瑜記。弘治戊午，太監傅倫見樓圮，謀諸僉事方良永、知府李敷、指揮馮欽重建，砌石拱門，上起層樓十二間，高二丈四尺，教授吴朝陽記。歲久損壞，指揮張傑修之。萬曆間又圮，石基猶存。

國朝順治初年，衛治改協鎮府。譙樓毁折〔二〕殆盡。

鐘樓。衛治東，指揮張秉彝建。正統七年，指揮張鼎重建。指揮楊經等助銅鑄鐘一千二百觔，圍一丈，音洪遠。參議王愷記。後樓傾鐘存。弘治戊午，太監傅倫協府衛同建，又傾。嘉靖八年，僉事劉道

〔一〕聚珍本作「公堂銀」，刻本、抄本作「公堂」，無「銀」字。
〔二〕刻本作「拆」。聚珍本、抄本作「折」。

復建。今圮，復修。

迎春公署。原天妃宫。萬曆三十二年，署府推官高維岳以春從東來，今迎之南郊，非是，乃改建於東城土龍邊。坐東向西，門樓三間，扁曰『迎春公署』。正廳三間，東廳三間。正廳後重建樓，扁曰『東海奇觀』。東西耳房共十間，魚塘一，瓜菜園六，共載税十二畝。南海王學曾爲之記。今圮傾無存，議當復修。

坊表

府城坊表共四十。海康附。

紀綱三郡。東□□。今廢。

屏翰一方。西分守道前。萬曆十四年，分守道王民順立。今廢。

海北名邦〔一〕。府治前。正德間，知府王秉良建於通街〔二〕。萬曆七年，知府陳九仞移五十步重建屏門。萬曆二十年，知府林廷陞仍移舊址，復立照墻。今圮。

帥正左敷寬。右府治前。萬曆辛丑，知府陳獻策、推官歐陽保修改。今廢。

〔一〕抄本作『海北名鄉』。刻本、聚珍本作『海北名邦』。

〔二〕抄本作『通衢』。刻本、聚珍本作『通街』。

古合花封。安仁坊新路口，雷陽首縣坊故址。萬曆三十三年，知縣鮑際明改建。北〔一〕扁曰「古合花封」，南扁曰「天南首牧」。今廢。

海宴、民康。縣治前。萬曆三十六年，知縣孫弘緒〔二〕立。今廢。

文明。府學前。嘉靖二十二年，署府高州同知戴嘉猷立。

仰聖景賢。府学前。萬曆二十年，知府林廷陞修建。

育才華國。縣學前。嘉靖十九年，知府洪富重立。

清朝侍御。迎恩坊。萬曆十一年，分守道陸萬鍾、知府陳贄爲嘉靖己丑進士、雲南道御史馮彬立。

賢書高薦。鎮寧坊。嘉靖二十二年，掌府事高州同知戴嘉猷爲嘉靖己酉举人陳時雍立。

進士。鎮寧坊。萬曆二年，知府唐汝迪爲嘉靖壬戌進士莫天賦立。今廢。

冠英。桂華坊。知府莊敏爲天順己卯舉人馮鑑立。屋壞，石柱存。嘉靖十八年，知府洪富重修。今廢。

北亞魁南邦伯。安樂坊。知府趙文奎爲庚午亞魁羅真誠、知府羅紳立。今廢。

一鶚。登雲坊。知府王秉良爲正德癸卯举人莫欽立。

〔一〕刻本、抄本作「圯」。聚珍本作「北」。從下文「南扁」可知此字當以「北」爲是。

〔二〕刻本作「孫宏緒」。抄本、聚珍本作「孫弘緒」。

奕世科第。登雲坊。萬曆三十年，知府郭士材爲洪武甲戌進士、浙江道御史何元華〔一〕，洪武庚午舉人教授何炫焆，景泰庚午〔二〕舉人何鉞，萬曆庚子舉人何起龍立。

登龍門。南亭坊。知府陳嘉禮爲弘治戊午舉人林經立。

旬宣。布政司前。成化十五年，知府黄瑜立。弘治十四年，同知劉琦重修。今廢。

善政、善教。府治前。成化二十年，知府魏瀚立，今圮。萬曆二十年，知府林廷陞改鐘鼓楼，扁曰『播政宣猷』。今廢。

龍亭鳳伏〔三〕。府治前〔四〕。萬曆壬子夏，推官歐陽保改建龍亭，庫新創。今廢。

朝天。朝天門内迎恩坊。指揮凌晟等重建，今廢。

鳳翔。迎恩坊。知府陳嘉禮爲弘治戊午舉人張安立〔五〕，今廢。

登雲。迎恩坊。知府鄧璩爲弘治乙酉舉人王冀立，今廢。

北世科南光振。樂安坊。知府趙文奎爲成化戊子舉人羅章、正德丁卯舉人羅奎立。今廢。

紹芳。樂安坊。知府陳嘉禮爲弘治戊午舉人張德立，今廢。

〔一〕刻本、抄本作『何元華』。聚珍本作『何炫華』。下句『何炫焆』，抄本、刻本均作『何元焆』。

〔二〕刻本、抄本無『庚午』，此據聚珍本。

〔三〕刻本、聚珍本作『龍亭鳳仗』。抄本作『龍亭鳳伏』。

〔四〕刻本、聚珍本作『在府治』。抄本作『府治前』。

〔五〕刻本、抄本無『立』字。聚珍本作『立』，是。

鍾秀。貴德坊。知府黃瑜爲成化辛卯舉人莫卿立，今廢。

桂芳。貴德坊。知府李敷爲弘治甲子舉人林鳳鳴立，今廢。

高第。登雲坊。爲景泰庚午舉人何鉞立，今廢。

奎光。桂華坊。知府黃瑜爲成化甲午舉人梁從義立，今廢。

三鳳。桂華坊。嘉靖間知縣易文亨爲舉人陳時亨、馮世華、詹世龍立。萬曆五年，知府陳九仞因改縣路，又開府學路，建屏于拱瑞橋西，改其扁曰「天衢」，南扁仍「三鳳」。今廢。

繡衣。樂安坊。景泰初，知府莊敏爲御史李濬立。今圮。

旌表節婦。鎮寧坊。洪武間，爲林顯妻陳氏立。弘治間，同知劉琦重立。嘉靖二十年，知府葉尚文修。今坊廢〔一〕，扁懸其門。

旌表節婦。樂安坊。成化間，知府魏瀚爲羅端妻朱氏立。今廢。

旌表節義。宜稼坊。成化間，知府楊表爲貞烈莊氏建于城中，歲久傾壞，知縣沈汝良〔二〕移建于東城外。今廢。

府城衢坊，二十有一。海康附郡通街自南至北計二里，自東至西一里。成化二十年，知府魏瀚伐石鋪砌。

迎恩坊。北關內。

鎮寧坊。寧恩坊南。

〔一〕抄本、聚珍本作「今廢」。刻本作「今坊廢」，是。

〔二〕抄本作「沈汝梁」。刻本、聚珍本作「沈汝良」。

安仁坊〔一〕。

桂華坊。府治前。

中正坊。衛治前。

樂安坊。中正坊上。

貴德坊。南關大街。

明善坊。府學西。

愷悌坊。司獄司南。

守廉坊。愷悌坊西。

澄清坊。縣學前。

官賢坊。坊内東。

拱宸坊。北城外。

西湖坊。西湖東。

文富坊。南關外，有書舍，故名。

調會坊。六祖堂下。

〔一〕刻本、抄本衹作「安仁坊」。聚珍本作「安仁坊，北城」。

登雲坊。真武堂下。
南亭坊。南關外解元坊下。
解元坊。南城外登雲坊下，永樂癸未，爲解元林文亨立。
寧國坊。解元坊西。
文昌坊。解元坊東，有文昌祠。

鋪遞

府屬鋪兵

海康縣鋪九。舊鋪十三，今止有九。
鋪兵三十九名。舊有哨官，今裁。
縣前鋪。鋪兵五名。
瑞芝鋪。鋪兵四名。
頭鋪。鋪兵五名。
南渡鋪。鋪兵五名。
平南鋪。鋪兵四名。

中火鋪。鋪兵四名。
調亭鋪。鋪兵四名。
將軍鋪〔一〕。鋪兵四名。
淳樂鋪。鋪兵四名。

橋渡 埠步附

海康縣橋〔二〕三十有六：

龍鳳橋。在〔三〕府治中道前。先是海北名邦〔四〕坊前對一屏墻，壁立長溝上，了無餘地。萬曆壬子夏，推官歐陽保改建龍亭庫於前，因移向前一丈五尺，前面氣勢寬廣，伐石建一拱橋，接地氣以通往來。周圍衛以石欄，以其龍亭出入之地，且左右有龍亭、鳳伏〔五〕二坊互峙，故名曰『龍鳳橋』。今圮。

〔一〕抄本『將軍鋪』前有『南六十』。
〔二〕抄本作『海康橋』，無『縣』字。刻本、聚珍本作『海康縣橋』。
〔三〕抄本無『在』字。刻本、聚珍本作『在』。
〔四〕抄本作『鄉』。刻本、聚珍本作『邦』。
〔五〕抄本作『伏』。刻本、聚珍本作『仗』。

阜民橋。城中正坊衛治前。宋乾道五年，郡守戴之邵建〔一〕。橋北舊爲州治，故曰『阜民』。元延祐七年，廉訪使卜〔二〕達世禮建圓通寶閣于上，歲久湮塞。正德間，郡守王秉良重修。

石渠東西二橋。一在城内桂華坊，一在明善坊。戴之邵架石橋于渠之東西路，通大小西街。

官賢東西二橋。郡城内官賢坊，戴之邵建。

冠英橋。郡城内桂華坊，戴之邵建立。

西門橋。郡城内桂華坊，戴之邵建立。

城濠橋。東、西、北三城門内。元至順間，廉訪司僉吕琉因賊侵境，用板架橋，有急則撤之，以備不虞。惟南濠不通，故無橋。洪武七年，指揮張秉彜、朱永、周淵，通判李希祖，修築城池〔三〕，易板以磚，各長五丈，闊一丈。

寺門橋。城門外西湖坊。宋乾道間，郡守戴之邵建立。

水月橋。天寧寺内。正德乙亥，郡守王秉良建，扁曰『水月』。

惠濟東橋。西湖東閘。宋紹興間，郡守何庾開渠建閘，伐石疊砌，長三丈，闊一丈五尺。又建亭于

〔一〕刻本、抄本無『建』字。聚珍本作『戴之邵建』。
〔二〕抄本作『上』。刻本、聚珍本作『卜』，是。
〔三〕刻本、聚珍本作『修築城』，無『池』字。抄本作『修築城池』。

橋上，因其有惠濟之利，故名。元廉訪司經歷郭思誠、照磨龐弘文重修。橋上蓋亭兩間，外列欄楯，以石爲之。永樂九年，知府王敬重修。亭廢橋存。萬曆己酉，推官葉際英重修。

惠濟西橋。西湖西閘上。宋郡守何庾開渠建閘，導西湖水，由西山坎灌白沙田。砌石長二丈，闊一丈。元元統間，經歷郭思誠重修，建亭于上，扁曰『衆樂』、曰『狎鷗』、曰『泳波』。洪武二十七年，知府吕智重修。萬曆己酉，推官葉際英重修，陳光大有記。

第一橋。城外甯國坊南亭溪上。舊爲潮汐往來，行者病涉，太監張永伐石，跨〔一〕溪爲橋。因絶其流，舟惟泊于橋下，東南之民苦于搬負。嘉靖十二年，郡守黄行可從民便，甃石拱之，高闊視昔有加，上樹欄墻，疏濬溪流，直抵惠濟東橋之下，以通舟楫，民德之。

通利橋。亦名第二橋，郡城外〔二〕西湖二里白沙坡邊。宋乾道間，郡守戴之邵開渠灌田，砌石橋，長二丈，闊八尺，以利灌溉，故名。

麻含橋。西十五里，路通海康所。舊橋傾圮，行者病涉。永嘉商人陳世高捐財砌石橋二間，長二丈五尺，闊八尺，往來稱便。

浮碧大橋。西南五里麻扶村。宋乾道間，郡守戴之邵伐石砌橋，長三丈五尺。路通白院，以溪傍有

〔一〕刻本、抄本作『洿』。聚珍本作『跨』，是。

〔二〕刻本、聚珍本作『郡城外』。抄本作『郡城』。

竹木影，蕩漾碧緑，故名。

浮碧小橋。大橋之東。洪武九年，指揮周淵伐石砌橋，長一丈，闊六尺，路通白院。

雲津橋。西南三十里調排村。宋嘉泰二年，郡人縣丞昆進建石橋五間。以木爲梁，長十二丈，闊八尺。洪武二十七年，安陸侯吴傑經此，設立各所，伐石重建。

安濟橋。西四十里〔一〕小安攬〔二〕村。元主簿唐傑伐石砌橋。長六丈，闊四尺。

五里橋。南五里天妃廟下。宋乾道間，郡守戴之邵築堤建閘，伐木〔三〕架堤上。長一丈，闊六尺。路通瓊南。

文昌橋。城外天妃廟前。萬曆十四年，兩學諸生因郡治水欠環遶，文運不振，白守道王民順捐俸鑿渠二百餘丈，塞麻沉直河，導萬金溪水，循〔四〕遶郡城，西會湖潮之源〔五〕而出海。太守伍士望築土龍助之，同知萬煜俱捐俸修飭。嗣是文武登科者衆，士民指其橋〔六〕爲雲梯云。王民順有詩記之〔七〕。

〔一〕刻本、聚珍本作「四十里」。抄本作「十里」。
〔二〕抄本作「欖」。刻本、聚珍本作「攬」。
〔三〕刻本、聚珍本作「伐石」，抄本作「伐木」。據文意，應以「伐木」爲是。
〔四〕抄本作「横」。刻本、聚珍本作「循」。
〔五〕刻本、抄本作「元」。聚珍本作「源」，是。
〔六〕刻本、聚珍本作「指其橋」。抄本無「橋」字。
〔七〕刻本、聚珍本作「王民順有詩」。抄本作「王民順有詩記之」。

韓公橋。在府城南關外龍應宫前，通瓊之路。天啓間〔一〕，郡守韓逢禧立。

芝林西橋。即西山橋，南三十里芝林村西。正德〔二〕間，義民張鵬捐資伐石，建橋三間。長三丈，闊一丈。東通錦囊，北通郡城。

芝林東橋。即曹家橋，東南三十五里芝林村東，亦張鵬所創。石橋三間，長五丈，闊一丈。路通錦囊所。

調風橋。離府治八十里調風村邊。北通府城，南通錦囊，歲久圮。康熙二十一年，知府馬生鱗重修。

將軍橋。南六十里。宋僧妙常砌石橋三間，南通徐、瓊，北通郡城。因地有二石將軍墓於側，故名之〔三〕。

那汀橋。南一百五十里英夔村。宋嘉熙間，鄉人王法恭募化，伐石建橋。長三丈，闊八尺。南通徐聞，西通海康所。

南界橋。南六十里將軍驛前。宋淳祐六年，郡人林賢等架石橋。長三丈，闊八尺。路通英利、徐聞。

那螺橋。西南三十里仙安村。宋咸熙間，鄉人楊扶建石橋。長三丈，闊四尺。路通海康。

〔一〕抄本作『天啓門』，誤。刻本、聚珍本作『天啓間』，是。

〔二〕刻本、聚珍本作『正德間』。抄本兩出『正德』。

〔三〕刻本作『因地有二石將軍于墓側，故名之』。抄本作『因地有二石將軍于墓側，故名』。聚珍本作『因地有二石將軍墓于側，故名之』。

步陸橋。西南九十里潭泥村。元延祐間，鄉人陳昆募化，運石建橋〔一〕。長三丈，闊四尺。東通將軍驛，西通海康所。

山門橋。西二十里山門村。洪武間，鄉民伐石砌建。嘉靖二十年，知縣楊澄重修橋二間。長三丈，闊一丈。

那里橋。南七十里那里村。弘治間，郡人張鉦創建石橋〔二〕。長一丈，闊七尺。路通英利。

淳化橋。南七十里官路中。成化間，有司伐石疊砌。北通郡城，南達瓊南。

安民橋。南八十里官路中。成化間，有司伐石疊築。北通郡城，南達瓊南。

仙居橋。北至十里平岡中伙鋪官路合流之衝，舊架棧道易壞。萬曆三十年，指揮梁棋募緣鳩工，砌石橋三間。長五丈，闊一丈〔三〕。左右石欄，行者便之。

海康渡二十有四〔四〕：

南渡。即擎雷水，在郡南十里，瓊崖必從之路。官歲造舟四，編渡夫八名，田岸崩圮。萬曆三十七年，守道林梓捐金鋪砌，復圮。康熙二十三年，督院吳巡撫、李巡界至雷，捐金同巡道程，并雷瓊總鎮

〔一〕刻本、聚珍本作『建石橋』。抄本作『運石建橋』。
〔二〕抄本作『建石橋』。刻本、聚珍本作『創建石橋』。
〔三〕抄本作『長五尺，闊二丈』。刻本、聚珍本作『長五丈，闊一丈』，是。
〔四〕抄本作『三十有四』。刻本、聚珍本作『二十有四』。

文武、紳士、商民〔一〕捐修。今〔二〕爲坦道。督工商民柯贊興勒石有記。
麻演渡。西南二十里。官歲造舟一，編渡夫二名。
嘉禾渡。東南二十里。官歲造舟一，編渡夫二名。哨官沈應蛟捐資修築。
白院渡。西十里。官歲造舟一，編夫二名。
下坡渡。東南三十里〔三〕。官歲造舟一，編夫二名。
西廳渡。西二十里。官歲造舟一，編夫二名。序班莫若敏捐資修砌。
安欖渡〔四〕。西二十里。官歲造舟一，編夫二名。
唐官渡。西南二十里。官歲造舟一，編夫二名。
雲津渡。西南二十里。官歲造舟一，編夫二名。
安苗渡。西三十里。官歲造舟一，編夫二名。
根竹渡。西二十里。官歲造舟一，編夫二名。
麻蔡渡。西二十里。官歲造舟一，編夫二名。

〔一〕抄本作『商民』，誤。刻本、聚珍本作『商民』，是。
〔二〕抄本作『金』，誤。刻本、聚珍本作『今』，是。
〔三〕抄本作『二十里』。刻本、聚珍本作『三十里』。
〔四〕刻本作『安攬渡』。抄本、聚珍本作『安欖渡』。

仙雲渡。西三十里，官歲造舟一，編夫二名。
邁風渡。西二十里。官歲造舟一，編夫二名。
大傍渡。西六十里。官歲造舟一，編夫二名。
雙溪渡。西四十里。官歲造舟一，編夫二名。
潮陽渡。西南八十里。官歲造舟一，編夫二名。
灣蓬渡。西南一百五十里。官歲造舟一，編夫二名。
建康渡。南一百里。官歲造舟一，編夫二名。
建寧渡。南一百二十里。官歲造舟一，編夫二名。
樓亭渡。西五十里。官歲造舟一，編夫二名。
山家渡。東南一百五十里。官歲造舟一，編夫二名。
老沙渡。南二百里。官歲造舟一，編夫二名。
按：各渡當時俱官造舟，撥夫撐渡。今俱附近居民撐渡，免其本身雜差役。

海康埠十有八：

南浦津埠。南二十里。自閩廣高瓊至此泊舟，乃通郡城。
大埠。東南一十里。自東海至此泊舟，入郡城。
麻沉埠。東海至此泊舟，北入郡城。

黑石埠。東南九十里。錦囊海至此泊舟，北入郡城。

龍門埠。西南一百七十里。自蠶村等海泊舟，北通遂溪。

英散埠。南一百里。自蠶村海至此泊舟，南通徐聞。

海宅埠。南一百里。自新場等海至此泊舟，南通徐聞。

灣蓬埠。南一百七十里。自吴蓬村海船至此灣泊，北通遂溪。

英領埠。南二百里。自沓磊等海至此泊舟，南通徐聞。

英隼埠。南一百九十里。自新場海至此泊舟，南通徐聞。

禄州那打埠。西南一百八十里。自蠶村等海至此泊舟，北通遂溪。

英兜埠。南一百五十里。自沓磊等海至此泊舟，南通徐聞。

翁家埠。西南一百七十里。自新場等海至此泊舟，北通遂溪。

老沙埠。南二百里。自蠶村等海至此泊舟，南通徐聞。

新場埠。西南一百八十里。自蠶村等海至此泊舟，南通徐聞。

英羅埠。南一百三十里。自新場海〔二〕至此泊舟，南通徐聞。

〔二〕抄本作『新場等海』。刻本、聚珍本作『新場海』。

武郎埠。西一百里。自烏石等海〔一〕至此泊舟，北通樂民所。

西山埠。南三十里。自南浦津等海至此泊舟，北通郡城，東通錦囊。

按：明季各埠俱有船隻，俱有埠頭。自海禁森嚴，各埠船隻俱毁。今蒙開海，設復船隻，未足原額。

塔宇

九級文塔，一座。雷地向無筆峰，且郡城左方空曠，人議建塔以補風水，未果。至是，萬曆壬子冬，諸學生員具呈道府鼎建，推陳瑾、陳棟二生爲首，人皆難之。推官歐陽保嘉其志，力任其責。相地得城東角，謀于知府牛從極，擇吉啓土〔二〕。因得三元吉兆，請於分守海南北參議蔣公光彦。公曰：『善！』遂鳩匠建窯，課程於海康縣。縣丞項世聰掌出納倉大使，鍾鳴珂董工作，諸鄉老分任幹辦〔三〕，保總其成。道府捐資佐費，各官士民喜助。至乙卯四月，九級完成，文筆挺然特秀，一郡風水增勝槩云。翰林修撰黄士俊、分守道蔣光彦、本府推官歐陽保各有記，載《藝文志》中。

〔一〕刻本作『石海康』。抄本作『石康海』。聚珍本作『烏石等海』。
〔二〕刻本、聚珍本作『擇吉啓土』，抄本漏一『擇』字。
〔三〕抄本作『辦』，誤。刻本、聚珍本作『辦』，是。

塔路。由南城外曲街起，至塔止，舊系小巷，不便行走出入。於是推官歐陽保將價銀六兩，買舉人何起龍鋪房一間二層，闢爲塔路。西邊剩地二尺，附〔一〕隔壁府學店屋以資學費，沿途新䡮石街，係鄉老梁觀棟捐資，並題附近助修〔二〕，一時通街坦平，人甚便之。

石坊，一座。在南城外曲街，從此往塔〔三〕。乙卯夏，推官歐陽保命工累石修建，題曰『文塔通街』。

文昌閣，一重。在塔前，高聳層樓。上祀文昌帝君，與塔峰相映。從此鄉試、會試俱先到此，拜祝後齊赴府堂，簪花宴餞以期顯達。今圮，議當修復。

塔邊公館。在塔南左。推官歐陽保用價四兩買住人地一段，曠〔四〕充建造，以爲官府駐蹕，因立文昌會於此，每月逢九，令諸生會課於此，置課桌〔五〕櫈三十條，撥田供會。另有譜記。今圮。

〔一〕抄本作『附』。刻本、聚珍本作『付』。
〔二〕抄本作『助係』。刻本、聚珍本作『助修』。
〔三〕抄本作『從此往路』，誤。刻本、聚珍本作『從此往塔』，是。
〔四〕刻本、抄本、聚珍本俱作『曠充建造』，疑當作『擴充建造』。
〔五〕刻本、聚珍本作『棹』。抄本作『桌』，是。

食貨志

户口　田賦　貢税附〔一〕　丁役附　鹽鈔附　雜税〔二〕

麗土之民何辭於役，食土之毛何辭於賦？役煩賦重，惟今日獨也。吴越沃壤，閩廣亦復相類。雷處海濡，潮深土瘠，不病涸，即病溢，賦役且與中州等，齒毛羽革靡不算及，登耗之故，按籍可稽矣。作食貨志。

户口

漢雷州户口入合浦郡。

唐宋户口無考。

元海康縣。户三萬六千四百九十八，坊都一百五十里。

〔一〕抄本闕「附」字。

〔二〕刻本、聚珍本作「雜税」，抄本作「雜税附」。

明洪武二十四年海康縣。户二萬三千五百九十五，口九萬七千一百九十九。

永樂十年，縣户口同前。

天順六年海康縣。民户，一萬三千七百九十。軍户，三千七百一十一。竈户，三百七十。校尉力士户，四。道户，一。蛋户，二百九十一。弓兵、鋪兵、防夫、堠夫户，一百零九。各色匠户，一百零四。坊都，一百二十八里。

成化八年，雷州府被猺殘破，人民蕩折，十存四五，里數損少，户口無考。

海康縣，坊郡止存五十里。

成化十八年海康縣。户一萬二百六十六，口二萬八百六十。

弘治五年海康縣。户一萬四百一十，口二萬三千二百二十七。

正德七年海康縣。户一萬四百三十三，口二萬二千七百二十七。

嘉靖十一年海康縣。户一萬五百六十八，口二萬四千八百七十九。

萬曆十一年海康縣。户一萬四千零八，口三萬一千三百。

萬曆四十一年海康縣。户一萬一千六十户，軍户三千七百一十户，民户六千四百六十六户，校尉力士六户，竈户四百六十八户，蛋業户一百八十八户，弓兵、鋪兵、防夫、堠夫一百七户，各色匠役一百一十五户，丁口男婦二萬三千一百七十三丁口，男子一萬八千六百二十丁，成丁一萬四千七百五十丁，不丁三千八百七十丁，婦女四千五百五十三口。

崇禎〔一〕十年，縣户口同前。

國朝順治十一年，雷州府被王翰、黄占三盤踞西山，三邑各據其半，户口無考。

康熙三年，雷州府遷海，版籍未定，户口無考。

康熙十一年，海康縣户一千九百二十四户。

康熙十一年，海康縣現徵丁二千七百六十一丁五分，婦女一千一百四十三口。今届編審新增丁，除抵補老弱開除外，實增人丁一百六十一丁五分，婦女三十四口。

康熙十五年，届雷城兵亂無編，户口無考。

康熙二十年，届海康縣編審，除抵補老弱開除外，實徵人丁五十〔二〕，婦女六口。

康熙二十五年，届編審丁口，候文遵照，另編纂入。

田賦

田有夏秋二米，起於宋天禧四年，頒示天下，勸農桑官令所在州邑，農出秋糧，桑出夏税，其制遂

〔一〕刻本作『崇正』。抄本、聚珍本作『崇禎』。

〔二〕刻本、聚珍本作『實徵人丁五十』。抄本作『實徵人丁五十丁』。

定。明初有農桑絹令，天下農民率栽桑麻、木綿。其不種者，致之罰。尋照桑株起科納絹，久之分派於米。又立河伯所，以榷漁利，歲有常額。其後逃絶過半，亦派其課於民户，按田每畝官米〔一〕一斗七升起科，加耗一合二勺，民税二升起科，加耗七合一勺二抄〔二〕，其賦甚輕。大率三十乃税一也。即間或加派，猶約而易供。至弘治〔三〕間，添徵羽、革、漆、藥諸科，其賦始重。且派不以時，民甚病之。嘉靖初，御史邵豳奏行均一，總其科價於糧者爲定額。不數十年，復有四司鋪墊諸派，則又不翅什一矣。

官民田、山塘夏税，秋糧額辦歲辦魚塘課米等項：

唐海康郡貢絲絹四疋，田賦無。

宋雷州田賦無考。

元海康縣没官草塘二口，課米二斗八升。

明洪武二十四年，海康縣五千四百八十二頃，夏税折米二十九石五斗五升三合七勺，秋糧米二萬二千四百八石二斗六升二合三勺六抄五撮三圭。桑絲八兩六錢四分。魚課米五百五十一石五斗六升八合八勺。魚油八百二十七斤五兩六錢六分。魚鰾一十七斤三兩七錢九分。鈔九千八百七十五貫一百零二文，

〔一〕抄本作『官米』。刻本、聚珍本作『官税』。
〔二〕刻本、聚珍本作『加耗七合一勺二抄』，抄本無『加耗』二字。
〔三〕刻本作『宏正』，抄本、聚珍本作『弘正』。此當作『弘治』。

銅錢四千八百七十貫三百八十三文。

永樂十年、宣德、正統、景泰至天順六年，海康縣官田地塘一百四十二頃八十七畝八分四厘一毫。夏税小麥折收糧三石九斗，秋糧租課米四千二百一十四石六斗二升九勺六抄五撮四圭。民田地塘五千三百六十一頃五畝九分九厘。夏税小麥折收糧米二十九石六斗一升六合。秋糧課米一萬七千二百三十二石二斗二升九合六勺六抄九撮五圭。額派周歲商税課鈔一萬四千四百三十九貫六百文，閏月加鈔一千五百六貫八百六十七文。周歲市舶課鈔三百四貫二十七文，閏月加鈔二十九貫五百七十三文，並遂溪在内。周歲酒醋課鈔四十六貫五百六十文，閏月加鈔一十貫七百六十文。周歲窯冶課鈔四十一貫三百八十二文，閏月加鈔三貫四百四十八文。房屋地賃鈔周歲六十貫七百二十文，閏月加鈔五貫六十文。周歲比附課鈔四十一貫九百三十文。河伯所比附魚課米五石八斗六升八合八勺。

成化元年，海康縣一百四十二頃八十七畝八分四厘一毫，夏税三石九斗，秋糧四千二百一十四石六斗二升九勺六抄五撮四圭。

弘治十五年，又加藥味、翠毛、麂羔、水底、鹿皮、生漆等項。

海康縣夏税二十九石六斗一升六合，秋糧米二萬一千四百四十六石八斗五升六合〔一〕二抄五撮四圭。有徵米一萬八千七百五十石五斗五升一合九勺五抄七撮。魚油三百二十五斤。魚鰾四斤七兩二厘，辦曆

〔一〕抄本作『六勺』。

本紙三萬一千張。歲貢益智子一百四十斤〔一〕。歲辦藥味料四百斤，銀八兩。翠毛四十二個〔二〕，生漆六百四十九斤，價銀五十六兩一錢六分。歲辦麂皮、麂羔皮、羊羔皮、狸皮、各雜皮五百三十八張，價銀一百五十九兩。年例坐派水底皮六張，銀九十三兩五錢七分四厘。白硝鹿皮六十張，銀三十七兩八分五厘一毫。年例生漆二百斤，銀一十六兩。酒醋各色課程鈔五千八百七十三貫八百九十八文，課米五百五十七石四斗三升七合六勺五抄。

正德七年，賦稅加料與前同。

嘉靖十一年，海康縣官民田地塘五千五百三頃九十三畝八分三厘一毫，夏稅小麥折收米二十九石六斗五合八勺三抄，秋糧正耗米二萬一千三百二石八斗七升一合二勺三抄一撮五圭，租錢折米七十三石八斗五升〔三〕五合七勺五抄九圭，課米七十石一斗二升三合五勺。

萬曆元年，海康縣官民田地塘五千六百七十六頃，夏稅二十九石六斗五合六勺，秋糧二萬二千二十三石二斗六升七合。

萬曆四十一年，海康縣官民田地塘五千六百七十四頃四畝九厘五毫三絲一忽一微。夏稅小麥折夏米

〔一〕抄本作『一百二十斤』。刻本、聚珍本作『一百四十斤』。
〔二〕刻本、聚珍本作『箇』。抄本作『個』，是。
〔三〕聚珍本作『八十五升』。刻本、抄本作『八斗五升』，是。

二十九石九斗五合五勺，秋糧官米五千一百七十六石三升〔一〕二合六勺九抄五撮八圭，民米一萬七千一百六十七石三斗四升八合九勺三抄三撮八圭。塘課米六十四石八斗八升六勺，魚課并比附米無閏二百二十七石六升八合二勺。遇閏年添派米二十二石四斗八升二合，俱課户徵辦，不入通縣條鞭銀內，今届陞科官民塘課米二十一石七斗九升六合一抄八撮七圭七粟二粒。歲派京庫銀以通縣官塘課米五千二百四十石九斗一升三合二勺〔二〕九抄五撮八圭，又以民米内抽派三百四十七石八斗四升七合一勺三抄四撮六圭九粟六粒，共每石派銀〔三〕二錢五分，共該銀〔四〕一千三百九十七兩一錢九分一毫七忽零。每兩帶徵水脚銀三分，該銀四十一兩九錢一分五厘七毫零。本府廣積倉本折色米八千七百四十四石四斗三升六合九勺二抄三撮七粟七粒，以通縣民米内抽派，每石連耗簟〔五〕派銀四錢二分六厘，該銀三千七百二十五兩一錢三分一毫二絲九忽零。派撥廉州廣儲倉米一千一百二十石八斗九升五合五勺五抄，以民米内抽派，每石折銀三錢六分，該銀四百三兩五錢二分二厘三毫九絲八忽。派撥合浦縣永安倉米一千八百五十三石五斗一升四合七抄七撮四圭，以民米内抽派，每石折銀三錢六分，該銀六百六十七兩二錢六分五厘六絲七忽零。

〔一〕抄本作「三升」。刻本、聚珍本作「三斗」。
〔二〕抄本作「二勺」。刻本、聚珍本作「一勺」。
〔三〕刻本作「共派每石俱派銀」。抄本、聚珍本作「每石派銀」，是。
〔四〕抄本作「共銀」。刻本、聚珍本作「共該銀」。
〔五〕抄本作「簞」。刻本、聚珍本作「簟」，是。

派本府儒學米九百五十七石六斗，以民米内抽派，每石折銀五錢，該銀四百七十八兩八錢，存留本縣倉本折色民米三千四百八十四石二斗五升八合七勺四撮六圭一粟五粒。夏米二十九石九斗五合五勺，每石俱派銀四錢二分六厘，該銀一千四百九十七兩三分三厘九毫五絲一忽，解司軍餉米六百五十八石七斗九升六合五勺四抄四撮，令以民米内派，每石折銀四錢，該銀二百六十三兩五錢一分八厘六毫一絲七忽六微，額派均一料銀七百二兩六錢五分六厘八毫九絲九忽，令以通縣官民塘課米派官米塘課米，每石俱派銀一分七厘七毫七絲七忽零。民米每石派銀三分五厘五毫零二忽七微零。續派四司料并貢布價銀四百二十七兩六錢五分八厘九絲二忽零，以通縣官民塘課米派官塘課米〔一〕，每石俱派銀九厘八絲六忽一微，民米每石派銀二分二厘一毫三絲七忽四微九僉零。鋪墊并京估料銀一百二十四兩四錢二分四厘二毫六絲二忽零，以通縣官民米派，每石派銀五厘五毫六絲八忽七微三僉零。增派紫竹、梨木、翠毛等項銀〔二〕二十五兩六錢七分七厘一絲三忽五微零，以通縣官民塘課米，每石俱派銀一厘一毫四絲五忽八微七僉零。軍器料銀六十一兩一錢二分一厘二毫四絲八忽零。以通縣民米每石派銀三厘〔三〕五毫六絲三微一僉九沙五塵七埃。總兵廪給并掾史衣資無閏銀八兩一錢五分三厘八毫一絲九忽三微，以通縣民米每石派銀四毫七絲

〔一〕刻本、聚珍本作「以通縣官民塘課米派」。抄本作「以通縣官民塘課米派官塘課米」。
〔二〕刻本、聚珍本作「等料銀」。抄本作「等項銀」。
〔三〕刻本作「二厘」，抄本、聚珍本作「三厘」。

四忽九微六僉零，遇閏年另添派魚課并比附米，無閏銀七十一兩五錢二分六厘四毫八絲三忽，以魚課無閏米每石派銀三錢一分五厘，係課户派辦，不入通縣條鞭銀内。魚油料無閏并水脚共銀〔一〕三十二兩三錢一分八厘，以魚課無閏米并比附派，每石折銀一錢二分九厘五毫五忽零，係課户徵辦，不入通縣糧米銀内。議增供應税監銀七兩二錢八分六厘八毫二絲一忽七微，以通縣民米每石派銀四毫二絲四忽四微五僉零，此銀四十二年太監故無派。

萬曆四十七年，海康縣官民田地山塘五千六百七十四頃零四畝零九厘五毫，照派銀一千五百四十兩零一錢六分一厘六毫。

萬曆四十八年，又加派三厘五毫，旋又加派二厘，連前每畝共九厘，通省只派七厘，本府照派該銀九千一百五十六兩一錢九分五厘二毫，計剩每畝二厘。嗣後俱照派徵，惟天啓五年搜括抵充無派。海康县照派〔二〕該銀三千九百九十二兩二錢〔三〕五分五厘二毫。

崇禎〔四〕四年，又加派三厘，連前共一分二厘，通省只派九厘五毫。海康縣照派該銀五千三百五十一兩七錢五分五厘四毫。

〔一〕刻本、聚珍本作「并水腳共銀」。抄本無「共」字。

〔二〕刻本、聚珍本作「海康縣照派」，抄本無「縣」字。

〔三〕刻本、聚珍本作「五錢」，抄本作「二錢」。

〔四〕刻本作「崇正」。抄本、聚珍本作「崇禎」。

崇禎五年，又將前剩數内每畝移派一厘三毫，充本省缺額兵餉，該銀一千六百九十一兩七錢三分五厘八毫，遼餉、粤餉共銀一萬三千九百六十五兩九錢三分零三毫。海康縣照移派該銀七百三十七兩六錢二分五厘三毫，遼餉、粤餉共銀六千零八十九兩三錢八分零七毫。

崇禎九年，又將前剩數内派溢地，每畝一厘零三絲，除前加派外，又該銀一千三百三十九兩六錢四分八厘五毫，水脚每畝派銀四絲，該銀四十五兩四錢七分零五毫。海康縣照派溢地除前加派外，又該銀五百八十四兩一錢零九厘四毫，水脚該銀一十九兩八錢二分六厘。

崇禎十年，又均糧每畝派銀三厘九毫，除前加派外，又該銀五千零三十三兩八錢五分五厘四毫，水脚每畝五絲，該銀六十二兩九錢二分三厘二毫。海康縣照均糧派銀，除前加派外，又該銀二千一百九十四兩八錢四分五厘六毫，水脚該銀三十七兩四錢三分五厘六毫。

崇禎十一年，俱照十年派徵，惟均糧止徵一厘九毫，該銀二千五百一十六兩二錢六分四厘四毫，水脚每畝二絲五忽，該銀三十一兩四錢六分一厘六毫。海康縣照十年派徵外，均糧止〔一〕徵一厘九毫，該銀一千零九十六兩七錢五分九厘五毫，水脚該銀一十三兩七錢一分七厘八毫。

以上明季因軍興缺餉加徵額數也。

按：雷屬田地，明代熟徵一萬三千頃有奇，而今止二千四百餘頃也。田地荒蕪，户口凋敝，大有土

〔一〕刻本、抄本作「止」，是。聚珍本作「正」，誤。

滿之歎。今稽本年額徵之數，詳列於右。

順治十一年，土寇王翰、黄占三等占據西土，人民逃散，稅糧無稽。

康熙三年，遷海，版籍未定，稅糧無攷。

康熙八年以後，至二十六年，起徵額稅。

海康縣原額官民塘課，共稅五千六百七十四頃零四畝零九厘五毫，内除荒遷稅四千零九十七頃五十九畝九分七厘二毫七絲三忽七微四僉七沙，尚實熟稅。自康熙八年起，至二十六年，起徵共稅一千五百七十六頃四十四畝一分二厘二毫二絲六忽二微五僉三沙，連實在夏稅魚課米，及扣回優免充餉，共徵糧餉銀四千六百八十七兩五錢一分零二毫一絲八忽，内除全書原載贍鹽米免四差銀四十兩零六錢四分七厘三毫，尚實徵銀四千六百四十六兩八錢六分二厘九毫一絲八忽。又徵雕塡漆匠衣裝，及物料溢價銀六十六兩七錢四分六厘。又徵本色米一千零七十三石三斗五升一合三勺。

山坡稅

遞年納銀五十一兩，解府充餉。

按：舊志，海康縣納銀五十一兩，係英風、那里、那山、官和、安苗、安攬、南禄、略斜、調襖、扶柳、淡水、武郎共一十二社出産粟稻，遞年輸納。

牛税

遞年納銀四十兩，解府充餉。

按：舊志，税在府北十里拱宸墟，因兵荒以來，墟場絶無人至，自國朝順治、康熙間，郡守屢詳上臺，請豁牛税，竟不邀允，檄徵如故。萬不得已，三縣設法措解〔一〕，民甚累之。

判銀

萬曆二十七年，本府額徵銀三十兩，屬海康縣九關屠户軍民人等告判。四十二年，奉文於四月初一日以後停止。

〔一〕刻本、聚珍本作『俱行三縣設法措解』。抄本作『三縣設法措解』，無『俱行』二字。

《民俗》《建置》《户役》總論

論曰：太史陳詩，察民間之風俗，稽政治之得失。城池、宫室，國之大者也；生齒、版籍，國之重者也。然天下之風氣亦漸殊耳。貞者不能無淫，儉者不能無奢，以致〔一〕臺榭、陂池止以供游觀，驛鋪、舟車反以重民困。財賦苦於輸輓，户口恐其流亡，有民社者能不爲之痛心哉！爲今之計，惟有申上諭以維民風也，省興作以裕民力也，蠲額外之催科，起民生於凋耗也。如是者，上可以報最於朝廷，下可以告無罪於蒼赤，非時之役不興，邦本之培植日厚，民俗可封，建置以時，户口之殷繁，可拭目而俟之。區區小邑〔二〕，將以觀康乂〔三〕之休焉。

〔一〕刻本、聚珍本作『以致』。抄本作『以至』。
〔二〕抄本作『區區小民』。刻本、聚珍本作『區區小邑』。
〔三〕刻本、聚珍本作『康乂』。抄本作『康乂』。

海康縣志中卷

學校志 縣學　祭器　樂器　田附　社學　書院

學校之設，所以翊聖教而育人材，地最重也。博士學宫，秩散而其體嚴，味澹而其化遠，高賢大良於是焉出，嚚悍强悖於是焉柔，遐陬僻壤一不被宫墻之教，比於羅刹。雷雖天末，俎豆文物，海濱鄒魯，不彬彬學校乎哉。履之蹈之，則有望於子弟者；埏之埴之，則有望於教子弟者。作學校志。

海康儒學

海康儒學，宋以前未之建學宫，生徒就遂溪之文明書院爲學，儒籍則附諸府。元至順三年，教諭凌光謙始遷建於迎恩坊。光謙自爲記：

雷郡舊爲古合州，分海康、遂溪、徐聞爲三縣，今二縣皆有學，而海邑獨無。縣之儒借附於郡學，名不副實，甚非所宜。帥閫擬注〔一〕，學宫皆設教諭，因循者滿官不乏人，學非其地。至順壬申，謙忝供前職，謂夫海康，附郭縣也，而學遠寄於遂邑鹽海之邊，其

〔一〕 抄本作『注』。刻本、聚珍本作『住』。

不可明矣。僕有志於正名，建學經度。甫及歲餘，而學祭期適届，請於憲司幕長。湛川郭公詢其所以行，郭公明於任事，意亦欲歸其學於縣邑，乃就雷城内得地於迎恩坊城隍廟之廢址，又得民地建屋一所。於是買屋與地，通用鈔三十二錠，磚甓、木石、梓匠之費，皆官師生徒各輸其力，以助厥成。乃於榛棘中，鳩工規畫，創建殿宇、門廊、堂、櫺星、東西二齋，凡二十有六間。至順三年十月二十有八日，造創大成殿。是歲臘月既望，奉塑先聖像。郡侯禿魯迷失復捐俸，列塑四國公，彩繪兩廡，從祀于位。向非郭公力主其事，曷由恢復臻此乎？僕疏陋，姑叙其創建之巔〔一〕末云。

至正六年，廉訪使呂琉、僉事觀音奴重修。

明洪武三年，知縣陳本大加營建〔二〕。修大成殿兩廡、櫺星門，戟門〔三〕，設明倫堂於殿西，設兩齋曰『進德』，曰『修業』，庖厨、廩庫咸備。

洪武三十年，同知張伯玉，訓導黄自守、趙孔進，永樂元年教諭林仲餘，相繼重修，建射圃於南城外文昌坊東，扁曰『觀德亭』。

正統九年，知縣胡文亮相學卑隘，拓其地重建之。

成化十四年，憲副陶魯、提學僉事趙瑶、通判劉鎮，遷于郡學西。其年傷于猺，學并入府學。

弘治九年，復歸于舊地。先是省祭官何璉因地方剗破，奏并入府學。至弘治丙辰，郡守陳嘉禮、知

〔一〕刻本、聚珍本作『顛』。抄本作『巔』。
〔二〕刻本作『人加營建』，抄本作『火加營建』，誤。聚珍本作『大加營建』，是。
〔三〕刻本、抄本、聚珍本均作『戟』，此當爲『戟門』。

縣林彦修具疏，遣本學生員田安奏復。

十七年，遷學于郡治東。今學即海北道舊址。僉憲方良永以舊學弗稱，命推官李文獻、教諭鄭寬因舊補葺，暫爲藏修之地。

正德八年，御史周謨修明倫堂齋、號舍，暨學宫廨宇，凡六十餘間〔一〕。十年〔二〕，郡守王秉良建二坊於門外。東扁『毓秀』，西扁『掄才』。

十六年，遷于珠池〔三〕公館。嘉靖三年，復于舊地。四年，僉事李階視舊址隘，廟宇頽圮，拓而建之。捐金五百餘兩，買指揮馮欽地。

知府楊表、黄行可，推官徐繼達，相繼鳩工建大殿兩廡、儀門、櫺星門、敬一亭，飾明倫堂，師宅、號舍俱備。復鑿泮池，闢學前路，建三坊，中曰『大成』，東曰『育才』，西曰『華國』，即『毓秀』『掄才』舊址。

教諭吴道賢請行釋菜禮。

〔一〕聚珍本『暨學宫廨宇，凡六十餘間』一句多有闕字，此據康熙二十六年抄本。刻本本句整體闕。
〔二〕刻本、聚珍本闕『十年』二字，此據抄本。
〔三〕抄本作『洙池』。下『再遷于洙池公館』之『洙』字同。刻本、聚珍本作『珠池』，是。

祭酒倫以訓記：

海康，雷陽首邑也。邑儒學，宋在文明書院，元在郡城之迎恩坊。國初因元舊。洪武三年，邑令陳本修之。成化間，遷於郡學之西，則以南方師命孔殷，學職〔一〕停銓，郡學官〔二〕兼攝教事，而學亦隨遷也。正德初，始遷〔三〕今地，爲海北道舊址。則以南方隅〔四〕寧謐，復備學僚，而僉憲方公良永涖遷焉。嘉靖壬午，督學憲副魏公校再遷於珠池公館而不果。歲乙酉，僉憲李公階至則美〔五〕矣，而地狹宜不足以定遷，哀公〔六〕積得五百金，以金百餘買馮〔七〕氏之居地，學宮之遂增倍焉。以金四百爲建修費。李公他遷〔八〕，郡僚承委者不終厥事。晉江洪侯富以名進士秋官郎領郡，加意經畫，政通人和，首興茲廢。同府趙侯伸通、府楊侯伯謙咸相之，而推府徐侯達董其成。先闢其前通衢，東西軒直，式稱壯觀。先師廟、箴亭、講堂，咸飭舊增。新作兩廡兩齋，前樹〔九〕重門，門間爲泮池，後建庫廚、師居，旁〔十〕翼諸生號舍，總之凡百數十楹。規模宏堅，用器俱備。期以月朔，詢上郡庠，厥望則之邑庠云。丙申夏，侯涖任。丁酉秋，學宮訖工。督學僉

〔一〕抄本作「學職」。刻本、聚珍本作「學識」。
〔二〕刻本、聚珍本作「學宮」。抄本作「學官」，是。
〔三〕抄本作「始選」。刻本、聚珍本作「始遷」，是。
〔四〕刻本、抄本作「南方隔」。聚珍本作「南方隅」，是。
〔五〕抄本作「美」。刻本、聚珍本闕字。
〔六〕刻本漫滅不清。抄本作「哀公」，誤。聚珍本作「哀」。
〔七〕刻本、抄本作「馮」。聚珍本闕此字。
〔八〕刻本、抄本作「他遷」，是。聚珍本作「地遷」，誤。
〔九〕抄本作「樹」。刻本、聚珍本闕此字。
〔十〕刻本、聚珍本作「南」。抄本作「旁」，是。

憲吴公鵬增置〔一〕弟子員，以嘉新學，使來請記，願有以進諸生。余昔聞海濱鄒魯之説，而竊隘之。吾廣濱海之郡七，廣州居其中，東則惠、潮，而閲〔二〕地益東，其民益文；西則肇、高、雷、廉、邕、桂，地益西，其民益質。廣之俗美惡參焉，凡其美者，皆質之存也；凡其不美者，皆文之靡也。如欲興聖賢之道，教其必先於質勝之地乎。若或鄙野而淳古，俱存如甘，斯和白斯采，吾兹有望海康也。邦人士無負賢侯興學之意，余言尚亦有徵，并書以記。

二十四年，郡守林恕、知縣楊澄建拱門，改學西路于其東。三十三年，署縣事推官袁珠重修。萬曆五年，學圮壞，採通學議，支官帑修聖殿兩廡、明倫堂二齋，建啓聖祠，暨門樓，增設師舍。教諭衙久傾，至是造正衙三間於明倫堂後。林詔〔三〕復自建川堂〔四〕一間、後屋五間。

萬曆二十一年，知縣秦懋義建文昌閣于儀門樓前。委主簿王景董其事，仍清絶户餉銀支辦春秋祭事。

尚書王弘誨記：

海康縣秦君爲政之明年，建閣于黌宫之左，而名之曰『文昌閣』。閣之所以建，非徒以侈觀美元文具爾也，在邑諸生所爲來請。記者〔五〕

〔一〕刻本、聚珍本作『增置』，是。抄本作『增直』，誤。
〔二〕刻本、聚珍本作『門地』，抄本作『閲地』，不知孰是。
〔三〕抄本作『林詔』。刻本、聚珍本作『林韶』。
〔四〕刻本、聚珍本作『川堂』，是。抄本作『穿堂』，誤。
〔五〕抄本作『記者』。刻本、聚珍本闕此二字。

曰：吾邑爲雷陽冠冕，雖僻遠海陬，然亦具有司應〔一〕命典、職貢、賦藝，不後〔二〕他縣，而人才之生寥簡。吾〔三〕父母秦侯以是爲病，甫下車，即〔四〕遴選多士，月凡三校，親爲品騭，閔閔〔五〕不啻父師之望子弟也。已復詢形家者，言郡東寥曠氣散，宜有雄鎮屹然，後風氣停蓄，人民由此不匱。乃于癸巳春，捐俸金一百兩有奇，屬邑博士謝君、尹君分任，庠士馮文濂〔六〕、歐思明、江南征、吴啓聰等聚材鳩工，拓地于黌宫東偏，爲閣五楹，高一丈九尺，深廣稱之。經始於正月之望〔七〕，以三月落成。設文昌帝像於其中崇祀之。自是傑閣巍峨，輝映霄漢，奎光朗耀，士民瞻仰。每一登眺閣，而左滄溟，右文筆，湖山景物歷歷可望。而視庠序，振乎如腋生兩翼，特起層霄之上，而觀者不覺其翹首矣。此侯之大有造，而闔邑縉紳兆庶願爲勒石紀伐〔八〕，以垂不朽者也。余觀史稱文昌、斗魁、戴筐六星，一曰上將，二曰次將，三曰貴相，四曰司命，五曰司中，六曰司禄。《搜神記》則以其降神于蜀，率象神而祠之，令文昌在在有祠，似不盡係于文事，而貴相理之緒，司禄賞功進士，則人之所由昌，常〔九〕必因之。秦侯建閣以奠風氣，而崇祀文昌，義或取諸此乎。秦君名懋義，浙之仁和人。爲予己丑典校南宫進士，其令海康，善政不可殫述。此特其關於學校者，謝君，名嵩，番禺人；尹君，名思恕，東莞人。督工主簿王景，長興人，法皆得書。

〔一〕刻本、聚珍本闕「有司應」，此據抄本。
〔二〕抄本作「不後」，刻本、聚珍本闕。
〔三〕刻本漫滅不清，聚珍本闕字。此據抄本作「吾」。
〔四〕聚珍本自「病」至「即」數字闕。刻本本行漫滅不清，此據抄本。
〔五〕聚珍本闕「品騭、閔閔」，刻本字跡漫滅不清，此據抄本。
〔六〕刻本作「廉」，聚珍本作「濂」，抄本作「嫌」。
〔七〕刻本、聚珍本作「望日」。抄本作「之望」。
〔八〕刻本、聚珍本作「紀代」。抄本作「紀伐」。
〔九〕抄本作「常」，聚珍本作「賞」。刻本漫滅不清。

二十四年，齋舍圮，教諭徐肯播修。三十二年，颶風，聖廟啓聖祠兩廡、明倫堂俱壞，同知張儒象、教諭鄒瑗重修，建内堂，改文昌閣于大門。三十六年，衆議司監逼衙〔一〕學前，風水不便，推官葉際英徙于衛中所。

謫雷原任御史樊玉衡記：

海康縣再徙而當府治之東，其前爲鎮撫獄云。堪輿家謂其風氣弗宜，人文弗利，徙之，便益〔二〕四紀於兹矣。而謀之徒勤，叩〔三〕之莫應，豈非改作之難，而仍舊貫之易易乎哉。然非所以辨〔四〕官方右文治也。頃歲諸生亟以爲請督學朱公、潘公，直指沈公咸亟是之。若守巡當道伍公、林公、蔡公，海防張君先，海康令鮑君復亟贊之。顧猶然議也，豈有待耶。其所待者，又有待而然耶。司理葉君甫下車，既視其縣事，閲故牘得之，毅然奮曰：是不難於徙之資耳，夫我欲徙而使人任資乎。且也任之士，則莫爲適任之官，則莫爲名，獨身任之耳。於是計之，爲費六鍰有半，出槖中金授之，吏立徙於衛之中所，不日而告成。事無中格，無旁撓，無帑糜，無輿駭，捷若振槁，昭若發矇，凶穢去而清淑來，吉祥至而科目盛。海康士其自此有興乎！先是，君首筑萬金堤，引特侶塘水東旋灌東洋田，乃濬山庵源水，西城環繞學宫，以復全雷風氣之舊。實與兹舉相類，而捐金亦復稱是。雷父老爲請於許，給諫甸南碑之。諸生德君甚，復欲予言。予不佞，故君之向者，信州理也。其於諸君深，而又以言竄雷者十年，其知雷事亦深，竊謂舉不難于君之任，而難於君之捐，不難於捐而難於君之御。羡省牘畜於取而捐夫其能爲畜者，則其能爲捐者乎？君又後先視其守篆者，懷蘇之堂、寇李十賢之祠、西湖之亭榭、東洋之溝洫，外

〔一〕抄本作『街』。刻本、聚珍本作『衝』，是。
〔二〕抄本作『益』，聚珍本本作『蓋』，刻本作『葢』。
〔三〕刻本、聚珍本作『即』。抄本作『叩』，是。
〔四〕刻本、聚珍本作『辨』。抄本作『辦』。

則城隍，內則莞鑰，近則囹圄，遠則陂田，靡所不拮据，而亦靡所不布施，使人盡如君，即天下何不可爲，而使君遂爲之，其所建樹詎僅僅如斯而已乎。海康孫君亟悦君之舉茂也，而使視予掌故，予視之良然，即〔一〕雷多頌名，無以易君矣。君諱際英，字去華，別號念淳。信之，貴溪人，舉於萬曆乙酉，迴翔宦轍所至，皆有名蹟。其曾大父，大父世爲良二千石，至今籍甚。君仕學淵源，蓋有本云。餘備載碑陰，不具書。

三十七年，齋堂壞，訓導丘民〔二〕建。三十九年，知縣張和、訓導黄煥陽建魁星亭于啓聖祠前。煥陽又置題名二扁〔三〕於明倫堂側。

天啓二年，教諭趙揖修砌學宫、泮池、橋道。

國朝康熙四年，知府陳元忠、知縣夏日昌重建學宫聖殿、明倫堂、兩廡、廊舍。

推官何芳騰記：

海康爲雷陽首邑，考之志書，宋以來未有建學也，元至順間始營焉，較他邑獨後。嗣是幾更遷徙，廢興靡常，迨明萬曆之季始定。今地俯仰數百年間，每歎昔人崇尚文教，創興之難，而繼起之不易易如此也。我國朝定鼎，以雷居天末，山海頻蠢，城邑丘墟，時頻征討，兵馬雲集，海邑澤宫竟作馬牧之場。不獨殿廡齋廨蕩然無存，而斷碑舊址且沉埋於瓦礫蔓草中，幾無復辨〔四〕之者矣。順治十八年辛丑夏，會督學顧公修復爲議，尋即遷去，弗果。及守憲朱公下車以來，興起文教，爲任下其議，堂尊陳公，公曰：邑學之建，實縣官事也，吾宣

〔一〕抄本作「即」，刻本、聚珍本作「亦」。
〔二〕抄本、聚珍本作「丘」。刻本作「邱」。
〔三〕刻本、聚珍本闕「題名二扁」。此據抄本。
〔四〕抄本作「辦」。刻本、聚珍本作「辨」，是。

化首及焉，曷敢後諸？即檄海康令張大經、司教陳而偉、司訓黃鼎，尋按舊址，庀材鳩工。凡木匠工役之費，多陳公積累，所以俸錢購募，以佐捐助之所不及。自順治十八年〔一〕九月十八日興工，至康熙三年五月二十九日始告厥成，蓋拮据之苦、經營之久，比昔人有什佰者。一時殿宇峩峩，兩廡翼翼。櫺門泮澤之間，且華草青青焉〔二〕，規麗備極狀觀。邑人士咸曰：吾邑僻居海澨，曩時承平，物力充牣，學宮建且後時中，更遷移經數十年弗定。今當此荒殘日久，士類憔悴，學業榛蕪。吾儕一旦得履斯地，登斯宮，瞻先聖之靈光，復〔三〕弦歌之舊業，伊誰之造，敢忘所自。請記於陳公。公曰：吾盡吾心以副上臺，爲朝廷育才，至意曷用記？諸邑人士請於余，余曰：爾諸士惟體公之心以趨向聖賢之道，無忘上臺爲朝廷育才至意，雖海邑猶鄒魯可也，雖一日猶萬年可也。則余明刑願〔四〕以弼教，亦惟述公之言，其〔五〕與爾諸士勉之。諸士能無忘斯言，即爲記可也。

康熙二十五年，奉文修葺學宮。先是學宮，連年颶風，倒塌。知縣鄭俊、教諭黃滌〔六〕捐俸首倡，會集弟子員捐助〔七〕，重修聖殿、明倫堂、兩廡，櫺星、儀門、齋舍完竣，迄今煥然改觀。

康熙二十五年，奉旨製御書〔八〕『萬世師表』四大金字扁，懸掛學宮。

〔一〕抄本作『順治八年』。刻本、聚珍本作『順治十八年』，從之。

〔二〕刻本作『華草青青焉』。聚珍本作『葉葉青青焉』。抄本作『葉葉青青爲』。

〔三〕刻本、抄本作『復』，是。聚珍本作『數』。

〔四〕聚珍本無『願』字。

〔五〕刻本、抄本作『共』。聚珍本作『其』。

〔六〕刻本、抄本作『黃滌』。聚珍本闕此字。

〔七〕刻本闕字。抄本作『題助』，誤。聚珍本作『捐助』，是。

〔八〕刻本闕字，聚珍本作『銜書』，誤。抄本作『御書』，是。

祭器、樂器。本學舊釋菜禮，止行一獻。萬曆三十年，知縣林日所始照府學行三獻禮〔一〕。舊止銅爵十六、錫香爐二、錫燭臺二、銅香爐一、銅燭臺二、小花瓶二、帛盒一。迨教諭鄒瑗始造木豆二百，生員吴啓聰、陳槐置白盒六，粗具祭事，而古制祭器、樂器全然未設，後之良有司崇理祀者，尚加之意焉。

文廟祭品：

鹿一。

羊二。

豕二，共二百觔。外府學帖米〔二〕胙肉五十觔。

帛，九疋。

黍。

稷。

稻。

粱〔三〕。

〔一〕刻本、聚珍本作「二獻禮」。抄本作「三獻禮」。

〔二〕抄本作「米」，是。刻本、聚珍本作「木」，誤。

〔三〕刻本、聚珍本、抄本作「梁」，誤。此當作「粱」。

鹽魚。

藁魚。

棗。

柿。

栗〔一〕。

荔枝。

龍眼。

餅。

韮。

菁。

芹。

笋。

醢〔二〕。

〔一〕抄本作『粟』。刻本、聚珍本作『栗』。據上下名物，當以『栗』爲是。

〔二〕民國十八年鉛印康熙二十六年刻本（聚珍本）闕此字。

香。

燭。

啓聖祠祭品：

羊，四十觔。

豖一，七十觔。

兩廡祭品：

羊二，六十觔。

豖二，一百觔。

祭期：

每歲春秋二仲上丁日。

儀禮：

每祭前三日齋戒，沐浴更衣。二日散齋，一日致祭。前一日，迎牲獻官常服詣牲所省牲。是日之夜，獻官、陪祭官俱詣學幕次上宿及獻，掌印官行三獻禮，僚屬教官行一獻禮。

書籍：

《四書》。

《易經》。

《詩經》。

《書經》。

《春秋》。

《禮記》。

《史記》。一部，三十本。

《大學三書》。

《論語外篇》。

學田地鋪舍：

東洋、禄厚、汶裏、大井等處，早晚田共種子二十三石九斗一升二合五勺一抄二撮，税一頃零三畝零一厘五毫三絲六忽。萬曆十年，知縣沈汝梁捐銀一百兩置買，每年租錢一萬零七百二十七文，内除納糧錢二〔二〕千八百八十文，尚存剩錢八千四百四十七文，供給會課。

〔二〕 刻本、康熙二十六年抄本作「二」，民國十八年鉛印康熙二十六年刻本作「三」，不知以何爲是。以下抄本皆以「康熙二十六年抄本」出之。

丘凌霄記：

吾父母沈公思庠士之有志，率及〔一〕累於貧寠，而學田未建，甚非所以體恤寒士，以副國家育才至意也。自捐銀一百兩，謀之司教連江林君詔，司訓高要陳君槩議其事，而召庠士梁棟、馮文燫、詹有象、李能白〔二〕、陳材、吴啓聰等領金買附郭田一頃三畝一厘零，歸之學宫。歲時之租税惟學之職教者，主厥計而於常廩頒給之外，凡士無以爲養、無以爲禮者，咸得以便宜。周之歲成月安〔三〕總不稽於監司，其賦税一準民田科斂，省其征猺〔四〕，例有兼優者照之，使無繁其征，而日蝕其儲焉。是不惟均田賦以恤民窮，抑且興曠典以恤黌士，聖天子德意，公其善推之矣。

草蓄早晚田共種子一十一石五斗，載税五十七畝五分。三十五年，署府事廉州府推官邵兼捐銀五十兩置買，每年租錢四千八百文，内除納糧錢一千六百文，尚存剩錢三千二百文，供給會課之費。

尚書王弘誨記：

新安邵公起家經術，拜珠宫司理，以廉明稱，監司直指使咸禮重之。會雷缺守，當道議攝其事無如公者。至除煩苛，釐宿蠹，清税額，疏河渠，一時利無不興。而加意青衿〔五〕，謂澨海〔六〕百十年來，士氣索然，繇養之者無資，作之者無術。於是飭其師長，躬禮讓，嚴規條，以時考課。又念簞瓢之窶可憫也，乃積贖鍰五十金，買鄭宗玉草蓄田一所，受種一十一石五斗，該糧一石八斗有奇。歲入其粒，以

〔一〕康熙二十六年抄本作『及』，刻本、民國十八年鉛印康熙二十六年刻本作『反』。
〔二〕民國十八年鉛印康熙二十六年刻本作『自』，康熙二十六年抄本、刻本作『白』。
〔三〕康熙二十六年抄本作『安』，刻本、民國十八年鉛印康熙二十六年刻本作『要』。
〔四〕刻本、康熙二十六年抄本作『猺』，民國十八年鉛印康熙二十六年刻本作『徭』。
〔五〕刻本、康熙二十六年抄本作『衿』，民國十八年鉛印康熙二十六年刻本作『衾』。
〔六〕刻本、康熙二十六年抄本作『澨海』，民國十八年鉛印康熙二十六年刻本作『海澨』。

業貧乏，不惟困窮者獲其所資藉，益奮於學，即縉紳黎庶，莫不踴躍。蒙恩之士不忍泯泯無傳也，受命傳士鄭君瑗、丘〔一〕君民象，丐余言以志不忘。夫居攝似非專職，鮮不傳舍，視之即懼曠官，亦未有抱根本之慮〔二〕，垂〔三〕經久之畫，如公者所稱循良，郅理蔑以加矣，遂爲之記。其略云：公諱兼，別號素予，由鄉進士，世家南直之休寧人〔四〕。

邁特田一號，種子一十石，税四十六畝正。三十八年，儒官莫天然捐銀〔五〕五十兩置買，歲租穀五十石，折銀五兩，除納糧銀一兩五錢，存銀三兩五錢，解府貯庫給兩學科舉盤費之用，續後捨安攬西廳田入府學，亦爲兩學科舉通融取給。詳見府學。余元岳記。

文添譚等處田園共税一十六畝七分四厘。三十九年，知縣張和查出欺隱絶户田産，詳充發學，每年租錢七百文，除納糧錢三百文，剩存錢四百文，給貧生燈油。

學地每年租錢共二千零八十文，存學公用學鋪三間，每年租錢一千零八十文，存學公用。

〔一〕康熙二十六年抄本、民國十八年鉛印康熙二十六年刻本作『丘』。原刻本作『邱』。
〔二〕刻本、民國十八年鉛印康熙二十六年刻本闕『慮』字。
〔三〕刻本、民國十八年鉛印康熙二十六年刻本『垂』作『聖』。
〔四〕此句不通，正確的語序當是『世家南直，休寧人』。
〔五〕民國十八年鉛印康熙二十六年刻本作『捐款』。刻本、康熙二十六年抄本作『捐銀』。

社學

海康在城社學七，衛社學一，鄉社學二十有四。成化十四年，提學趙瑶令郡守黄瑜舉社師二名，立社學二所，教子弟。至郡守趙文奎，益之三，後增至四。

東關内社學。在忠義祠後，嘉靖辛丑，知縣楊澄建，今廢。

東關外社學。在北府廟南，嘉靖辛丑，知縣楊澄建，今廢。

南關内社學。在樂安坊，知縣郭鉞改建，即今預備倉地，今廢。

南關外社學。在南關外登雲坊，今壞，址存，今廢。

西關外社學。在西門秦公祠南。嘉靖辛丑，知縣楊澄建，今廢。

北關内社學。在海北道左，知縣郭鉞建，今改義倉。

北關外社學。在那盧坊，嘉靖辛丑，知縣楊澄建，今廢。

衛社學。在衛治内東側，舊設以教武弁子弟，今廢。

鄉社學。凡二十四，不具録。大社設二學或三學，無〔一〕定館，教讀之師各於所在發蒙。此外有文昌

〔一〕民國十八年鉛印康熙二十六年刻本作『每』。康熙二十六年抄本作『無』。原刻本漫滅闕損。

社學，在調會坊文昌祠舊地。嘉靖壬辰，社人李孟等建。今廢，址存。

書院五

平湖書院。取蘇公『西湖平，狀元生』之語，傾圮。康熙二十五年冬，知縣鄭俊捐俸修復，諸生就學其中。

懷坡書院。東接〔一〕秦公祠。正德戊寅，知府王秉良建，今傾圮。

崇文書院。嘉靖二十三年，郡守羅一鸞建立，縣治西。至萬曆元年，唐汝迪修葺。六年奉勘，今廢爲雷陽公館。七年，知縣沈汝梁因縣衙圮，改爲縣後堂。堂後構小亭，名『後樂亭』。後又修爲正衙。

文會院。萬曆三十年，分守道袁茂英建於西門内直街習儀公署西，房屋十四間，門樓一座。

雷陽書院。在府城外天寧寺懷蘇堂之北。崇禎〔二〕九年，郡士民爲太守朱公敬衡立祠，公曰無以爲也。無已〔三〕，則雷諸書院廢，士子無課業所，請以爲之。于是捐俸，以佐士民之樂助者。中爲堂三棟，堂之

〔一〕刻本、民國十八年鉛印康熙二十六年刻本作『按』，誤。康熙二十六年抄本作『接』，是。
〔二〕刻本作『崇正』。康熙二十六年抄本、民國十八年鉛印康熙二十六年刻本作『崇禎』。
〔三〕刻本、民國十八年鉛印康熙二十六年刻本闕『已』字。此據康熙二十六年抄本。

後爲重樓，左右廡各爲書舍，翼以小樓，爲觀眺之大所〔一〕。西望西湖，東揖郡城，前一座爲門廊，外東向爲大門，榜曰『雷陽書院』。路拆〔二〕向南題曰『第一山』，奉寇、蘇三賢于正室，以爲督學朱公恒岳配之，設梓潼帝君像于樓上，提學魏浣初、本道莊元禎記。今焚于兵火，臺址存焉。

〔一〕刻本、民國十八年鉛印康熙二十六刻本作『爲觀眺之大所』，是。康熙二十六年抄本作『爲觀眺之大之所』。

〔二〕諸本皆作『拆』，按句意，疑當爲『折』。

秩祀志 廟壇祠寺觀

天子柔百神，其自畿而外，郡邑之壇壝，籩〔一〕豆不領於祠官，有司得以其歲遍之，數則煩，疏則怠，蓋其慎也。雷以文玉興，人惑於其故，沿而爲叢祠，巫史者匝境，不人事之務，而惟〔二〕鬼是求，相于淫矣。夫祀有正有邪，闢邪崇正，郡典也。諸非特建者弗録，風雲、雷雨、山川、社稷、城隍及厲與民素虔事者，秩而彰之，庶幾哉，反經乎。作秩祀志。

府學 海康附

聖廟。歷代建置，詳見學校，兹録嘉靖後祀典。嘉靖九年，肅皇帝從輔臣璁議，作《正孔子祀典説》，改『大成至聖文宣王』爲『至聖先師孔子』。四配爲復聖顏子，宗聖曾子，述聖子思子，亞聖孟子。

〔一〕民國十八年鉛印康熙二十六年刻本闕『籩』字及上句末之『壝』字。

〔二〕刻本、民國十八年鉛印康熙二十六年刻本作『爲』。康熙二十六年抄本作『惟』，是。

從祀及門弟子稱先賢，左丘明以下稱先儒。去塑像，設木主。罷公侯伯諸封爵，申黨、申棖二人存棖，公伯寮、秦冉、顔何、荀況、戴聖、劉向〔一〕、賈逵、馬融、何休〔二〕、王肅、王弼、杜預、吴澄十三人俱罷。祀林放、蘧伯玉、鄭衆、盧植、鄭玄、服虔、范甯七人，祀於其鄉。進後蒼、王通〔三〕、胡瑗、歐陽修從祀，又以行人薛侃、儀進陸九淵從祀，改稱大成殿爲先師廟，大成門爲廟門。祝文樂章凡稱王者，並易爲師。樂舞用六佾，歲以春秋二仲上丁日，致祭如儀。隆慶五年，以薛瑄從祀。萬曆十二年，以王守仁、陳獻章、胡居仁從祀。四十一年，又以羅從彦、李侗從祀。雷府縣學制俱遵此。

名宦祠。在文廟西。郡守何庾、戴之邵、薛直夫、孟安仁、陳大震、虞應龍、烏古孫澤、吕珫、郭思誠、賈焕、李希祖、黄敬〔四〕、李階、王秉良。後李階以兩廣制臺陳渠議黜。

鄉賢祠。在文廟西，舊在西湖上。祀宋吴國鑑、紀應炎，元陳杞、王景賢，明朝陳九思、吴正卿、林文亨、吴宗直諸賢。歲久祀廢，併祀名賢祠。正德丁丑，郡守王秉良改建今所，增祀黄惟一、何元焆、李璹、王吉、陳時雍、馮彬六人。

社稷壇。元天曆，廉訪使賈焕建于府治西南三里，王士熙記。明初，遷于城西北天寧寺後。壇基崇

〔一〕刻本、民國十八年鉛印康熙二十六年刻本作「劉白」，誤。此據抄本。
〔二〕刻本、民國十八年鉛印康熙二十六年刻本作「何體」，誤。此據抄本。
〔三〕刻本、民國十八年鉛印康熙二十六年刻本作「王道」，誤。此據抄本。
〔四〕康熙二十六年抄本作「黄敬」，刻本、民國十八年鉛印康熙二十六年刻本作「黄啓」。

三級，陛四出，東西三丈五尺，南北二丈五尺，厨庫、宰房傾圮，遺址尚存。仲春、仲秋上戊日祭。

風雲雷雨山川壇。在天寧寺西，舊在郡西南坡，距府治二里。嘉靖七年，知府楊表建於府城外西隅。十六年，知府林恕改建新城内文富坊舊東坡書樓基址。内建神臺，外屋三間，拱門扁勒『南壇』二字，今爲民居。壇隸於新城内東迎洋門，其制與社稷同。每春秋仲月上巳日祭焉。

城隍廟。在府治東鎮寧坊。元祐間，建於元帥府東。元仍舊址，因圮重修。張復新記。洪武五年，建於文廟西。嘉靖元年，提學副使魏校毁玄妙觀。癸未，郡守易蓁〔一〕修其舊宇而改建之。至萬曆六年，廟宇傾壞，郡守陳九仞修建神堂大屋三間，扁書『昭鑒』二字，添建拱篷耳房六間，俱塑神像。後蓋屋三間〔二〕，塑神母像。耳房四間，各有神像。外大門建樓二層，扁金字書『城隍廟』，兩傍塑神馬二像。萬曆二十六年，復傾壞，郡守伍士望重修，制如前。增建鐘鼓二樓，復置香燈田鋪，有碑記。

厲壇。在府治北二里。崇土築陛三級，高三尺。旁設厨房三間，繚以周垣。春祭用清明，秋祭〔三〕用七月望日，冬用十月。

颶風壇。原在府東十里。嘉靖戊戌，郡守洪富因颶風頻年煽害，乃即海岸爲壇。東西十二丈〔四〕，南

〔一〕民國十八年鉛印康熙二十六年刻本作『易秦』，此據抄本作『易蓁』。
〔二〕康熙二十六年抄本作『三間』，民國十八年鉛印康熙二十六年刻本作『五間』，未知孰是。
〔三〕民國十八年鉛印康熙二十六年抄本闕『祭』字。
〔四〕民國十八年鉛印康熙二十六年刻本闕『風頻年煽害，乃即海岸爲壇。東西十二丈』。刻本本頁闕損嚴重，無法引爲校勘。

北十丈。旁設厨庫房，每年夏秋冬孟月朔日，行祈報禮。今改遷於郡北郊五里，設壇望祭。

伏波廟。在郡治西南一里許。西漢邳離侯路博德、東漢新息侯馬援二公並建，皆伏波將軍號，有功于嶺南，雷人立祠祀之。久圮，址存，知府馬玉麟〔一〕捐俸重建，有碑記。

英山雷廟。在郡城西南八里英榜山。古記陳大建間，陳文玉登第，爲本州刺史。歿後，神靈顯著，州人立祠祀之。鄉稱爲雷種，故以雷名廟。舊在州東北五里英靈村，後梁乾化間，風飄廟宇二梁於英榜山石神堂西，因徙廟就焉。東仍塑石神像，西塑漢李太尉像，列而爲三。南漢大有十三年，封『靈震王』。大寶十三年，增封『靈顯〔二〕明昭德王』。

天師廟。在東城門外，舊有北府祠。萬曆四十一年，公舉之鄉民陳觀瑞等呈府，准建天師廟宇二座，門樓一座，扁曰『福國庇民』。國朝癸巳年，海北南道陳嘉善，合郡〔三〕文武官復建上座。乙巳年，本府知府陳允忠闔郡文武、鄉紳士民復建中座門樓，郡人洪泮洙〔四〕有記。

關王廟。在府治東北朝天街。洪武間，指揮周蕭、趙輿、宋瑛即萬户府舊址創建。成化間，指揮顧雲重修。弘治間，太監傅倫建大門，扁曰『義勇武安關王』。正德間，千户王英建二門，武臣歲祀之。嘉

〔一〕民國十八年鉛印康熙二十六年刻本作『馬生麟』，聚珍本作『馬生麟』，抄本作『馬玉麟』。
〔二〕民國十八年鉛印康熙二十六年刻本闕『顯』字。
〔三〕康熙二十六年抄本作『郡』，是。民國十八年鉛印康熙二十六年刻本作『部』。下『闔郡文武』同。
〔四〕民國十八年鉛印康熙二十六年刻本作『洪泮珠』，誤。

靖掌印指揮顧賢栢、凌漢，僉事指揮梁國賓相繼修理。歲久穨壞。萬曆五年，掌印指揮顧汝錫、雷陽參將陳濠助修，重新正堂、廳堂、門樓，及拜臺〔一〕甬道、左右齋厨〔二〕咸備。通判林楚親書『萬古精忠〔三〕』扁，額于祠。

寧國夫人廟。在郡城南寧國坊。五代間，聲教不暨，以强凌弱。郡有一女子，或云姓李，勇敢强力，衆咸〔四〕信服，相與築城禦寇，女子爲之帥。南漢歸順，餘黨剽掠，皆爲女子所敗，一方賴之。及歿，衆號爲『寧國夫人』，立廟祀焉。治元十九年，宣慰〔五〕使朱郭重建。元末傾圮。

天妃廟。在郡城外南亭坊。廟有銀器，祀田，監廟者沿主之。

文昌祠。在府南城外調會解元坊。歲久，祠圮，址存。弘治間，太監傅倫遷于參將府前。嘉靖元年，提學魏校毀之。今改建忠義祠。

東嶽廟。在郡北城外。孟安仁〔六〕建，郡博王應午記。成化間，指揮顧雲等繼葺，儒士符瑛記。嘉靖

〔一〕康熙二十六年抄本作『拜臺』，民國十八年鉛印康熙二十六年刻本作『舞臺』。
〔二〕康熙二十六年抄本作『齋尉』，誤。民國十八年鉛印康熙二十六年刻本作『齋厨』，是。
〔三〕民國十八年鉛印康熙二十六年刻本作『萬古忠精』。
〔四〕康熙二十六年抄本作『或』，誤。民國十八年鉛印康熙二十六年刻本作『咸』，是。
〔五〕民國十八年鉛印康熙二十六年刻本作『尉』，誤。
〔六〕民國十八年鉛印康熙二十六年刻本作『孟安人』。康熙二十六年抄本作『孟安仁』，是。

元年，提學魏校毀之。原内宦趙蘭置田二庄以供廟事。嘉靖三十二年，郡守羅一鸞〔一〕委劉義民督工重建。給前田令管業以主廟事。萬曆二年，郡守陳九仞復給，與鄉民莊蔭承管修整房屋。見今奉祀。

真武堂。在南關外寧國坊，寇萊公所舍之傍。天聖改元，秋杪夜半，星隕南園池中，萊公使人求之，得一石，因即其地建真武堂，郡人欽奉之。建炎間，郡守以堂近市非便，遷天慶觀中，由是海郡連歲不登。紹興辛酉，郡守胡公遷還舊址。景泰間，年久堂傾。萬曆元年，鄉民黄樸等集衆重修，時廟制尚狹。萬曆甲辰，生員陳瑾鳩金拓基，鼎建大堂，金飾神像。推官高維岳造神龕香亭，獨大門仍舊。乙巳，陳瑾同舉人何起龍等助建牌坊〔二〕，扁勒『南合武當』，廟貌焕然。瑾復鳩金買田六十畝，爲香火需。

旌忠祠。在西湖東。宋丞相萊公準乾興元年自道州謫雷州司户，歿於雷，邦人立祠祀之。每歲以孟秋中元前一日，行慶旦禮。事聞于朝，紹興五年，賜額『旌忠』。淳熙七年，通判吴竑權州事，王進之相繼修葺。梁安世記。紹定元年，郡守陳大紀重修，教授李仲光記。端平二年，通判趙希邁修，桂林守丁黼記。咸淳壬申，郡守陳大震更爲萊泉書院，復建西館於祠之右，建横舟亭於湖〔三〕之傍，蓋取萊公《西

〔一〕民國十八年鉛印康熙二十六年刻本作『鸞』，是。康熙二十六年抄本作『鶯』。
〔二〕民國十八年鉛印康熙二十六年刻本作『碑坊』。康熙二十六年抄本作『牌坊』，是。
〔三〕民國十八年鉛印康熙二十六年刻本闕『湖』字。

館書懷》『野水横舟』之義也〔一〕。舊有祭田，宋末改隸學宫。元初，復改爲平湖書〔二〕院，合寇、蘇而祀之。大德辛丑，廉訪僉事蕭泰登〔三〕創建先聖燕居堂於中，令郡學歸田以供祀事〔四〕，仍名平湖書院。時相授山長講學於此，歲久傾〔五〕圮。祠東西地爲居民、浮屠所據。至大二年，廉訪〔六〕使張忽里罕擴而復之，捐俸屬山長李熙伯修建，舉人陳嘉謨記。至和戊辰，廉訪副使李恪易其堂宇而新之。至順三年，經歷郭思誠重修，郡王景賢記。明朝洪武間，通判李希祖修。壬戌通判邢用刻像於石。成化郡守魏瀚祠前建横舟亭，亭之前鑿池，竪石扁曰『瑞星池』，以公存時有星降於池之故也。祠外開井，名曰『萊泉』。祠内東西建二坊，東十賢堂，扁曰『名賢』，西祠郡守秦時中，扁曰『名宦』。前建石坊牌，扁曰『旌忠萊公祠』。弘治壬戌，巡撫兩廣潘番提兵駐雷，命推官李文獻重修，教授吴朝陽記。嗣後守郡者相繼修葺。嘉靖辛丑，巡撫兩廣蔡經提兵征黎駐雷，謁廟，顧瞻穨圮，委府重修。葉守以憂去，署府事高州同知戴嘉猷代董其役，值颶風作，賢宦祠俱壞，嘉猷竭力補葺之，祠乃完美。

〔一〕民國十八年鉛印康熙二十六年刻本闕『義也』，此據康熙二十六年抄本補。
〔二〕民國十八年鉛印康熙二十六年刻本闕『平湖書』三字，康熙二十六年抄本作『平湖書院』。
〔三〕民國十八年鉛印康熙二十六年刻本闕『泰登』二字，康熙二十六年抄本作『蕭泰登』。
〔四〕民國十八年鉛印康熙二十六年刻本闕『事』字。
〔五〕民國十八年鉛印康熙二十六年刻本闕『傾』字。
〔六〕民國十八年鉛印康熙二十六年刻本闕『訪』字。

十賢堂。在西湖之上。咸淳九年，郡守虞應龍建，以祀丞相寇準，學士蘇軾，侍郎蘇轍，丞相趙鼎、李綱，樞密王巖叟，編修胡銓，正字秦觀、李光，正言任伯雨也。後專祀寇公。兵燹以來，堂齋併附入旌忠祠。郡祭寇公，次祭諸賢。弘治壬戌，推官李文獻重建堂三間，附于寇祠之左，祀蘇轍以下九公，檗扁曰『名賢』。正德丙子，提舉章拯、郡守王秉良以義起立唐轉運使柳仲郢神牌於此。萬曆癸未，守道陸萬鍾以李綱相業第一，令〔一〕特立專祠以祀〔二〕，復附御史馮恩於名賢祠内，以足十賢之數。今廢。

論曰：祀典至重矣，非法施于民，有功德于民，以死勤事，以勞定國，爲民禦災捍患，則弗與焉。今以逋客搆愍，孤臣被放，寄名托跡，豈其有合於數者，而食報于雷乎！高風可仰，幽憤宜揚，次其行實，列之志傳，亦足以垂休照後，而發抒其抑鬱不平之氣矣。乃十賢之堂濟濟，盼響談何容易也。余稽舊志與史籍，寇萊公〔三〕居雷幾一年，落星之池，神彩注焉。子由雖復他徙，然〔四〕蹤雷亦久。子瞻謫居儋耳，而『萬山第一』之題，勝跡猶存。且兄弟隔海唱酬，意氣猶爲相屬。李綱渡瓊，而天寧寺闍花三詠，伏波廟碑陰手書，則徘徊顧瞻之意，猶可掬也。他如趙鼎雖中興賢相，胡銓雖慷慨和議，李光雖力詆奸

〔一〕民國十八年鉛印康熙二十六年刻本作『今』。
〔二〕民國十八年鉛印康熙二十六年刻本作『祠』。
〔三〕民國十八年鉛印康熙二十六年刻本闕『萊公』二字。
〔四〕民國十八年鉛印康熙二十六年刻本闕『復他徙，然』。

檜，總〔一〕皆之萬、之瓊，僅一停驂駐足，于雷無與也。任伯雨、秦觀雖名貶雷，足跡未至。王巖叟死後追貶，與生前安置者，益爲有間。馮恩假館高要，竟被赦還。今不稽實跡，艷稱十賢，並尸俎豆，雷之祀當耶濫耶？如謂位尊爵崇則祀，非以爵也；如謂壯懷亮節，則宇宙間表表風猷，可欽可仰者又不止數公也。蓋雷之祀，祀其有關于雷者耳。執過客萍踪，飛鴻泥跡，而享之牲醴，已妄〔二〕已誕矣。并生平一足未履，死後掛名之人，而槩從祼獻，竊恐傴僂甚恭，馨香雖薦，而數公之神不至也，妄誕將何底極乎？竊聞寇、李、二蘇，千秋畏壘宜也；趙鼎、胡銓，姑致景仰；如任、如李、如秦、如馮，均裁其祀，各爲立傳，王巖叟傳亦宜裁，矧祀乎。柳仲郢雖謫雷，實守雷也。自有名宦可入，詎宜附于流寓。寇、李已有專祠，二蘇、趙、胡四賢，其祀足矣，何必附會稱十賢哉？如是則祭者，非謟受祭者，非黷對越駿奔，兩無慚色，是祀典之光也。余不揣愚昧，僭有評隲，敢質之高明。

蘇潁濱先生祠。在海康縣治西南一里許。紹聖五年，蘇轍謫雷州，去後毛當時慕其風烈，即其故居建樓祀之。嘉熙四年，薛直夫於後數十步重修祠祀之，黄必昌爲記。後廢，附祀于十賢堂。正德丁丑，知府王秉良建爲樓，今廢。

李忠定公祠。忠定公舊列十賢祠並祭。萬曆二十年，提學道羅萬程、軍門蕭彥、知縣秦懋義議忠定

〔一〕民國十八年鉛印康熙二十六年刻本闕『總』字。
〔二〕聚珍本作『忘』，抄本作『妄』。

扶宋之功不在寇萊公下，宜特祀。生員馮文燫以祖遺秦公祠前税地一十七畝送爲祠址，主簿王景督造，二十二年工竣，復以没官田餉具祭品，祠制始定。

忠義祠。在府治東鎮定坊。天順二年，西寇侵雷，民不聊生。知縣王麟極力賑〔一〕撫，且奮率民兵迎敵。一日，大戰那〔二〕柳村，中矢而歿。事聞，追〔三〕贈通判，賜額『忠義』。弘治癸未，推官李文獻遷附秦公祠。嘉靖甲申，郡守易蓁遷復今所。嘉靖壬寅，知縣楊澄重修。年久傾壞。萬曆二年，郡守唐汝迪重修。

秦公祠。舊在府治愷悌坊。公諱時中，洪武二十年守雷，卒于官，民思之不忘，立祠祀之。弘治戊申，郡守鄧璩遷于旌忠祠右。知縣林彦修、大監陳榮、郡守陳嘉禮繼聞，置田六十畝以供祀事。

薛公生祠。在郡城内守廉坊蘇祠之東。宋嘉熙間，薛直夫鑿渠，興水利，有功于民。去後，郡人立生祠以祀。黄必昌爲記。祠宇久廢，今併名賢祠。

葉公生祠。在西湖十賢祠東。公諱修，號永溪，江西南昌人，癸未進士。萬曆二十八年知雷州，有惠政，以疾告歸，士民戴之，立祠以誌不忘。

〔一〕民國十八年鉛印康熙二十六年刻本作『賑』，是。抄本作『賑』。
〔二〕聚珍本作『那』，是。康熙二十六年抄本作『郡』，誤。
〔三〕民國十八年鉛印康熙二十六年刻本作『追』，誤。抄本作『追』，是。

天寧萬壽禪寺。在郡城西關外。唐大曆五年開山，岫公創建。宋蘇軾渡瓊寓此，愛其勝，題『萬山第一』四大字於門。宋南渡，李忠定綱亦寓於此，有闍提花三絶，至今傳焉。郡邑幽勝，惟有此寺。宋末毁於兵燹。元住持石心師德璇〔一〕重建。洪武十五年重修。成化間，郡守魏瀚以殿後雷音堂圮，改建懷坡堂，郡人羅璋記。弘治丙辰，太監陳榮復捐資〔二〕，易堅材修之。左右翼兩樓，懸以鐘鼓。山門外竪石坊，勒東坡四大字於扁。寺後有一覽亭，歲時祝釐咸在於此。明末，寺宇頽圮。順治十五年，知府陸彪從樸改建，尋壞。康熙十年，知府吴盛藻捐資重修，加以潤色，增所未備。寺去城半里，並寇祠，接西湖。叢林幽静，山環水遶，亦郡之大觀也。明遺寺田三十五頃三十五畝。

廣濟寺。在雷廟之東，梁開山僧了容創建，名曰『廣教』。洪武間，僧隆壽改今名。去城十里，與雷廟並峙。嘉靖元年，詔毁淫祠，廢。

開元寺。唐時創建，在城南調會坊。上有石塔，高五丈餘。宋末寺廢。元天曆間重修，復廢，遺址

〔一〕民國十八年鉛印康熙二十六年刻本闕『璇』字。

〔二〕民國十八年鉛印康熙二十六年刻本作『復建資』，誤。

今爲民居。塔巍然屹立，堪輿家謂『文筆蘸墨池，狀元聯及第』，郡因號是塔爲『文筆峰』本此。

玄妙觀。在城内鎮寧坊。舊有紫薇觀，宋〔一〕改爲天慶觀，元改玄妙觀。歲久傾圮。弘治丙辰，太監陳榮增廣其地，中建三清殿，東建城隍堂，西建道紀司，塑神像三十餘尊。宋董世龍、余天麒，元張圖南，俱有記。嘉靖間，提學魏校毁淫祠，改爲城隍廟。有田一頃，被民侵佃。萬曆二十七年，知府郭士材、同知張應中相繼查復其田一百五十二畝，重修殿宇，繪塑神像，因命道士張元桂掌管。今廢。

圓通寶閣。即觀音閣，在郡城中正坊阜民橋上。元廉訪使卜達世禮創建。明正統間，張内使重修。上有銅佛三尊，銅羅漢十八尊。後太監陳榮復鑄銅觀音一尊。閣高聳清虚，勝甲郡城諸刹。有田八石二斗，税四十六畝一分，詳載施主碑記，以供香火。嘉靖間，提學魏校毁淫祠，銅像發學鑄造祭器，其田召人承佃，今陳氏管之。

普庵堂。舊在郡城内愷悌坊浴堂之西。泰定間，道人張吉移創城東滑嶺巷，年久傾圮，大佛三尊移入天寧寺，羅漢十八尊移在圓通寶閣。提學魏校毁淫祠，銅像發學鑄造祭器，遺址占爲民居，惟井一口餘、地一丈餘，見存。

六祖堂。在郡城南門外調會坊。元大德間，郡民劉成章往南華請像安祀，指揮魏榮、太監陳榮相繼修葺。嘉靖元年，提學魏校毁之。後坊民相率修復。康熙四年，士民同修，今劉氏管之。

〔一〕康熙二十六年抄本作『采』，誤。

醫靈堂。即慈濟真君〔一〕，在白沙社，離城五里，久圮。萬曆二十年，知縣秦懋義重建，堂廢，址存。

鎮海雷神祠。即英山廟三殿神祠，原飛鍾于東洋龍頭村，自何、戴二公開築河渠圩岸，創建廟宇，扁曰『鎮海』。雷司理〔二〕高、葉二公濬何、戴渠，建碑亭，扁曰『龍頭宮殿』。

〔一〕民國十八年鉛印康熙二十六年刻本作『慈濟真人』。

〔二〕康熙二十六年抄本作『雷司理』，民國十八年鉛印康熙二十六年刻本作『雷祠司理』。

秩官志 府縣　府首領雜職　縣屬官　府縣教職

夫設郡建治，必有官師。雷自漢武元鼎，領于合浦，官師具矣。命名錫秩，代各有置，治定其衡。賢有傳，不肖有傳，雖〔一〕所傳芳穢不同，要必得其人，論其世，而後品差可定。碌碌者無傳，夫亦嘗臨長此邦，撫柔此民，豈其姓名湮没同腐草木也。雷俗淳質，無大囂競，鳳鸞猶是，鷹鸇亦猶是。細民小怨動飛謗帖，然皆匹夫覃〔二〕詞，飈起飈滅。士大夫無陽秋也，以故庸闒者拙，可藏賢智者芳躅，亦未易以見。堂堂一郡，開闢千載，其間卓犖奇偉，豈遂乏人。夫郡邑吏無大小，皆得造地方疾苦，倘漫漫無傳，爲善者懈，爲惡者肆矣。記載之典，可一日缺哉？作秩官志。

雷州府

府官屬俱載府志。

〔一〕民國十八年鉛印康熙二十六年刻本作「隹」，誤。
〔二〕民國十八年鉛印康熙二十六年刻本作「單」。

縣

宋以前無考。

宋

海康縣知縣〔一〕

李守柔，臨桂人，紹興年任，有傳。

丞

缺載。

簿〔二〕

缺載。

李思常。查元豐〔三〕間修伏波廟。

〔一〕諸本皆作『海康縣』，按下文體例，此處當爲『海康縣知縣』，『知縣』據後補。

〔二〕刻本、聚珍本作『薄』。抄本作『簿』，是。

〔三〕民國十八年鉛印康熙二十六年刻本闕『豐』字。本條附『簿』之下，既稱『缺載』，何以又有此人之係？

尉

缺載。

元

達魯花赤尹〔一〕

海康縣

楊順，遂溪人。

王允恭〔二〕，蠡州人，遷潮州總管。

鄭聞，丁未年間，修學與城池。至正年任。

丞

缺載。

尉

缺載。

〔一〕『達魯花赤』，蒙語之音譯，元代職官名，乃監臨官、總轄官之意，漢人不能任正職，各路、府、州、縣均設達魯花赤。此『達魯花赤尹』非由蒙古人任職的『達魯花赤』，而是由蒙古人爲主官之下的漢人官職，大致相當於元代海康縣之漢人知縣。

〔二〕康熙二十六年抄本作『王允恭』，刻本、民國十八年鉛印康熙二十六年刻本作『王恭允』。

典

缺載。

明

海康縣知縣

陳本，會稽人，儒士，洪武年任。有傳。

黄寅，會稽人。

黄弼，會稽人。

李素，廣西人，宣德年任。

王祐。

胡文亮，龍泉人，正統年任。

王麒〔一〕，太和〔二〕人，祀忠義祠，天順年任，有傳。

丘瑄〔三〕，福建人，成化年任。

〔一〕康熙二十六年抄本作「王麒」，民國十八年鉛印康熙二十六年刻本作「王麟」。原刻本作「鹿」，乃「麟」之闕，本亦應爲「麟」。

〔二〕刻本、聚珍本作「大和」。抄本作「太和」，是。

〔三〕刻本作「邱瑄」，康熙二十六年抄本、民國十八年鉛印康熙二十六年刻本作「丘瑄」。

胡鑑，長沙人，監生。
彭磐〔一〕。
林彦脩，連江人，舉人〔二〕，弘治年任。
王塤，晉江人，舉人。
徐綱，宜山人，舉人。
何器，長沙人，舉人，正德年任。
甘崇節，潯州人，舉人。
王誥，浦田人，舉人，以民訟去。
李琳，廣西人，監生，嘉靖年任。
白謨，武進人，舉人。
蔡春，西安人，舉人，卒于官。
陳佐，泉州人，舉人。
郭偉，贛州人，監生，降教授。

〔一〕康熙二十六年抄本作「彭磐」，刻本、民國十八年鉛印康熙二十六年刻本作「彭盤」。
〔二〕刻本、民國鉛印康熙二十六年刻本作「連江舉人」。此從抄本。

王玨，湖口人，監生。
唐侃，全州人，舉人。
楊澄，宜山人，舉人。
吴弘仁〔一〕，浙江人，例監。
易文亨，臨桂人，舉人。
王繼芳，閩縣舉人，通判。
章棟，臨桂人，舉人。俱嘉靖年任。
龍燦，鬱林舉人，隆慶年任。
蔣藴善，全州人，舉人，三年任，有傳。
李邦奇，宜山人，舉人。
黄守規，貴縣人，舉人，萬曆年任。
郭鉞，安義人，舉人，有傳。
沈汝梁，漳浦人，進士，萬曆九年任，丈田被議。
陳錦，漳浦人，進士，有傳。

〔一〕刻本作『吴宏仁』。聚珍本、抄本作『吴弘仁』。

秦懋義，仁和人，進行取去，有傳。
凌奮志，宜化〔一〕人，貢監。
何復亨，桂林人，舉人。
林日所，海澄〔二〕人，進士，陞部去。
鮑際明，無錫人，進士。
孫弘緒，長興人，進士，調廬陵。
張和，山陽舉人，陞順天府管糧通判，有傳。
郭之蒙，潛江人，舉人，四十二年任。
彭宗舜，鬱林舉人。
鄭之士，諸暨人，選貢，天啓年任。
齊文寶，江西人，舉人，百姓訟去。
黄色中，崇陽舉人，崇禎元年任，有傳。
林齊聖，浦田人，舉人，九年任，有序。

〔一〕刻本、聚珍本作「宣化」。抄本作「宣化」。
〔二〕諸本皆作「海澄」，疑當作「澄海」。

陳璲〔一〕，浦田人，進士，修文廟。
徐行忠，餘杭人，進士，十一年任。
趙桂京，武進舉人，十七年任。
何運亮，晉江人，進士，十六年任，調南海。
羅明夔，貴州舉人，十七年任。

縣丞

年代無考，姑擄見在姓名依次載之。

王文通〔二〕。
王銓，南昌人，陞中書。
周榮。
張政，延平人，監生，成化十九年任，有傳。
李浩，弘治年任。
李澄。

〔一〕康熙二十六年抄本作『陳璲』，刻本、民國十八年鉛印康熙二十六年刻本作『陳遂』。
〔二〕康熙二十六年抄本與刻本在人物排列先後順序上有出入，此順序據抄本。

謝恕，巴陵〔一〕人，監生。
吴壽，建寧人，吏員，正德年任。
尹純，恭成〔二〕人，監生。
邵綱〔三〕，楊別〔四〕人，監生，嘉靖年任。
唐凱，長沙人，監生。
吕敬夫，廣信人，監生，陞審理。
吴均，永州人，監生。
江浹，直隸人，吏員，陞經歷。
沈華〔五〕，福清〔六〕人，吏員。
王守爵，休寧人，例監。

〔一〕刻本、民國十八年鉛印康熙二十六年刻本作「己陵」，誤。
〔二〕諸本皆作「恭成」，疑當作「恭城」。
〔三〕刻本、民國十八年鉛印康熙二十六年刻本作「邵綢」，誤。抄本作「邵綱」。
〔四〕《八代詩選》諸本皆「楊別」，疑當作「揚州」。
〔五〕刻本、康熙二十六年抄本作「沈華」。民國十八年鉛印康熙二十六年刻本作「沈葉」，誤。
〔六〕《八代詩選》諸本皆「福青」，當作「福清」。

歐陽賢，恭城人，監生。
魏尚賢，湖廣人，監生，隆慶年任。
張岵，南城人，吏員，萬曆年任。
周隆，江西人，吏員。
程源滋，建寧人，吏員。
藍階，南直人，選貢。
陳兆蕃，福建人，監生。
汪元士，吏員。
顧明良，監生。
唐時諫〔一〕，會稽人，吏員，陞南京衛經歷。
項世聰，龍泉人，吏員。
程溍，新建人，監生。俱萬曆年任。
李繼登，吏員，天啓年任。

〔一〕 民國十八年鉛印康熙二十六年刻本作『唐時諌』。

璩〔一〕秉銓，監生，崇禎三年裁缺。

主薄

鄭伯高，洪武年任。

許通，永樂年任。

周淮，泉州人，監生。

沈偉，順天人，監生，嘉靖年任。

周鳳，慶遠人，監生。

趙通，山西人，監生。

周富，沅陵人，監生。

劉莒，定海人，監生。

李文魁。

沈應龍。

石巍，廣西人，監生。

沈子惠。俱嘉靖年任。

〔一〕刻本、抄本作「璩」，聚珍本作「璩」，二字同。

金廷良，直隸人，吏員，隆慶年任。
林琨，仙遊人，吏員。
陳洙，潛山人，吏員，萬曆年任。
壽秉彝。
李宜春。
劉夏，吏員。
孫鴻源，歸安人，監生。
魯大科，山陰〔一〕人，吏員。
鄒承伊，監生。
吴爝。俱萬曆年任。
周杭，天啓年任。
姜攀龍，金華〔二〕人，崇禎年任。

〔一〕刻本、民國十八年鉛印本作『仙陰』，誤。抄本作『山陰』，是。
〔二〕民國十八年鉛印康熙二十六年刻本作『金葉』，誤。

典史

周漢輝，永樂年任。

劉昇，弘治年任。

錢縉。

歐鳳，柳州人，正德年任。

鄢爵，嘉靖年任。

王廷玉，福建人。

胡治，臨江人。

胡秀，莆田〔一〕人。

鄭桂，莆田人。俱嘉靖年任。

陳大輝，莆田人，隆慶年任。

熊景魚，江西人。

朱鑑，蘄縣人。

朱琦，甌寧人，萬曆年任。

〔一〕民國十八年鉛印康熙二十六年刻本作「蒲田」，實爲「莆田」。以下凡「莆田」，刻本均作「蒲田」。

陳科，莆田人。
顔宗仁，蒼梧人。
黄汝治，邵武人。
喻國忠。
周良佐。
甘汝銓。
王克用。
丁天智，貴池人，陞王官。
魯宗興，福清人〔一〕，陞汀州府倉大使。
藍回春，巴〔二〕陵人，吏員。
秦有爲。俱萬曆年任。
余正學，天啓年任。
鍾應魁，崇禎年任。

〔一〕民國十八年鉛印康熙二十六年刻本闕「人」。下句「大使」作「人使」，誤。
〔二〕刻本作「己陵」，誤。

王大輔，義烏人。

國朝

海康縣知縣

許宗洙，福建晉江人，舉人，順治四年任。
尚爾實，北直人，貢生，八年任。
金煌，洛陽人，貢生[一]，十年任。
葉英，錢塘人，貢生，十三年任。
張大經，武强人，貢士[二]，十六年任，降調隨卒。
夏日昌，建德人，舉人，康熙三年任，卒于官。
吴克敬，蒲城人，進士，七年任，卒于官。
余振翰，建寧人，舉人，十年任。
鄭惟飆，處州人，進士，康熙二十二年任，有善政，卒于官，詳准名宦。

[一] 諸本皆作「貢」，當爲「貢生」。
[二] 康熙二十六年抄本闕「士」字。刻本作「貢士」。

鄭俊，山西高平縣人，進士，二十五年任〔一〕。

縣丞

裁缺。

主簿

裁缺。

典史

郭繼漸，吉水〔二〕人，順治十年任。

吴振邦，衡水人，十三年任。

徐光泰，宛平人，吏員，十五年任。

别壽基，陜西人，吏員，康熙四年任。

竇士郁，富平人，吏員，康熙八年任。

時來泰，江西人，吏員，康熙二十年任，卒于官〔三〕。

〔一〕康熙二十六年抄本闕「鄭俊」條，此據刻本補。

〔二〕刻本、民國十六年鉛印本作「言水」，誤。抄本作「吉水」，是。

〔三〕刻本、民國十八年鉛印康熙二十六年刻本闕「卒于官」。

盛起鳳，順天人，康熙二十二年任〔一〕。

縣屬官

明

海康縣清道巡檢

世次無考。

冷用一。

楊元發，寧化人。

王鍾，歙縣人〔二〕。

莊鶴，無錫人，吏員，萬曆三十九年任，考滿去，居官有〔三〕能。

張嘉謀，西充〔四〕人，天啓年任。

〔一〕抄本闕此條。此句據刻本、民國十八年鉛印本補。

〔二〕刻本、民國十八年鉛印康熙二十六年刻本闕「人」字。

〔三〕刻本、民國鉛印康熙二十六年刻本「有」作「言」，抄本作「有」。

〔四〕民國鉛印康熙二十六年刻本作「四充」，刻本作「四克」，均誤。抄本作「西充」。

陳弘祖，閩縣人，崇禎年任。
吴承周，長洲人。
胡啓祥，平南人。俱崇禎年任。

黑石巡檢

朱〔一〕添貴。
鄭昭，莆田人。
毛宗治，内丘人。
陳弘猷，賀縣人，陞王官。
唐大神，余州人，樸實無比。
王汝進，福清人，萬曆四十二年任。
趙子榮，仁和人。
陳廷用，晉江〔二〕人。

〔一〕康熙二十六年抄本作「朱」，刻本、民國鉛印刻本作「宋」。
〔二〕刻本、民國鉛印康熙二十六年刻本作「胃江」，誤。

孫枝茂，長洲〔一〕人。
劉應聘，惠安人。
丁大成，合肥人。以後裁革。

雷陽驛丞

莫廷弼，平樂人。
王京，太平人。
黄兆鳳，蘇州人。
聞輔，霍丘人。
徐應揚〔二〕，六安人。
萬象春〔三〕，沅陵人。
鄭重，英德〔四〕人。

〔一〕刻本、民國鉛印康熙二十六年刻本作「長州」。
〔二〕刻本、民國十八年鉛印本作「徐應楊」，抄本作「徐應揚」。
〔三〕刻本、民國鉛印康熙二十六年刻本作「萬象眷」，誤。
〔四〕刻本、民國鉛印康熙二十六年刻本作「吴德」，誤。

鄭義，吏員[一]。

蔣汝用，東陽人。

邢思謙，宿州人。

喻習湯，大庾人。今裁革。

國朝

海康縣裁黑石巡檢一員、廣積大使一員、雷陽驛丞一員。

海康縣清道巡檢

林上春，山陰人，吏員，康熙年任。

張師貞，錢塘人，吏員，康熙十年任。

張之詵，山東人，康熙十七年任[二]。

府縣儒學教職

世次無考。

[一] 民國十八年鉛印本作『入吏員』。

[二] 康熙二十六年抄本無『山東人，康熙十七年任』。此據民國鉛印康熙二十六年刻本。

宋

海康縣儒學教諭

元

凌光謙，遷學於迎恩坊，自有記。

嚴欅，主正，丁未年任，自作《勉學記》〔一〕。

明

林仲餘。

黃麗。

成儉。

脱英，龍溪人，舉人。

麥潤，廣州人，貢。

許端弘，天台人，舉人。

馬驧，順德人，舉人。

鄭寬，浮梁人，舉人。

〔一〕民國鉛印康熙二十六年刻本無『嚴欅』條。

張倓。
呂宗信，新昌人，貢，宦績。
吴道賢，臨高人。
熊希程，馬平人，舉人。
查聯芳，婺源人，貢。
沈琦，詔安人，貢。
黄傑，同安人，貢，見宦績。
杜元亨，福寧人，貢，陞教授。
蔡挺元，澄邁人，貢。
羅鎮，懷集人，貢。
張以禮，儋州人，貢。
林詔，連江人，貢。
王宏，高明人，貢。
劉琮，邵武〔一〕人，貢。

〔一〕民國鉛印康熙二十六年刻本作『郡武』，誤。

謝嵩，番禺人，舉人，陞知縣。
郭復，舉人，陞知縣。
徐肯播，江西人，貢，有傳。
徐察，邵武人，貢。
鄒瑗，南昌人，貢，陞教授。
王之道，潮陽〔一〕人，貢。
李儀，鬱林人，貢。
鄭灝，瓊山人，恩貢。
劉芳，保昌人，貢。
趙楫，東莞人，舉人。
葉萬齡，新興人，貢。
李寵章，江西人，貢〔二〕。
霍子衡，南海人，舉人，累陞袁州知府。崇禎十八年，大兵入廣，全家死節。

〔一〕刻本、康熙二十六年抄本作『朝陽』，誤。民國鉛印康熙二十六年刻本作『潮陽』，是。
〔二〕民國鉛印康熙二十六年刻本闕『貢』字。

蘇成性，儋州人，十一年陞本府儒學教授。
陳卿，長樂人，貢，崇禎十一年任。
訓導
黃自守。
趙孔進。
李安中。
楊惟政，海康人。
郭文澤。
聶深。
顔源，廣西人，舉人。
方榮。
胡玭。
陳金，柳州人。
徐昱，龍溪縣人。
林岱，連城人。
王鐸，永嘉人。

余廷相，新會人，貢。

吴深，同安人，貢，陞教諭。

馬惟亨，清流人，貢，陞教諭。

童萬鍾，甌寧人，貢，陞教諭。

李廷儒，瓊山人，貢，陞教授。

劉邦奇，吴川人，貢。

陳暨，高要人，貢。

路希堯，瓊山人，貢。

尹思恕〔一〕，東莞人，貢。

王正琠，潮陽人，貢。

楊天植，南海人。

丘民象，電白人，貢。

黄焕陽，河池人，貢，萬曆年陞灌陽縣教諭。

鍾鳴韶，歸善人，貢。

〔一〕 民國鉛印康熙二十六年刻本作「尹思怒」，誤。康熙二十六年抄本作「尹思恕」，是。

洪有獲，定安人。
盧萬傳，南寧人。
嚴民表，韶州〔一〕人。
蔡應堯，瓊州人。
吴鉞，廣西〔二〕人。
譚仲，高要人。

國朝

海康學訓導〔三〕

關弘異，順德人，貢。
嚴毓元，歸善人，貢。
蔣起元，晉江人，選貢，順治八年任。
陳而偉，南雄人，貢，教諭，奉裁回籍，補崖州學正〔四〕，陞廣州府教授。

〔一〕民國鉛印康熙二十六年刻本作「詔州」，誤。
〔二〕康熙二十六年抄本作「廣西」，民國鉛印康熙二十六年刻本作「廣和」。
〔三〕康熙二十六年抄本作「海康學訓導」，民國鉛印康熙二十六年刻本作「海康學教諭」。
〔四〕康熙二十六年抄本作「崖州學正」，無「補」字。

梁殿桂，高要人，貢。

黄鼎，長樂人，貢。

賴膺達，惠州府永安人，貢，康熙二十二年任〔一〕。

蔡雯〔二〕煊，番禺人，貢，康熙十九年復設〔三〕教諭，二十三年陞廉州府學教授〔四〕。

黄滌，會州人，貢，康熙二十三年任〔五〕。

分鎮

守道，右廉訪使，巡道，俱載《府志》。

〔一〕康熙二十六年抄本祇有人名，無下文。此據民國鉛印康熙二十六年刻本。以上「梁殿桂、黄鼎、賴應達」三人，民國鉛印康熙本海康學「訓導」，抄本將教諭、訓導合在一起，總稱「海康學訓導」。

〔二〕康熙二十六年抄本作「雯」，民國鉛印康熙二十六年刻本作「文」。

〔三〕民國鉛印康熙二十六年刻本作「復設」，是。康熙二十六年抄本作「設復」。

〔四〕民國鉛印康熙二十六年刻本無「二十三年陞廉州府學教授」。

〔五〕康熙二十六年抄本祇有人名，無下文。此下文據民國鉛印康熙二十六年刻本。《嘉庆雷州府志・职官》《道光廣東通志・职官表》作「惠州人」，諸本作「會州」，誤。

《學校》《秩祀》《職官》總論

論曰：學校爲首善地，庠序設，人始知有學，崇祀興而三禮敦也，庶官任而正教舉也。辟雍鐘鼓之化，柴望肆覲之典，盛世之芳規，班班可考，豈非學校之不可廢，秩祀之不可紊，職官之不可曠者哉。舍此三者，而體國經野之弘猷無從見耳。蓋明倫莫先於學校出也，負耒入也，横經農之子可化爲士，泮宫之俎豆畢薦馨香矣。若夫郊廟之式靈，百神之呵護，顧可忽乎。禋薦有其期，品物有其序，不諂不瀆，而錫祐彌隆，洵邦家之福也。至於建官分職，大小相維，法廉相持，以之主事而事治，百姓安之，百神享之，文治紹興，教化宏敷，牧民者非所有事乎，則一邑如此，天下可知。

名宦志

縣傳　教職

夫仕宦而梯榮，苟禄沾沾肥身家者衆矣。當時快意，没即泯焉。乃流曜垂休，名蔽天壤，此今昔之所艷，而纓笏之所重也。夫豈可以無實盜得者哉？鴞飾、鸞音、虎文、羊質，三尺童子辨其非類，鴑〔一〕蹇之足題於驊騮，燕人之石寶爲荆璧，千載公心，亦自難混。夫惟有其實者賓其名，必施、嬙之質，斯〔二〕可稱焉淑媛，非龍淵之鋒，不足語於剸割，故宦亦多術矣。實心實政，未必美名，飾虛矯僞，未必不名。屈法以媚權紳，足恭而下豪士，即其人生平羞對聖賢，而翕訛之譽往往隨之。執法而問强猾，持平而扶寒畯，即其人品行可埒，彝〔三〕由而群小之愠，或不免焉，則其相傳以勒之志乘，而稱爲名宦者，果盡出於華衮之公，而不參以愛憎之口否也。然〔四〕則居今而評往宦，何道之操，亦惟循名而責其實而已。夫宦績所樹，大都不越廉明公正、剔蠹釐奸、惠和幹辨、興利除害數者，果通才卓越，或一節挺持，廉

〔一〕民國鉛印康熙二十六年刻本作「鳶」。刻本、抄本作「鴑」，是。
〔二〕刻本、康熙二十六年抄本作「斯」，民國鉛印康熙二十六年刻本作「所」。
〔三〕康熙二十六年抄本作「夷」，刻本、民國鉛印康熙二十六年刻本作「彝」。
〔四〕刻本、民國鉛印康熙二十六年刻本作「燕」，誤。抄本作「然」，是。

愛有〔一〕徵，興剔有據，是真績也。前名之，今亦名之，緇衣之好〔二〕，安敢誣也。反是而覽其詞則美，究其實則眇，是浮譽也。前名之，今不敢名之，觀場之和，何敢效也。雷財賦不饒於潮，商市不湊於廣，疆土不拓于瓊，交黎征發害先中之。自昔號魚龍之鄉，遷謫者時至止焉，此而得名，斯亦難矣。余何忍〔三〕苛求哉。第聞之千里比肩，百〔四〕世隨踵，賢固未易多也。鷙鳥累百不如一鶚，賢亦何必多也。不然，瑕瑜雜收，真似混列，蹋褥而博廣大之譽〔五〕，模稜而標清静之稱，將奇偉卓犖之士，羞〔六〕與爲伍，而有識者竊笑之矣，是傳志之耻也。余雖〔七〕慣慣，罔別淄澠，據雷殘本，反覆參訂，增芳汰蔓，求於至當大意，寧精毋濫，寧實無虛〔八〕，鑒以天地，質諸鬼神而已，固不敢襲謬踵訛，侈爲〔九〕觀也。作名宦志。

〔一〕民國鉛印康熙二十六年刻本「廉」作「靡」，闕「愛有」。
〔二〕民國鉛印康熙二十六年刻本闕「緇衣之好」。
〔三〕康熙二十六年抄本作「何忍」，民國鉛印康熙二十六年刻本作「何意」。
〔四〕民國鉛印康熙二十六年刻本闕「百」字。
〔五〕民國鉛印康熙二十六年刻本此句多闕漏，此依康熙二十六年抄本。
〔六〕民國鉛印康熙二十六年刻本作「益」，誤。
〔七〕民國鉛印康熙二十六年刻本作「屬」，誤。
〔八〕康熙二十六年抄本作「虛」，民國鉛印康熙二十六年刻本作「膚」。
〔九〕民國鉛印康熙二十六年刻本闕「爲」字。

縣傳

宋

李守柔，字必强，臨桂〔一〕人。紹興間爲海康令，弭盜安民。時趙鼎貶雷州，守柔待以故相體〔二〕。秦檜聞之，坐十年不調。檜死，始改郡佐，除新州，卒。

明

陳本，會稽人。洪武二年，由儒學薦知海康縣事。時當草昧，創公宇，别井閭，編集版圖，優恤孤老，流移者悉爲之所，遠近歸附七十餘家。毁淫祠，崇正祀，農桑徭役尤加之意。堤渠、汙岸靡不修築。卒於官，囊無餘資，民奔賻殯，爲賢令首。

王麒，雲南太和人。天順二年，知海康縣事。性剛毅，才守並卓。時值兵亂，攻苦茹淡，不安寢席。疫作，死者萬計，給棺木〔三〕，立義塚瘞之。流賊猖獗，募勇敢，協剿有功。後於那柳村獨犯賊鋒〔四〕，中

〔一〕民國十八年鉛印本作『林桂』。抄本作『臨桂』，是。
〔二〕康熙抄本、刻本均作『體』，義難通。此字本應是『禮』，乃形近之誤。
〔三〕康熙二十六年抄本作『官木』。民國鉛印康熙二十六年刻本作『棺木』，是。
〔四〕康熙二十六年抄本作『蜂』，誤。民國鉛印康熙二十六年刻本作『鋒』，是。

矢而歿，詔贈本府通判，建忠義祠祀之。

論曰：卓哉王公，真民父母。施棺瘞塚，人可能也。親冒矢石，以死禦賊，不可能也。千秋萬祀，談者欷歔。令尹如公，屈指幾人。朝廷優以崇爵，所以勸忠，僅贈通判，報何薄也。嗟乎，如公者，當時生死，且不置念，身後虛秩，豈以介意哉。

蔣藴善，全州人，舉人。隆慶間，知海康縣事。介然甚恭，無媕阿態，愛民如子，常祿外毫無苟取。剖決案牘，吏不敢欺。隆慶四年，海賊突至，衆心震恐。藴善便服登城，督兵守禦。時參將坐視不出，往論之曰：安有身爲將而賊至巽縮者，干城之謂何？參將愧悚。甫踰年，以憂去，士民慕之。

郭鉞，安義人，舉人。萬曆初，知海康縣事。寬而廉，加禮學校，諸生有屈于公庭，力爲伸之。以保障爲重，建十里鋪，築墩臺以禦寇，四境晏然。士詣省闈，厚以將之。恤里老，毫無横征。尋陞別駕。

陳錦，漳州人，進士。萬曆初，知海康縣事。行政五載，愷悌廉潔。念文運不兢，拔其雋者爲之程，親爲品騭，登賢書者相繼。憫里甲周弊，力爲節省。流移未復，招以集之。歲戊子，蝗災。己丑，潮災。錦軫民瘼，請蠲徵十之三。率徐、遂所助夫，夾修汙岸，捍海長堤賴以鞏固，士民立碑志思。

余懋義，仁和人，進士。萬曆中，知海康縣事。性寬而敏。甫下車，值鹹潮決堤，躬行踏視，申請官銀三千餘兩，修而完之。編修林承芳記。振起人文，建文昌閣於學，以培風氣。尚書王弘誨記。諸生有詿誤，力爲剖雪。士民歌頌，擢貴州道御史。

黄色中，崇陽人，舉人。崇禎二年，任海康縣知縣。賦性明敏，文參〔一〕案牘一過目剖決，毫無留難。清數年之積逋，令〔二〕行若流水焉。作養士類，勤課不輟。嘗對諸人士言曰：下山和尚不敬僧，不佞之所不爲。風清公庭，吏〔三〕立冰雪，關節不到，時人擬之包老云。

林齊聖，福建莆田人，舉人。崇禎九年，知海康縣事。天資明慧，加意作人。訟獄當前，片言而決。省刑薄賦，不事鞭笞。遇旱修省，步禱時雨立應，民甚德之。尤工於詩賦，治政之餘，手不釋卷，著有《二蘇雷儋集》，并各祠廟祭文、對聯。諸書不能盡述，前志缺載，今增入以備博採。

教職

明

黄傑，同安人。初任麻城訓導，有善教聲。及遷海康教諭，三辭署印，操若冰霜。貧生有所餽，必曲辭之。設會課，割俸以饌，士荷陶鑄者甚多。在麻城已入〔四〕名宦，雷人士復立碑，以志不忘。

〔一〕刻本、民國鉛印康熙二十六年刻本闕「參」字。

〔二〕刻本、民國鉛印康熙二十六年刻本作「今」，誤。

〔三〕康熙二十六年抄本作「吏」。刻本、民國鉛印康熙二十六年刻本作「臾」。

〔四〕民國十八年鉛印本作「久」，誤。抄本、刻本作「入」，是。

徐肯播，靖安人。任海康〔一〕縣學教諭。性端敏，接〔二〕諸士，詞色温如。立會課，親加品騭。嘗署徐聞縣事，寬嚴得體。政無鉅細，稟理爲裁。苞苴一無所染，士民誦之。

霍子衡，南海人，舉人。崇禎庚午，署海康縣學教諭。器量宏廓，才學深沉。飭學校，端風化，多士受其甄陶。師嚴道尊，以明倫爲己任。非僅從事於會課之末，諸生偶有餽遺，置而不問。後累官江西袁州府知府，有善政聲。值變歸，杜門不出，明道學以正人心。丁亥年，大兵入廣，全家死難。事載《廣府志録》。

廉訪 守巡

俱載《府志》，不録。

〔一〕抄本作『海安』。聚珍本作『海康』，是。

〔二〕民國鉛印康熙二十六年刻本作『捷』，誤。

流寓志

楊子曰：狂者東走，逐者亦東走。東走則同，其所以走則異。流寓亦然。憸壬負譴，正直忤時，至雷則同，其所以至則異。故夫君子秉國，則小人至雷；小人擅權，則君子至雷。雷陽一片地，固世道升降之會也。然君子至雷，雷人士仰之若祥雲，慕之如威鳳，授餐假館，奔走無斁，甚且畏壘尸祝，倚以爲重。小人至雷，則眡若鵋鶀〔一〕，戒甚檮杌，惟恐去不遠、避不速，其沉其浮，又何知焉。嗟乎，屈伸顯晦，秋蓬也，電火也。千秋萬歲而下，贊慕與唾毀，不泯若此，孰得孰失，孰榮孰辱，無論達人君子，自有遠識，即奸壬有知，回首一思，噬嚌〔二〕何及。舊志遷謫一類，並載忠邪無別。查肇、惠《志》，獨傳賢者，余仿之作《流寓志》。

〔一〕 民國鉛印康熙二十六年刻本作「鵋鶀」。
〔二〕 民國鉛印康熙二十六年刻本作「臍」。

寓賢

唐

李邕，字秦和〔一〕，江都人。少知名，父善，嘗注《文選》，釋事而忘意。邕附事見義，故兩書並行。既冠，見特進李嶠，願讀秘書，得假直閣。未幾，辭去。嶠驚問奧篇隱帙，了辨如響，嶠驚曰：『子且名家。』遂以文章顯，拜左拾遺。會中丞宋璟劾張昌宗等反狀〔二〕，武后不應。邕立階下，大言曰：『璟所陳社稷大計，陛下當聽。』后色解，即可璟奏。中宗時，五王爲武三思所殺，邕坐善張柬之，貶雷州司户參軍。後召拜殿中侍御史，彈劾任職，人頗憚之。玄宗即位，姚崇疾其險躁，左遷括州司馬，起爲陳州刺史。帝封泰山還，邕獻賦，帝悦。會仇人告其贓貸枉法，下獄當死，許昌男子孔璋上書訟，得減死，貶遵化尉，流璋嶺南。邕妻温復爲邕請戍邊自贖，表入不省。後從中人楊思勗討嶺賊有功，徙豐州司馬。歷淄、滑二州刺史。上計京師，竟以讒娟不得留，出爲北海太守。天寶中，左騎衛兵曹柳勣有皐〔三〕下獄，

〔一〕刻本、民國十八年鉛印本作『泰和』。抄本作『秦和』。

〔二〕刻本、康熙二十六年抄本作『及狀』，誤。民國十八年鉛印本作『反狀』，是。

〔三〕民國鉛印康熙二十六年刻本作『辠』，誤。下『因傳以辠』之『辠』同。

邕嘗遺〔一〕勣馬吉温與宰相李林甫，因傳以辜，詔御史羅希奭就郡殺之，時年七十。林甫以詩哀之。代宗廟〔二〕，始贖秘書監。

王琇，唐貞元中爲户部侍郎，判諸道鹽鐵搉〔三〕酒，不事横歛，而軍旅獲濟。名亞劉妻，爲韓滉所啣，誣其餽米淄、青河中，坐貶雷州司户參軍。既至，會計倉糧，賑捄荒歉，民甚德之。

宋

寇準，字平仲，宋真宗時拜相，澶淵之役有大功。爲王欽若所譖，罷知陝州。王旦薦之，起爲樞密使。時三司使林持有寵，附會憸〔四〕邪，準惡之，以是復罷。後再入相，爲丁謂所阻，貶相州，再貶道州司馬。無公宇以居，百姓聞之，争荷瓦木，不督而成。真宗元興元年壬戌二月卒四月，丁謂誣準朋黨，再貶雷州司户參軍。始入雷境，吏以圖獻閲。至郡東南門抵海崖十里，公愕然曰：吾少時有詩云『到海只十里，遇山應萬重』，乃今日事耳。人生得喪，豈偶然耶。及丁謂貶崖州，道經雷，家人欲報讐，乃杜

〔一〕抄本作『遺』。聚珍本作『遺』，是。
〔二〕康熙抄本、刻本皆作『廟』，據文意，疑當爲『朝』。
〔三〕康熙二十六年抄本作『搉』，民國鉛印康熙二十六年刻本作『推』。
〔四〕民國鉛印康熙二十六年刻本作『險』。抄本作『憸』，是。

門使衆〔一〕酒飲，博俟自〔二〕謂行遠乃止。仁宗元年癸亥九月，準卒。初，太宗得通天犀，命工爲二帶，一以賜準，至是準遣人取自洛，既至數日，沐浴具朝服，束帶北面，再拜，呼左右趨〔三〕治卧具，就榻而没，歸葬西京。道出荆南公安縣，人皆設祭於路，折竹植地，掛紙錢焚之。踰月，枯竹盡生笋，衆爲立廟，號『竹林寇公祠』。後追贈中書令，復萊國公，謚曰『忠愍』。

論曰：萊公面折拂鬚一事，世以爲謂開釁之始，不知正直之行不悦非道，正萊公人品所以不可及也。雷陽司户原有定數，豈謂得而主張之。過海之詩，瑞星之落，歷歷可驗。世好以禍福論人，甘爲脂韋鄉愿之行，是萊公之辠〔四〕人矣。至於用人不次，例簿不收，爲國進賢，退不肖者，幾能如此。公忠否，若官居〔五〕鼎鼐無地樓臺，清風凜凜，益罕儔矣。張益州以不學無術少之。嗟乎，使公深於術焉，安知不僞言僞行，以取媚於世，而百鍊鋼化爲繞指柔哉。又焉能使千載之下，所在畏壘尸祝若斯也。寧爲真人品、無作假道學如公者，早已置得喪於度外矣。蒸羊一逆飲博，杜門聖賢學術，豈是過也。余於萊公，實

〔一〕民國鉛印康熙二十六年刻本闕『衆』字。
〔二〕康熙二十六年抄本無『自』字，此據民國鉛印康熙二十六年刻本補。
〔三〕民國鉛印康熙二十六年刻本作『趣』。
〔四〕民國鉛印康熙二十六年刻本作『辜』。
〔五〕民國鉛印康熙二十六年刻本作『居官』。

欣〔一〕慕焉。

蘇轍，字子由，眉州人，與兄軾齊名。哲宗朝〔二〕爲門下侍郎，同列李清臣策進士，欲黜元祐，主豐熙。轍力陳元祐未嘗不行先帝法，且引漢昭改武帝事爲言。哲宗不悦，落職知汝州。章惇、來之邵復誣論其不忠，自少府監分司南京，徙化州，安置於雷。章惇令流謫人不許占官舍，郡人吴國鑑於城南造舍居之。惇又以强占民居下州追治，以僦券甚明而止。兄軾自惠州安置昌化軍，相遇〔三〕於藤，同行至雷。居數月而別，唱和賦詠具見《藝文》。

任伯雨，權給事中，半歲之間凡上百餘疏。既而，欲劾曾〔四〕布，布覺之，徙爲度支員外郎，入黨人籍。後蔡京爲相，怨臺諫論已，再貶雷州，安置於昌化軍。

秦〔五〕觀，字少游，有詩名，與蘇軾友善，爲太學博士，以軾薦，至編修國史。章惇誣其增損實録，貶雷州。同時流徙者一百二十人〔六〕，且立碑端禮門，謂之邪黨。長安石工安民當鐫字，辭不肯鐫，恐得

〔一〕民國鉛印康熙二十六年刻本作「忻」。
〔二〕刻本、聚珍本皆作「廟」。抄本作「朝」，是。
〔三〕康熙二十六年抄本作「運」，誤。
〔四〕民國鉛印康熙二十六年刻本闕「曾」字。
〔五〕民國鉛印康熙二十六年刻本無「秦」字。
〔六〕民國鉛印康熙二十六年刻本作「一百二十八」。康熙二十六年抄本作「一百二十人」，是。

罪後世，聞者媿之。

李綱，字伯紀，邵武人，自其始祖居無錫。政和二年進士，積官至太常少卿。時金人渝盟，欽宗受禪，爲尚書右丞，與耿南仲不合。及徽宗南幸還京，議調防秋之兵，南仲沮止之。未幾，以綱專主戰議落職。金兵再至，悟和議之非，召綱，行次長沙，率師勤王。未至，而都城失守，二帝蒙塵。高宗即位，拜尚書右僕射，兼中書侍郎，上十事，擬姚崇要説，力諍張邦昌僭逆，當罪謫，而憎恤死義，諸臣參奏邊事，乞降哀痛之詔，上皆洪之。尋爲黄潛善、汪伯彦所沮，御史張俊遂劾綱買馬招軍之皋〔一〕，詔罷之。許翰言綱忠義，太學生陳東言潛善、伯彦不可任，綱不可去。於是殺東罷翰，落綱職，居鄂州，復徙萬州。建炎三年十一月，力疾行赴瓊莞，次海濱渡海，上有伏波將軍廟，綱遣子宗之攝祭，默禱生還，當書東坡〔二〕所作碑文。在瓊三日，以赦還，次雷陽，書蘇碑於廟，并紀其事於碑陰焉。紹興二年，除觀文殿大學士，尋罷，復起赴行在奏事。時張浚罷相，言者以其失事，引漢武誅王恢以比，綱力救之。九年卒，年五十八，贈少師，官其親族十人。（《通志》、肇《志》〔三〕）

趙鼎，高宗朝兩爲丞相，有功於國，爲秦檜所憾，罷知紹興府，徙潮州，再貶吉陽〔四〕。謝表有曰：

〔一〕民國鉛印康熙二十六年刻本作「辜」，誤。
〔二〕民國鉛印康熙二十六年刻本作「東波」，誤。
〔三〕民國鉛印康熙二十六年刻本作「《通志》肇慶」。
〔四〕民國鉛印康熙二十六年刻本作「言陽」，誤。

『白首何歸，悵餘生之無幾；丹心未泯，誓九死而不移。』寓雷陽，後之萬州，卒焉。宋中興賢相，以鼎爲首。

李光，參知政事，爲秦檜所惡，罷官，安置於滕州，再貶瓊州，道出雷陽，後移彬州〔一〕而卒。

胡銓，字邦衡，廬陵人。建炎二年，擢進士第五人，後爲樞密院編修官。紹興八年，金使至，以詔諭江南爲名，銓上書力排和議，乞斬秦檜、王倫、孫近三人頭，竿之藁街。檜以銓狂妄凶悖，謫監廣州鹽倉〔二〕。明年，改僉書威武將〔三〕判官。十二年，諫官羅〔四〕汝楫劾銓飾非横議，詔除名，編管新州。同郡王廷珪以詩贈行，坐流辰州。十八年，新州守臣張棣訐銓與客唱酧，謗訕怨望，詔送海南編管，道經於雷。二十六年，檜死，量移衡州，登南恩望海臺，賦詩而後行，自號『澹〔五〕菴老人』。乾道初，爲工部侍郎。七年，以資政殿學士致仕，薨，謚忠簡。

謹按：李綱、趙鼎徙萬州，李光、胡銓貶瓊，皆道經於雷，雷爲之立傳，蓋慕其名而爲之，於雷何與焉。舊志所載，姑存之。

〔一〕康熙二十六年抄本、刻本均作『彬州』，誤，應爲『郴州』。
〔二〕抄本作『監倉』，誤。聚珍本作『鹽倉』，是。
〔三〕民國鉛印康熙二十六年刻本闕『將』字。康熙二十六年抄本作『將』。
〔四〕民國鉛印康熙二十六年刻本作『罷』，誤。
〔五〕民國鉛印康熙二十六年刻本闕『澹』字。

明

馮恩，直隸華亭人，由進士任監察御史。嘉靖壬辰年，彗星見東井，恩疏論閣部諸臣，爲門庭腹心之彗，乞誅朋奸誤國者，而尤指斥右都御史汪鋐。詔下錦衣獄，榜椋〔一〕數百，痛而殞。都督陸松灌以良樂，得甦。獄上移法曹，柄事者媚鋐，當恩大辟。癸巳年，會審闕下，鋐例主議，操筆東西坐，諸囚跪〔二〕西面，恩獨北面，列校牽使西，恩厲聲曰：『吾此膝跪朝廷耳，豈爲鋐屈耶？』鋐怒推案詬曰：『汝屢疏殺我，我今殺汝矣。』恩大呼曰：『聖明在上，生殺皆天斷，豈容權臣無忌憚至此？』鋐攘臂跳踉〔三〕，若將下毆者。恩益大呼曰：『汪鋐擅權，我恨不能手刃以報上〔四〕。』左都御史王廷相慰恩曰：『馮御史毋〔五〕動氣，祖宗百六十年來，未有殺諫官者，詎令今日有此。』又正色謂鋐曰：『汪先生宜爲國惜體，如先生言，是以私意殺人矣。』鋐愈怒，遽書情真而起，恩囊三木挺身出長安門，士民聚觀者如堵，嘖嘖言曰：『是御史若口、若膝、若膽、若骨，皆鐵也。』相與稱『四鐵御史』，刻所與鋐争辨語鬻之市，四方貢使争購以歸。時鋐猶必欲殺恩，賴肅皇帝仁聖，特詔免刑。於是得不死，繫獄三年。長子行可年十四，

〔一〕民國鉛印康熙二十六年刻本作『掠』。
〔二〕康熙二十六年抄本作『跽』。刻本、民國鉛印康熙二十六年刻本作『跪』，是。下句中此字同。
〔三〕康熙二十六年抄本、民國十八年鉛印本、刻本皆作『跳跟』，不通，應爲『跳踉』。
〔四〕民國鉛印康熙二十六年刻本闕『上』字。
〔五〕刻本、民國鉛印康熙二十六年刻本作『每』。

屢疏乞以身代父，其母吳匍匐擊登聞鼓，訟寃皆不報。行可晝夜哭長安街，攀諸貴人輿以訴。諸貴人不忍見聞，每望見，必疾走。甲午，行可刺臂血書疏，自縛詣闕乞死。通政陳經引以上請，肅皇帝憐之，命法曹再議。刑部尚書聶賢、都御史王廷相謂恩罪在狂妄，無死法。而行可乞代父，情可矜。詔免死，戍雷州。士大夫聞者，咸舉手相慶。太史鄒守益、羅洪先、程文德題『四德流芳』卷贈焉，謂君仁臣直、母慈子孝也。恩著詠亦富，丁酉釋歸。穆皇帝即位，奉遺詔，録忠賢。恩年已踰七十，即其家拜大理寺丞致仕，行可亦以京兆終，養子時可登辛未進士，是年卒。（《肇慶志》）

按：馮公挺挺氣槩，聞者興起，但雖謫雷，實未至雷，雷傳之可也，祀議未妥。

樊玉衡，楚黄岡人，由進士，授廣信府推官，擢御史。性彊直敢任，屢劾權貴。首請皇長子出閣，講學拂上旨，謫無爲州判，稍遷全椒〔一〕知縣。時國本未建，閣部臺省皆以爲請，上意未決。衡以舊受國恩，奮不顧身，上疏極諫，請亟舉册立冠婚大典，願甘斧鑕，爲出位戒疏上，未報。忽戚畹別有所牽，愬激上怒，特旨樊玉衡等妄指宫禁，干撓典禮，永戍雷陽衛。椒人傾城攀泣，名其草疏處爲『翼日堂』，肖像爨東尸祝之。衡即日挈襆被跨驢，揮手而别。既抵雷，惟攜仲男維甫閉門思咎，薪粟不〔二〕繼，風雨飄摇，澹如也。雷、廉、陽、電諸生多游其門，説古講藝不輟。前後督撫戴公燿、周公嘉謨、張公鳴岡、

〔一〕康熙二十六年抄本、民國十八年鉛印本、刻本均作『全淑』，誤。應爲『全椒』。
〔二〕抄本作『下』，誤。聚珍本作『不』，是。

巡按沈公雲卿、周公應期、田公生金，及臺省鄧公漢〔一〕、姜公性，皆屢會疏薦，不報。其長男德陽知縣鼎遇再疏伏闕〔二〕，願代父戍，亦不報。衡父子往來寓雷，幾二十年。泰昌元年，恩詔列名召用。天啓元年春，兩廣督撫陳公邦贍〔三〕、巡按王公尊德合疏請，蒙恩起刑部福建司主事，疏辭不赴。惟陳時政急務十欵，蒙俞旨報聞。三年冬，因季男海鹽知縣維域〔四〕奏最疏，乞致仕，蒙恩加陞太常寺少卿。次年六月卒。崇禎元年夏，督撫吴江李公，布政常熟陸公，按察使晉公、潘公，督學江夏董公，攝海北分守安溪李公，分守海北南漳浦吴公，用嘉靖中建言謫戍馮御史恩例，先後下其議。雷州府崇祀名賢祠，并傳入府志。而陸公有苦節精忠，昭回日月，作配寇、蘇，允足生色，借光忠義，照耀簡編。及吴公有宿瘴餐風二十四載，精神炳若，賜環解組，千秋後節義凜然，貫日孤忠，凌霜傲骨，以之從祀入志〔五〕，真〔六〕可垂後光前等語。蓋衡建言謫戍，歷二十四載，年逾〔七〕七十就家拜少常，未赴而卒，其生平直節偉抱，自李官歷西臺，而後若判無爲，尹全椒，皆以披鱗折檻，左遷落職，未竟厥施。至於謫戍，困苦流離，間

〔一〕民國鉛印康熙二十六年刻本闕「漢」字。
〔二〕民國鉛印康熙二十六年刻本作「門」，誤。
〔三〕康熙二十六年抄本作「瞻」。刻本、民國鉛印康熙二十六年刻本作「膽」，疑均誤，當爲「贍」。
〔四〕康熙二十六年抄本作「域」。刻本、民國鉛印康熙二十六年刻本作「堿」。
〔五〕刻本、民國鉛印康熙二十六年刻本作「忠」，誤。
〔六〕刻本作「具」，民國鉛印康熙二十六年刻本作「其」。
〔七〕康熙二十六年抄本作「渝」，刻本作「踰」，民國鉛印康熙二十六年刻本作「逾」。

關萬里，而壯志不渝，精神彌旺〔一〕。自忠愍、文定而下，未易倫也。並祀名賢，流光史册，爲無忝云。于崇禎戊辰之仲秋日，郡守蜀嘉定范得志撰。

按：忠節之士忤讒觸邪，被謫至雷者，業傳之矣。其他如唐崔彦融、于敏，宋蔡攸係蔡京子，陳自强係韓侂冒童〔二〕稚師，袁潭明之甯杲〔三〕、李璋，俱以巡撫戍雷。王果以户部尚書戍雷，寓居於肇。嚴世蕃係嚴嵩子，以吏部侍郎弄權戍雷。張嗣修〔四〕係張居正子，以父勢中一甲，戍雷。及續有姓名未攷者，姑不詳之可也。惟奸邪〔五〕一二，始以雷害人，不旋踵還以自害，天報甚速，附記於此，以昭世鑒。

丁謂，字公言，宋真宗時以寇準薦，得參知政事。性憸邪奸佞，常爲準拂鬚，準笑之，遂懷仇隙。後準對帝言丁謂、錢惟演，皆佞人也，不可輔太子。謂知，益啣之。及平章國事，遂與太后謀，貶準道州司馬。真宗卒〔六〕，再貶準爲雷州司户參軍。謂益恣横，權傾中外，獨王曾正色立朝，思欲罷之。仁宗初，謂充山陵使，謂信邪言，遷陵穴，有水。王曾因力疏其包藏禍心。太后怒甚，欲誅謂，馮拯〔七〕救止，

〔一〕刻本、民國鉛印康熙二十六年刻本作「王」，誤。
〔二〕康熙二十六年抄本作「冒童」，民國鉛印康熙二十六年刻本作「冒重」。
〔三〕刻本、康熙二十六年抄本作「杲」，民國鉛印康熙二十六年刻本作「臬」。
〔四〕刻本、民國鉛印康熙二十六年刻本作「張自修」，誤。康熙二十六年抄本作「張嗣修」，是。
〔五〕刻本、民國鉛印康熙二十六年刻本作「姓邪」，誤。
〔六〕康熙二十六年抄本作「卒」。刻本、民國鉛印康熙二十六年刻本作「崩」。
〔七〕康熙二十六年抄本作「馮極」。刻本、民國十八年鉛印本作「馮拯」。

貶爲崖州司户參軍，仍以謂臯布告中外。初謂令宋綬草準責詞，宜用春秋無將，漢法不道，綬不然之。及謂貶，綬即草詞曰：無將之戒，舊典甚明，不道之臯，常刑罔赦，朝論快焉。初謂逐準，與馮拯並相，謂當秉筆欲貶準崖州，而忽自疑。不半載，謂亦貶拯。即擬謂崖州，當時好事相與語曰：『若見雷州寇司户，人生何處不相逢。』人皆以爲報應之速云。過雷，準遣人送〔二〕以蒸羊，仍不欲家僮報仇。謂至崖，上書乞還，有旨量移内地。張錫疏謂奸邪弄國，不宜内徙，乃止徙雷州，卒於雷。

章惇，字子厚，泰州人。熙寧間，以才見任。元豐爲門下侍郎，與蔡確等深相結納，唾涎政鼎，縱暴無度，欲誅元祐舊臣，誣謗宣仁聖德，廢出賢后，爰立幸妃，置詔獄於掖庭，兇邪讒慝，於世無比。右正言任伯雨論其竊柄罔上，毒流縉紳，陰逞異志，宜誅之，不報。會臺諫陳次升等復極論之，遂貶雷州。初蘇轍謫雷，惇不許占官舍，遂僦民屋。惇又以强奪民居，下州究治。以僦券甚明而止。至是，惇問舍於民，民曰：前蘇公來，爲章丞相幾破我家，今不可也。後徙睦州而死。

陸升之，言事坐置雷，僦張氏屋以居，因所居隙地構『夢歸堂』，自作記。詩文頗有存於雷者，但李光貶瓊作私史，其子孟堅與升之言，升之遂訐其事，陷光父子，時論薄之。

謹按：流寓一傳，雷陽地極日南，即《尚書》所云：荒服三百里，蠻二百里，流是也。罪人安置之鄉，即名賢至止之地。臣子不幸，遭竄謫，孤踪萬里，流落天涯，視身席要津，晝錦長安者有間，其人

〔二〕刻本、民國鉛印康熙二十六年刻本作『逆』。

之臧否，自不可没焉。若宋之蘇、寇、任、李，明之馮、樊，或盡忠獲罪，或被讒見疑，瘴海揚波，風平則止，炎嶺千雲〔一〕，霧消見日。人生得喪，豈偶然哉。百世後吊逋臣者，毋乃譏人主之失德乎。雖然，不足爲人主病，適足爲奸人害良者，立一大公案耳。自古邪正不兩立，忠佞不爲謀。有丁謂、章惇之奸，乃顯寇準、蘇轍之賢；有蔡京、汪、黄之佞，後識伯雨、李綱之忠。馮恩鐵面，以汪鋐之朋奸而彰；樊玉衡之敢言，由戚畹之怨激而見。人世之富貴榮華，如秋蓬電火，不及瞬而旋逝，豈若此傲骨孤忠，生氣凛凛於萬禩哉？後之不得志於時者，當砥行礪節以自竪爲可久，無徒作長沙之淚則幾矣。郡人洪泮洙志。

〔一〕諸本皆作「炎嶺千雲」，不通，疑當作「炎嶺干雲」。

兵防志

營署　營制　臺墩　哨船　武鎮　哨堡　屯田　軍官　衛所

方内繡錯，文以董之，武以震之，兩者未可偏廢也。歷代兵防，制不相同，其因時酌宜，要以爲疆宇之乂安而已。雷居邊海，需武尤急。明代既立之衛，復設内五〔一〕所，又添設外四所，星列棋峙，稱環拱矣。奈三百年來，紈絝子弟徒擁虚名，流弊至末季，大夫立衛所之初意，虚耗可勝言哉。欣逢國朝相地置守，分列轄汛，制度盡善，舉一雷而天下可知，作《兵防志》。

營署

協鎮府。在府治東，即明代雷州衛，係古南漢州治，元宣慰司舊址。向未有衛治，屯戍無定。洪武元年戊申，始改爲雷州衛。五年，立雷州衛指揮使司，隸廣東都司。七年，指揮張秉彝、朱永、周淵創前後二廳，各五間，前扁曰『德威』。東西庫房、經歷司、儀門、大門、左右吏宅俱備，歲久圮壞。嘉靖

〔一〕康熙二十六年抄本作『伍』。刻本、民國十八年鉛印本作『五』。

四年，指揮張傑重建後廳。五年，復建儀門、旗纛所、六房吏宅。二十二年，奉巡撫蔡經委傑督建。時巡撫蔡公征黎，駐節于雷，見衛廳事久頽，乃委府同知張槃估計〔一〕發官銀七百餘兩，盡易鐵力木〔二〕建造焉。年久颶風〔三〕，後堂廊房、吏舍俱頽倒。萬曆三十八年，本衛署印指揮楊勳重修。迨崇禎末至丙戌、丁亥間，僞海康伯李明忠改爲大加營建。我國朝建設副總鎮雷，改爲府轅門，左右鼓亭、廳堂，巍然宏壯矣。

左營都司公署。係舊衛經歷司，改在府治東。

右營都司公署。係顧指揮舊宅，改在北門關帝廟後。

左營守備公署，係民房，改建在府治東。

右〔四〕營守備公署，在北門，朝北。

營制

雷協除前營制已入《府志》，内不開外，自康熙十二年起，額設副將一員，管轄所屬左右。徐聞、遂

〔一〕諸本皆作『佑計』，考文意，當作『估計』。

〔二〕民國鉛印康熙二十六年刻本作『盡鐵力建造焉』，闕二字。

〔三〕刻本、民國鉛印康熙二十六年刻本闕『風』字。

〔四〕民國鉛印康熙二十六年刻本作『左』，誤。康熙二十六年抄本、刻本均作『右』。

溪、海安、白鴿寨、錦囊七營原額官兵四千七百二十一員，各官坐馬一百一十四匹，戰馬一百八十匹，哨船二十九隻。陸續奉文裁減副將坐馬四匹。又裁去左右兩營都司二員，坐馬八匹，議留中軍都司一員，坐馬三匹。又裁右營千總一員，并坐馬二匹。又裁遂溪營守備一員，千總一員，把總二員，并坐馬十匹，戰、守兵一百二十二名。又裁錦囊營守備一員，千總一員，把總二員，并坐馬十匹，守兵一百二十二名，徐聞把總一員，并坐馬二匹，海安營哨船十隻。各營共裁戰、守兵一千八百七十九名。今康熙二十五年，各營共實在官兵二千八百三十一員名，各官坐馬八十一匹，戰馬一百五十四匹，戰船一十九隻。

副將一員，坐馬八匹，駐札府城，管轄中軍左右。徐聞、海安、白鴿各營寨中軍都司一員，坐馬三匹，駐札府城，管轄左右兩營。

左營

原額設都司一員，中軍守備一員，千總二員，把總四員，馬步戰守兵七百一十三名，坐馬一十九匹，戰馬九十匹。除陸續奉文抽撥，及點汰缺減戰守兵一百四十三名，不補外尚官兵五百七十員名，戰馬六十三匹。至康熙二十三年，内奉旨差内大人暨（撫、督提〔一〕）親臨踏勘，本營地方裁去都司一員，并坐馬四匹，步戰守兵一百八十名，議留左營守備一員，坐馬四匹，千總二員，坐馬各二匹，把總四員，坐馬各二匹，馬步戰守兵三百九十名，議撥錦囊營守兵二百二十二名，遂溪營戰守兵二十三名，歸併本營充

〔一〕刻本、抄本、民國鉛印康熙二十六年刻本均作『督提』，疑當作『提督』。下文同。

額，共實在官兵六百四十二員名，戰馬六十三匹，駐札雷州府城，分防本營所屬山海要隘。

右營

原額設都司一員，中軍守備一員，千總三員，把總四員，馬步戰守兵七百六十八名，坐馬二十二匹，戰馬九十匹，除陸續奉文抽撥，及點汰缺減戰守兵一百六十名，不補外尚官兵六百一十七員名，戰馬六十四匹。至康熙二十三年，内奉旨差内大人暨（撫、提督）親臨踏勘，本營地方裁去都司一員，坐馬四匹，千總一員，并坐馬二匹，步戰守兵一百八十七名，議留存營守備一員，坐馬四匹，千總二員，坐馬各二匹，把總四員，坐馬各二匹，馬步戰守兵四百二十一名，連撥遂溪營戰守兵二百一十四名，歸併本營充額，共實在官兵六百四十二員名，戰馬六十四匹，駐札雷州府城，分防本營山海要隘。

沿邊臺墩

海康縣東界臺：

雙溪口砲臺。一座，周圍闊一十八丈，高一丈六尺，瓦屋三間，茅竹營房一十六間。

淡水港臺。一座，周圍闊六丈，高一丈四尺，瓦屋一間，茅竹營房四間。

赤尾嶺臺。一座，周圍闊六丈，高一丈四尺，瓦屋一間，茅竹營房四間。

調嶺港臺。一座，周圍闊六丈，高一丈四尺，瓦屋一間，茅竹營房四間。

西界臺：

流沙港臺。一座，周圍闊二十八丈，高一丈六尺，瓦房三間，茅竹營房一十四間。

洪排港臺。一座，周圍闊〔一〕六丈，高一丈四尺，瓦屋一間，茅竹營房四間。

房參港臺。一座，周圍闊六丈，高一丈四尺，瓦房一間，茅竹營房四間。

英翎嶺臺。一座，周圍闊六丈，高一丈四尺，瓦房一間，茅竹營房四間。

海康縣烟墩：

東鄉烟墩。至府五十里。

烏石烟墩。至府六十里。

調陳烟墩。至府七十里。

臨沈烟墩。至府八十里。

大臨烟墩。至府九十里。

石頭烟墩。至府一百里。

以上俱係左營撥兵守。

總喉烟墩。至海康所九十里。

〔一〕民國鉛印康熙二十六年刻本闕『闊』字。

徒房烟墩。至海康所五十里。

郎島烟墩。至海康所三十里。

吴蓬烟墩。至海康所五里。

博〔一〕袍烟墩。至海康所二十里。

以上俱係海康所撥兵守。

武鎮

雷地三面環海，北畛叢山，水陸交衝，故武備不容不急。明代衛所森列，額軍數千名，以屯田而兼守禦矣。復設參將一員，坐雷控廉，監以道憲，更〔二〕以白鴿寨設欽依把總一員，司防海汛〔三〕，監以郡丞統轄，千總帥稟節于督府，皆雷之屏蔽，不可一日缺者也。查創置時日，考《肇志》，景泰初設左參將，分守高、肇、雷、廉四府。嘉靖三十三年，都御史應檟疏，分雷、廉屬海南右參將帶管。至隆慶四年，

〔一〕民國鉛印康熙二十六年刻本闕「博」字。

〔二〕康熙二十六年抄本作「更」，民國鉛印康熙二十六年刻本作「吏」。

〔三〕康熙二十六年抄本作「司汛海汛」，民國鉛印康熙二十六年刻本作「司防海汛」。

總督凌雲翼疏稱惠之揭石寨〔一〕、瓊之白沙寨、雷之白鴿寨，三府皆有陸路參將，即以水寨就近分屬甚便。又云，烏兔寨雖近珠池，雷、廉參將委官領兵船十隻〔二〕，移駐海康，自無他慮。裁革烏兔，得官兵一千五十四，爲新設陽電參將之用。據此，則雷、廉參將必設于嘉靖末年，而白鴿欽總爲隆慶年間所建，可推也。官秩爵里耳目所知，水陸信地兵艦糗糧之數，則班班在册。

國朝順治八年，初定雷州，罷鎮守參將，革衛所指揮千百户，于雷州設協鎮副總兵一員，置左右都司。左右都司各統有守備千、把總，仍於舊衛屯糧。設守備一員，掌理其餘軍旗，倶革海康所。康熙三年裁遷，八年展界，未有定員，倶雷協撥守備千總帶兵汛守。

明代雷廉參將世次無考：

鍾〔三〕崑秀，宜山人。

張裕，廣州人。

門崇文，桂林人。

戴沖霄〔四〕，紹興人。

〔一〕康熙二十六年抄本作『碣石寨』。刻本、民國鉛印康熙二十六年刻本作『揭石寨』。

〔二〕康熙二十六年抄本闕『隻』字。刻本、民國鉛印康熙二十六年刻本作『十隻』，從之。

〔三〕刻本、民國鉛印康熙二十六年刻本作『鐘』。

〔四〕刻本、民國鉛印康熙二十六年刻本作『戴守霄』。

黃寵〔一〕，廣州人。

張弘舉，晉江人。

梁高，南京人。

謬印，直隸人〔二〕。

陳濠，紹興人。

晏秋元，漳州人〔三〕。

張可久，太倉州人。

張瑄人，晉江人〔四〕。

夏尚志，常德人。

濮朝宗，南京人〔五〕。

〔一〕康熙二十六年抄本作「王寵」。刻本、民國鉛印康熙二十六年刻本作「黃寵」，從之。

〔二〕刻本、民國鉛印康熙二十六年刻本闕「直隸人」。

〔三〕刻本、民國鉛印康熙二十六年刻本闕「漳州人」。

〔四〕刻本、民國鉛印康熙二十六年刻本闕「晉江人」。刻本、聚珍本作「張喧人」，抄本作「張瑄人」，疑人名爲「張瑄」，「人」前有闕字。

〔五〕刻本、民國鉛印康熙二十六年刻本闕「南京人」。

周印。

陳君臣，福建人〔一〕。

黎國耀〔二〕，漳州人。

梁鵬。

楊應春，南京孝陵衛人，武進士。萬曆三年二年〔三〕，以副總兵署参將，三次征黎，有傳。

孟英聘，晉江人。

趙世臣。

陳兆蘭，東莞人。

朱國勳，杭州衛指揮，陞漳潮副總〔四〕。

吴宣猷，泉州永曆〔五〕衛人。乙丑武進士，崇禎十一年任。

蔡奎，福建漳州人。

〔一〕刻本、民國鉛印康熙二十六年刻本闕『福建人』。
〔二〕康熙二十六年抄本作『黎郭耀』，刻本、聚珍本作『黎國耀』，是。
〔三〕刻本字跡漫滅不辨。抄本、聚珍本均作『三年二年』，此不符合語言表達規範，疑有誤。
〔四〕康熙二十六年抄本作『陞漳潮副總』，民國鉛印康熙二十六年刻本作『漳潮副總兵』。
〔五〕刻本作『永歷』，抄本、聚珍本作『永曆』。

國朝雷協副將：

汪宗弘，順治四年三月，同黄海如開雷。九月，海如叛，率兵屠城，宗弘失守，夜奔，尋降職。

先啓玉，四川人，縱兵害民。參議陳嘉善劾奏，伏誅。

喬增遷，陝西清澗人，由行伍。順治十二〔一〕年任。

韓進，山西人，康熙二年任。

韓孟之，由正紅旗，康熙五年任。

伊承祖，係鑲藍旗，康熙七年任。

宣有才，遼東遼陽人，係鑲紅旗。

譚捷元，湖廣荆州府巴東縣人，由武舉，以都督僉事。康熙十年任，康熙十四年從叛，十六年歸正，十七年復從西逆，就年又歸正，卒于雷。

潘拱宸，北直嘉興人，武進士，康熙十七年任。

安守正，陝西，由將材。康熙二十三年任。簡樸廉静，兵民相安。以疾卒于官，囊篋蕭然，士民哀之，捐助扶櫬歸籍。

〔一〕康熙二十六年抄本作『十二』，刻本、民國鉛印康熙二十六年刻本作『十五』。

張仕選，遼東人，在二十五年任〔一〕。

左營都司：

賈應禎，寧武所人，由鑲紅旗。順治十二年任。

王元素〔二〕，北京人，由生員。順治十四年任。

趙昇雲，陝西人，由將材〔三〕。順治十七年任。

李自蕃，紹興府人，由武舉。康熙四年任。

楊太，遼東人，由户部通事。康熙七年任。

白如棟，遠東人，由刑部通事。康熙十年任。

王得功。

吴德濟，南直人。

李嗣弼，江西人。

左營守備：

姜應登，天成人，由行伍。順治十二年任。

〔一〕康熙二十六年抄本無『張仕選』條。

〔二〕康熙二十六年抄本作『王元素』。刻本、民國鉛印康熙二十六年刻本作『黄元素』。

〔三〕刻本、民國鉛印康熙二十六年刻本作『將才』。

王雲廠，沂州人，由行伍。順治十五年任。
崔三道，河南人，由行伍。康熙六年任。
何元，開建人，在十七年任〔一〕。

右營都司：

李三成，太原人，由行伍。順治十三年任。
喬印，山東人，由行伍。順治七年任。
趙國斌，順天人，由武進士。順治十八年任。
楊華，遼陽人，由正黄旗。康熙八年任。
曹天綬，南直人。康熙十一年任〔二〕。康熙十四年，從楊逆叛出〔三〕海。
徐飛，雲南人，武舉。康熙十七年任。二十三年，緣事革職〔四〕。

雷協原額設左右兩營都司在二十一年奉裁，設中軍游擊一員，管都司事。

〔一〕康熙二十六年抄本闕此條，此據民國鉛印康熙二十六年刻本補。
〔二〕民國十八年鉛印本作『十二年壬』，誤。抄本作『十一年任』，是。
〔三〕民國鉛印康熙二十六年刻本闕『出』字。
〔四〕民國鉛印康熙二十六年刻本無『徐飛』條。此據抄本。

鄭繼寬，京衛人，武進士，在二十五年任〔一〕。

右營守備：

鄭萬全，潮州人，由行伍。順治十四年任。

黄英鑑，陝西人，由行伍。順治十八年任。

錢方起，江南人，由武進士。康熙六年任。

郭文玉，襄陽人，康熙二十二年任。二十三年，緣事革職。

丁守恩，寧夏人，二十四年任〔二〕。

屯田

雷州屯田，自明洪武二十八年始。内五所各撥五百户，全伍外四所各撥三百户，全伍每百户總旗一，小旗十，軍百，合九所三十七。百户計四千一百四十四〔三〕名，不〔四〕分旗軍，人給田地二十畝耕種。指揮

〔一〕自『雷協原額』至『二十五年任』，康熙二十六年抄本闕，此據民國鉛印康熙二十六年刻本補。

〔二〕康熙二十六年抄本闕此條。此據民國鉛印康熙二十六年刻本補。

〔三〕康熙二十六年抄本作『四千一百四十』，民國鉛印康熙二十六年刻本作『四千一百四十四』。

〔四〕民國鉛印康熙二十六年刻本作『八』，誤。

楊豫奉例踏勘本府抛荒田地八百二十八頃八十畝，照數分給之，此屯田之初額也。人給種子一石，總、小旗各給牛一隻，軍二名，共給牛一隻，每歲二十畝，除存米十二石。自餘〔一〕外餘納細糧六石，總計應得糧三萬二百六十四石，此屯糧之初額也。每田二十畝，約收稻穀〔二〕四十六石零，稻以二石五斗，得米一石，各旗軍于所收數，抽稻三十石，筭月〔三〕糧十二石，又存種一石，餘稻一十五石，該納細糧六石。

天順〔四〕間，本府被猺亂，盡撤屯種，旗軍回城守禦，田給民陞科收籍。成化間，復立屯後千户所，以鎮守石城，不立原屯五百户，革回衛左右軍〔五〕，前四所各革二百户〔六〕，回衛分屯三；外四所各革一百户，回衛分屯二，合八所二十百户，旗軍二千二百四十名，種屯田地四十八頃，應納糧一萬三千四百四十石，但〔七〕屯久廢，田歸于民。所重設皆荒瘠，耕者逃亡過半。奏奉勘合豁糧六千八百五十二石七斗三升，餘糧仍不充額，旗軍頗納。嘉靖五年丙戌，指揮張傑掌印，申請撥守城餘丁頂補逃亡承種。每名照派田二十畝，納細糧二石，每畝科一斗，名曰減科。然此法立，屯軍皆假托逃亡，避重就輕，而弊孔愈

〔一〕民國鉛印康熙二十六年刻本闕「餘」字。
〔二〕刻本、民國鉛印康熙二十六年刻本闕「穀」字。
〔三〕民國鉛印康熙二十六年刻本「月」作「明」。
〔四〕康熙二十六年抄本作「順天」，誤。刻本、民國鉛印康熙二十六年刻本作「天順」，是。
〔五〕康熙二十六年抄本作「左右中前」，刻本、聚珍本作「左右軍前」。
〔六〕康熙二十六年抄本作「二百户」，刻本、民國鉛印康熙二十六年刻本作「一百户」。
〔七〕康熙二十六年抄本作「但」，民國鉛印康熙二十六年刻本作「俱」。

開，糧額愈折矣。萬曆三年，前所亡〔一〕政屯軍符通與民徐京，争告丈剩陞科米六石七斗二升。四年，樂民所新增米九石零七升。萬曆九年，奉文清丈，陞增共糧六千六百零一石六斗六升。至二十五年，糧復不足，本府清軍萬同知奉道文，將田地分撥，舍餘各給下帖承種，然有有田者，有執空紙者，有荒瘠不可耕者，官舍望空，賠糧二石。初五十餘石，有多至一百餘石，一年一派，憑所書受賄作弊，倏彼倏此，官舍困苦更倍于軍矣。告本道行廳，清出弊源，豁免舍糧，内四所屯老各以輸認，外四所尚須着意清刷原制，三分兼收，二分本色，一分折色，每石〔二〕折銀三錢。後各軍告累，准盡徵折色。萬曆三十七年，奉文改徵本色，軍病之，紛紛苦告，仍准折徵。此明代三百年之利弊也。

我國家定鼎以來，雷以干戈擾攘，軍户死于盗賊，繼于流離，十之八九，故軍亡而屯廢。迨康熙元年、三年遷界，衛官奉裁，屯田棄于界外，不復知有屯矣。今展界，設衛所，漸復官職，而招墾有令，牛種有給，庶幾漸次講求，而收屯政之效於邊荒如殘雷也。

明代内四千户所屯，每所百户三員，甲軍各三百三十六名，每名派田地〔三〕二十畝，共田地六十七頃零二十畝。每畝派糧三斗，一千户所共糧二千〔四〕零一十六石，此各所大凡也。後甲軍逃亡，多寡不一，

〔一〕民國十八年鉛印康熙二十六年刻本作「下」。
〔二〕民國十八年鉛印本作「名」，康熙二十六年抄本作「石」。
〔三〕康熙二十六年抄本作「田」，民國鉛印康熙二十六年刻本作「田地」。
〔四〕康熙二十六年抄本作「二十」。民國鉛印康熙二十六年刻本作「二千」，是。

田地荒失不齊，故糧之減折，各所互異。除以前無志可查考，其舊志載萬曆九年共糧四千一百三十六石九斗九升。

據舊志書于左，以俟採擇。

左所三屯。一百户張經〔一〕屯。據萬曆九年清丈田地二十一頃四十畝，額徵全減科糧二百四十石零七斗七升，見在屯軍七名，共種田地一頃四十畝，納全科糧四十二石，在屯餘丁舍餘九名，頂種絶軍田地一頃八十畝，納減科糧一十八石〔二〕，剩田地一十八頃二十畝，派在城餘丁九十一名頂種，應納減科糧一百八十二石。

土名調松溪。

那草坡。

崗蓬溝。

那院坡。

那奏市。

邊邁堝。

〔一〕 康熙二十六年抄本作『張紀』。民國鉛印康熙二十六年刻本作『張經』，是。

〔二〕 康熙二十六年抄本作『一千八石』，民國鉛印康熙二十六年刻本作『一十八石』，是。

軍吳堝。
仕禮坡。
草隴坡。
那錦母。
海康所百户張文良、葛鑑二屯，田地四十一頃八十畝，實徵糧五百五十八石正。
已上右所三屯，并海康所屯，俱屬海康縣土名，故志之。餘屯係遂、徐土名，不録。

軍官〔一〕

明代雷州衛指揮使、同知、僉事、衛鎮撫，及各所正副、千百所鎮撫等官，陞遷降調無定額，亦無定員，榮其身而食其禄，承襲三百年矣。
國朝定鼎，明代世襲俱革，今仍譜其職銜并姓氏，世次相承，興廢瞭然可稽，不泯其世澤也。

指揮使：

孫誠，山陽人，正統十二年調雷。

〔一〕民國鉛印康熙二十六年刻本無「軍官」二字。

孫輔，誠子。
孫瓊，輔子。
孫鑑，瓊子。
孫繼宗，鑑嫡孫。
孫良臣，繼宗子。
魏讓，汾州人，正統八年調雷。
魏榮，讓子。
魏懷信，榮子。
魏鑑，信子。
魏震，鑑子。
魏國英，震子。
王弘，大興人，成化元年調雷。
王達，弘子。
王濬，達孫。
王淵，濬弟。
王秉式，淵子。

王源，秉式叔〔一〕。
王秉恭，源子。
蔡瑜，揮同蔡鼎子，成化元年陞。
蔡金，瑜子，陣亡。詳傳。
蔡晟，金弟。
蔡禎，晟嫡孫。
白毅，永平人，賜名白。天順間，以錦衣衛指揮同知降調雷州。
白英，毅子。
白鈺，英子。
白翰紀，鈺子〔二〕，歷陞章胡副總兵。子成文，降襲指揮同知。
宋德，宋賢孫，正德六年由揮同陞。
宋廷珪，德子。
胡鑑，濬子，由副千陞。

〔一〕康熙二十六年抄本作『秉式叔』，刻本、民國鉛印康熙二十六年刻本作『秉式孫』。
〔二〕刻本、民國鉛印康熙二十六年刻本作『鈺字』，誤。

胡洪，鑑子。
胡松，洪子。
王威武，守臣子。

指揮同知：

張秉彜，石首人，洪武二年調雷。
栢榮，湖廣人，成化十年調雷。
栢高，榮子。
栢泰，高子。
栢鳳，泰子。
栢淩漢，鳳子，陞指揮使。
栢維寶，淩[一]漢子。
栢承茂，維寶子[二]。
栢茂芳，承茂弟。

[一] 康熙二十六年抄本闕「淩」字，此據民國鉛印康熙二十六年刻本。
[二] 刻本、民國鉛印康熙二十六年刻本作「維實子」。抄本作「實子」。

徐詠，江都人，永樂十三年調雷。

徐政，詠子。

徐曛，政子。

徐鏞，曛子。

郭欽，含山人，永樂十四年調雷。

郭讓，欽子。

郭奇，讓子。

郭震，奇子。

郭勝，震子。

郭霖，勝子。

郭昇，霖子。

郭大經，昇子。

郭祖懋，大經子。

郭釴，祖懋堂叔。

郭樸，釴堂弟。

蔡鼎，信陽人，宣德二年調雷。

蔡啓葕，蔡禎子，降揮同。

蔡夢熊，葕〔一〕姪。

蔡應旂，夢熊堂姪。

王璲，見武功〔二〕。

王戡，璲子，弘治末以妄殺革襲。

宋賢，天順間，由僉事陞。見宦績。孫德，陞指揮使。

張雄，武定人，成化元年調雷。

張璿，雄子。

張熙，璿子，陣亡，有傳。

張傑，熙子。

張大用，傑子。

張頤，大用子。

張願，頤子。

〔一〕民國十八年鉛印本作「衍」，誤。

〔二〕民國鉛印康熙二十六年刻本作「王遂，見武」。康熙二十六年抄本作「王璲，見武功」，是。

張順，顒弟。
張汝纘，順子。
張汝繼，汝纘弟，降僉事。
馮欽，遵化人，成化十三年調雷。
馮環，欽子。
馮佐，環子。
楊茂，弼子，由僉事陞。
楊傑，茂子。
楊君柱，傑子。
福壽。
福錦。
王琦，政子，由副千陞。
馮文焯〔一〕，征黎，陞參將。
馮秉鏞，文焯孫。

〔一〕民國鉛印康熙二十六年刻本作「馮文棹」。

馮萬春，秉鏞堂弟。
胡紹忠，揮使胡松子。
胡守忠，紹忠弟。
胡秉衡，守忠弟。
魏峰，國英子。
魏繼勳，峰姪。
魏振唐，繼勳子。
魏崑，振唐叔子。
白成文，翰紀子。
白成名，成文弟，無子，叔翰綱養異姓子白成仁冒襲，事發置法，白氏世職遂廢。
宋天禄〔一〕，桂子。
宋名儒，天禄從弟。
楊烈，璉子，由僉事陞。
白繼勳，俊子。

〔一〕民國鉛印康熙二十六年刻本作「宋天爵」。下「宋名儒，天禄從弟」之「禄」同。

白翰，繼勳子。
白如璧，翰子。
白如璋，如璧弟〔一〕。
白鶴鳴，如璋子。
魏繼宗，崑子。
魏可樑，宗子。
馮名世，萬春子。
相爲臣，茂芳子。
郭偉，樸弟。
郭翰，偉弟。
蔡應旌，應旂弟。
宋耀，名儒子。
胡應麟，秉衡子。

〔一〕抄本作『璧弟』。民國鉛印康熙二十六年刻本作『白如章，如璧弟』。下『白鶴鳴，如璋子』之『璋』同。

指揮僉事：

周淵。

朱永。

趙興，洪武年間調雷。

趙雄，興後。

趙鑑，雄後。

趙鈺，鑑後。

趙漠，鈺後。

趙輔，漠後。

趙廷舉，輔後。

趙文炳，廷舉子。

趙夢鳳，文炳子。

淩謹，含山人，洪武二十五年調雷。

淩雲，謹姪。

淩霙，雲弟。

淩鑑，霙弟〔一〕。
淩霑，鑑子。
淩晟，霑子。
淩碧，晟子。
淩珠，碧弟。
淩廷用，珠子。
淩師貞，廷用子。
淩鳳鳴，師貞子。
淩鹿鳴，鳳鳴弟。
淩登瀛，鹿鳴子。
宋安，山東登州府招遠〔二〕人，洪武年調雷。
宋英，安子。
楊豫，當塗人，洪武二十八年調雷。見《武功》。

〔一〕民國十八年鉛印本作「英弟」。
〔二〕康熙二十六年抄本作「寧遠」，誤。民國鉛印康熙二十六年刻本作「招遠」，是。

楊勝，豫子。
楊經，勝孫。
楊弼，經子。
楊立興，君柱子。
楊勳，立興子。
顧雲，見《武功》。
顧琦，雲子。
顧賢，琦子。
顧以錫，賢子。
顧浩，以錫子。
顧邦徵，浩子。
楊洪，華亭〔二〕人，成化三年調雷。
楊縉，洪子。
楊瑚，縉子。

〔二〕 民國鉛印康熙二十六年刻本作「葉亭」，誤。

楊璉，瑚弟。
文盛，遼東人，成化三年調雷。
文彬，盛子。
文昊，彬子。
文景，昊弟。
文應祥，景子。
文濟武，應祥子。
文輔明，濟武子。
王世爵，貢子。
馮涇，明弟。
馮權，涇子。
游鈺，贛州人，弘治八年調雷任〔一〕。
游龍，鈺子。
沈基。

〔一〕民國鉛印康熙二十六年刻本闕「任」字。

沈鑑〔一〕，基子。
張慶。
張文彬，慶弟。
張宏，彬子。
張震，宏子。
王廷輔，同知琦子。
梁國賓，應光子。
梁拱極，國賓子。
梁拱辰，拱極弟。
錢朝賓，朝相弟〔二〕。
錢大成，朝賓子。
錢應選，大成子。

〔一〕民國鉛印康熙二十六年刻本作「沈沉」，誤。
〔二〕民國十八年鉛印本作「錢朝濱，朝相子」。康熙二十六年抄本作「錢朝賓，朝相弟」。後「錢大成，朝賓子」之「賓」，鉛印本亦作「濱」。

顧煌，邦禎子。
張琦，繼堂姪。
文爲憲，輔明〔一〕子。
衛鎮撫：
吴寧，洪武年任。
陶鼎。
顧成，楊州〔二〕人，洪武二十九年調雷。
顧觀，成子。
顧讓，觀子。
董祥，宛平人，宣德十年調雷。
董亮，祥子。
董玉，亮子。
董鑑，玉子。

〔一〕民國十八年鉛印本作「輔禎」，誤。據前文當作「輔明」。
〔二〕諸本皆作「楊州」，應爲「揚州」。

董朝，鑑子。

董文炳，朝孫。

潘能，定行人〔一〕，正統六年調雷。

潘志，能子。

潘斆，志子。

潘清，斆子。

潘杞，清子。

董良猷，文炳子。

左所千户：

劉旺，陽山人。永樂十五年，以正千户調雷。

劉綱，旺子。

劉鈺，綱子。

劉聚賢，英子。

劉聚璧，聚賢弟。

〔一〕 民國鉛印康熙二十六年刻本作『足行人』。

劉安仁，聚璧子。
劉紹功，安仁子。
梁成，壽州人。
梁元，成子。
梁應雲，元子。
梁應光，雲弟。
王政，安子。
王廷臣，廷輔弟。
王承建，廷臣子。
王廷祚，承建子。
韓勝，大興人，貴後。
韓恭，勝後。
韓俊，恭子。
韓一夔，俊子。

韓一鶚，夔弟〔一〕。
韓希琦，鶚子。
韓極，希琦子。
胡中，銅城〔二〕人，成化元年調雷。
胡濬，中子。
吴能，賢子，嘉靖元襲。
沈隆，鑑子。
沈陽，隆弟。
沈仕賢，陽子。
沈維忠，仕賢子。
黄隆，廬州人，任神電衛副千户。嘉靖二十三年調雷，戰亡。
黄繼勳，隆子。
黄中理，繼勳子。

〔一〕民國鉛印康熙二十六年刻本作「夔子」。
〔二〕康熙二十六年抄本、刻本均作「銅城」，疑當爲安徽「桐城」。

沈文河，維忠子。

左所百户：

鮑旺，徐州人，洪武二十年調雷。

鮑恩，旺子。

鮑忠，恩子。

鮑學志，忠子。

鮑學疇，忠嫡孫。

潘成，合肥人，洪武二十七年調雷。

潘鑑，成子。

潘仁，鑑子。

潘良，成後。

潘德明，良子。

潘恩，德明子。

潘瀾，恩子。

潘國材，瀾子。

王吉，寧波人，宣德二年調雷。

王福，吉子。
王安，福後。
翟瑩〔一〕，沈平人，正統九年調雷。
翟廣，瑩後。
翟錦，廣子。
吳聰，成化年間調雷。
宿仁，南直隸合肥人。
宿璆，仁子。
宿傑，璆子。
馮廣，原籍衛徽人。
右所千户：
吴端，天順年間〔二〕襲。
吳廷佐，端子。

〔一〕刻本、民國鉛印康熙二十六年刻本作『翟螢』，誤。
〔二〕刻本、民國鉛印康熙二十六年刻本闕『間』字。

吴琛，佐子。
吴桂，琛子。
吴璽，桂孫。
吴宗伯，璽子。
右所百户：
汪澤，高陵人。
汪銓，澤後。
汪漠，銓子。
李實，徐州人。
李鑾，實後。
李秀，鑾後。
李景陽，秀子。
徐官德，吉安人，洪武二十七〔一〕年調雷。
徐茂，德子。

〔一〕 康熙二十六年抄本作「二十七」，刻本、民國鉛印康熙二十六年刻本作「三十七」。

徐文輝，茂子。
徐履垣，文輝孫。
徐履矩，垣弟。
中所千户：
王真，直隸人，永樂十八年調雷。
王鼎，真子。
王賓，鼎子。
王秉權，賓子。
王烇，秉權子。
王舉芳，烇子。
王俊，平谷人。
王英，俊子。
王廷佐，英子。
王舉藩，舉芳堂弟。
曹政，淵子。
曹子英，政孫。

曹文彬，子英子。
曹偉，文彬子。
戚俊，贛州人，弘治九年調雷。
戚徽，俊子。
戚元勳，徽子，嘉靖二十七年襲。

中所百户：

陳相，蘄州人，正德九年調雷，戰亡。
陳蔡，相子。
徐應龍，懷安人，嘉靖十四年調雷。
鄧元勳，總旗鄧真子，戰亡，蔭子一級。

前所千户：

岳申，泰州人，永樂年間調雷。
岳宗泰，申後。
岳琦，泰子。
岳一峰，琦子。
岳淩霄，一峰子。

岳陽，淩霄子。
岳登之，陽子。
岳萬倬，登之子。
馮高，敬子。
馮欽，高子。
馮溥，欽子。
馮世榮，恭[一]子。
馮文舉，世榮孫。
馮德純，文舉叔。
馮舜仁，德純子。
馮宗漢，舜仁子。
前所百户：
馮保，延平人，洪武二十一年調雷。
馮泰，保後。

[一] 刻本、民國鉛印康熙二十六年刻本作「泰」。

馮恭，溧水人，洪武十一年調雷。
馮敬，恭弟。
張鑑，陸安人，宣德七年調雷。
張英，鑑子。
張希哲，英子。
張文式，希哲子。
鄭斌，浙江黄巖人，永樂十八年調雷。
鄭以敬，斌六世孫。

前所鎮撫：

程思，黄岡人。
程廷芳，思後。
程鵬，芳子。
程紹勳，鵬子。
程克勤，紹勳子。

後所百户：

錢旺，巢城人，洪武九年調雷。

錢通，旺子。
錢海，通子。
錢永，海子。
錢和，永弟。
錢鐙，和子。
錢源，鐙子。
朱得，合肥人，洪武二十七年調雷。
侯成，山陽人，永樂二十年調雷。
侯景，成子，弘治年間襲。
馬興，壽州人，宣化元年調雷。
劉剛，陝西人，洪武二十八年調雷。
劉雄，剛孫。
劉昇，雄子。
劉瓚，昇弟。
劉澄，瓚子。
劉大用，澄子。

劉以義，用子。
劉世良，義子。
劉孔昭，良子。
劉逢大，孔昭叔祖。
李榮，鳳陽人，洪武二十二年〔一〕調雷。
李貴，榮弟。
李英，貴子。
李通，英子。
李盛，通子。
李福，盛子。
李秀，福子。
李景陽，秀子。
李宗武，景陽子。
李師舜，宗武子，領銀往省打造，逃。

〔一〕聚珍本作「二十年」，抄本作「二十二年」。

李元爵，萬曆七年由鎮撫陞。

李棟，元爵子。

李天麟，棟子，萬曆四十四年襲。

李傑〔一〕，師舜子，崇禎十年襲。

劉世仞，逢泰子，四十四年襲。

後所鎮撫：

李福，門封〔二〕人，洪武三十七年調雷。

李通，福子。

李荃，通子。

李瓊，荃後〔三〕。

李榮，瓊子。

李昌，榮子，子元爵，功陞百户。

〔一〕諸本皆作「杰」。

〔二〕聚珍本、抄本皆作「門封」，疑當作「開封」。

〔三〕民國鉛印康熙二十六年刻本作「荃子」。

海康所千户：

孫友，益都人，孫興子，永樂年襲。

孫廣，友孫。

孫誠，廣子。

孫真〔一〕，誠姪，弘治元年襲。

孫鑑，真子，襲，四年任〔二〕。

孫時器，鑑子。

孫瑚，時器子。

孫光祖，瑚子，萬曆二十一年襲。

張霽，震堂弟，襲降千户，未任。

張霓，霽弟。

張霖，霓弟，萬曆四十年襲。

〔一〕民國鉛印康熙二十六年刻本作『孫一真』。

〔二〕民國鉛印康熙二十六年刻本作『回未任』，抄本作『四未任』。當作『四年任』。

海康所百户：

張信，鳳陽人，洪武十六年調雷。

張文卿，信後。

張璘，信後。

張文良，璘子。

江深，門封人，洪武二年調雷。

江正，深後。

江寬，深後。

何遇龍，定遠人，洪武二十一年調雷任〔一〕。

何榮，龍後。

何文盛，榮子。

蔣忠，高郵人，洪武二十二年調雷。

蔣文賓，忠後。

曹成，鳳陽人，洪武二十五年調雷。

〔一〕 刻本、民國鉛印康熙二十六年刻本闕「任」字。

曹淵。
吴源，思州人，洪武二十年調雷。
吴景，源後。
吴文彬，景子。
王瑛，山東定陶人，永樂十八年調雷。
王舒，瑛子。
王剛。
王奥，剛子。
王鏘，奥子。
王潮，鏘子。
王國成，潮子，萬曆二十三年襲。
王家相，國成姪孫。
謝義，定遠人，洪武年間調雷。
謝大成，義後。
謝元輔，大成子。

衛所

雷州衛，五代時屬南漢，兵制無考。宋開寶辛未，潘美平南漢，始置雷州軍，即城東北隅立澄海、清化兩翼指揮，統兵鎮守，衛自此始。紹興己卯，廣西提刑王孝先請於南門外置經略水軍寨，以制沿海寇賊。元至元戊寅，立海北海南宣慰司。時朱國瑶領軍鎮，改兩翼軍爲萬户府，置萬户二員統之。壬戌，改宣慰司爲都元帥府，屬湖廣行省。明洪武戊申，征南將軍廖永忠平嶺南，詔制立衛於府治，命指揮張秉彜率千户王清、歐陽昌鎮守。壬子，復以衛隸廣東都司，領左右二千户所。丁巳，設前後二所。戊午，添設中所。辛酉，調前所於廉州，守禦石康；調後所於高州，守禦石城。戊辰，調千户杜福等領軍鎮雷、廉，統五所。甲戌，廣東都指揮花茂奏於沿海增設所軍防海。是年，安陸侯吴傑、都督馬鑑，偕花茂至雷，垛進丁夫充軍額，相三縣要地，設海安、海康、樂民、錦囊四守禦千户所，咸隸於衛。蓋明代衛所即鎮守防禦，而統操軍以捍衛城池。今鎮守設立協府等官，而雷州衛與海安、錦囊、海康、樂民四所，設一守備二千總，則耑督開屯也。

雷州衛：

原設經歷一員，裁缺不載。

國朝掌印守備：

蕭賢，福建人，順治十二年任。

孫之韜，武昌人，十四年任，康熙初年裁。

史記，京衛人，武進士，康熙十年任，康熙八年展界復設。

梁俊英，高要人，在十七年任。

張文漢，臨汾人，武進士，二十二年任〔一〕。

海康樂民所千總一員：

辛士英〔二〕。

〔一〕以上梁俊英、張文漢二人，康熙二十六年抄本闕，此據民國鉛印康熙二十六年刻本補。

〔二〕康熙二十六年抄本無『辛士英』，此據民國鉛印康熙二十六年刻本補。

勳烈志

武烈　武功

武夫受命疆埸，職在捍禦。無事而雍容太平〔一〕，靡所表見，一旦寇禍發於原野，而機會迅於斯須，全軀避難之臣，與奮臂急公之士，始蒼素别焉。濟則功成而身不必死，武之幸、國之幸也。不濟則殞首隨之，雖於國事無救，而寧烈烈死，無泯泯生，亦足以報君命而光日月矣。彼偷生禽息不待電火，竟亦槁〔二〕項牖下，視馬革沙埸者，千載猶生，芳臭竟何如哉！嗟乎，兵，兇器；戰，危事，將死官也。爲武士者，時時不惜死，而後可以無死，即白首以功名終，可耳，作《勳烈志》。

武烈

虞輔國、李憲，俱宋時任澄海將軍。紹興八年，海寇陳旺攻雷南城，輔國、憲與郡守議曰：『今賊勢方熾，宜力戰以折之。守則禍深，戰則禍淺，盍戰諸？』郡守難之再三，復以死請，遂開南門而出。自

〔一〕民國鉛印康熙二十六年刻本作『從容太平』。抄本作『雍容大平』。
〔二〕民國鉛印本作『槁』，抄本作『稿』。

朝至午，戰數十合，輔國歿焉。憲愈奮厲戰至暮，亦歿。寇不得入，乃縱火而去，郡城獲全。

馮彬作《二將軍傳》：

二將軍何〔一〕？虞輔國、李憲也。世系里次，郡史咸逸。余憫其喪元，邊域〔二〕繼轍，雙忠久湮，罕有知者，故爲之傳。按趙宋中，沿海多寇，雷設澄海軍以彈壓之。輔國、憲俱任將軍，材略〔三〕智勇，並雄一時，且能以意氣相許。有賊陳旺者，連結島彝，據海爲亂，犯雷，攻圍郡城。時二人統兵守城，郡大夫乃撤外蔽，繕〔四〕垣堞，閉諸門，爲自固計。二人詣郡言曰：『公欲守耶？輔國等武列請有戰耳。旺海賊，陸戰非其長技。今登岸長驅，直擣城下，目中豈有雷耶？吾欲斂鋒避〔五〕敵，彼必團結營壘，肆〔六〕掠以自給，環而攻之，城之危可立俟。莫若乘其未集，急戰以挫其鋭。彼知城内有備，必不敢久屯。守則禍深，戰則禍淺，吾請戰矣。』大夫曰：『彼衆我寡，如力不敵何？』輔國曰：『衆寡，勢也；虚實，機也。善守者不執執而廢謀，善戰者不昧機而制敵。今乘其勢之未定，相機而撼之，勝〔七〕則城可保，敗則賊必懼，策之上者也。』大夫猶難之，輔國請至再四。憲復曰：『公之難者，意憲等徒勇無謀耳。夫封疆之臣，當死封疆。今子城不堅，人心洶湧，與其城陷而就擒，孰若死敵以全城乎，余計決矣。』公率〔八〕無惑，乃開南城出，與賊戰。自辰至午，鬬數十合，輔國被

〔一〕民國鉛印康熙二十六年刻本作『二將者何』。抄本作『二將軍何』。

〔二〕民國鉛印康熙二十六年刻本作『邊城』。抄本作『邊域』。

〔三〕康熙二十六年抄本作『材略』。民國十八年鉛印本作『財略』，誤。

〔四〕康熙二十六年抄本作『繕』。民國十八年鉛印本作『善』。

〔五〕民國鉛印康熙二十六年刻本闕『避』字。

〔六〕康熙二十六年抄本作『野』。民國鉛印康熙二十六年刻本作『肆』，是。

〔七〕民國鉛印康熙二十六年刻本作『取』。

〔八〕民國鉛印康熙二十六年刻本作『幸』。

重鎗，殁焉。憲曰：『虞公既死，吾何生焉？』鬬益奮厲，至暮，憲亦死。寇見二將敢死，知城中有備，乃縱火解圍而去。城竟全。嗚呼，若輔國與憲者，謂非義烈之士歟？

劉震《贊》：

人莫不死，死利社稷，雖身冒鋒刃，膏腐沙磧，猶凛然生氣，與世無極。彼卧病床第，以艾炙額，當未死時，奄奄微息小哉，丈夫夫〔一〕何足惜。二公之死，竟保一城，厥功偉矣。没有餘榮，國史未附，州乘聊徵。

王成〔二〕，平河門軍校，素驍勇，號『帽兒王』。先西粤患猺，成嘗戴皮帽衝擊，莫當其鋒。人或有假其帽以戰者，賊望之必驚潰，因號『帽兒王』。至正壬辰，猺復侵雷，未至，元帥〔三〕張不兒罕孛温領兵邀擊之，賊乃間道徑抵城下，攻犯西門，大恣焚掠，勢猖獗甚，城幾危。孛温領軍還，與賊戰，成奮刃先馳，連斬數馘。賊知爲成，大潰，城賴以安。成乘勢追之，餘賊潛發毒矢，中成死。軍民塑其像於黑神祠祀之，後神堂廢，成祀亦廢。

陶鼎，鳳陽人，洪武二十一年任本衛右所鎮撫，巡視陸路，兼管海道。時有倭賊數十艘揚帆海上，將犯郡境。鼎肅隊伍備之，賊登武郎場岸，鼎馳擊之。一鼓合戰，手刃數人，賊潰，回帆而遁。數日，賊耻其敗，泊馬湖塘誘戰，鼎益奮烈，督軍士攻之，竟陷没。

〔一〕康熙二十六年抄本無『夫』字。此據民國鉛印康熙二十六年刻本補。
〔二〕民國鉛印康熙二十六年刻本作『成』。
〔三〕民國鉛印康熙二十六年刻本作『元將』。抄本作『元帥』。

王鉦，山東人，襲指揮僉事，素善射。弘治乙卯，領兵征信宜，發矢連斃數賊，賊潰。俄而，風雨驟作，賊乘風鼓噪而前。鉦厲將士酣戰，日暮矢盡，會泥濘，馬蹶，中槊而死，同死者十餘人。士大夫多賦詩哀之。

白毅，永平〔一〕府昌黎人，歷功陞錦衣衛都指揮〔二〕同知，以事詿誤，調雷州衛指揮同知。值猺賊入境，毅領軍殺賊，屢戰有功。後於竹叢尾村孤軍抵賊，斬獲甚多，賊衆幾潰〔三〕，偶被殺，贈本衛指揮使。

張熹，任本衛指揮同知。正德間，海賊猖獗，入港劫掠民艘。時備倭者怯弱，分巡李擇可哨捕者，委熹督之。熹舍戰艦，坐民艦以誘賊，賊悉衆來攻，大戰沙頭洋，勝之，奪回民舸二。熹恃勇復追賊至牛村港，賊舟繼至，遂夾攻熹，熹無援且矢盡，竟陷賊死，同没者亦衆。李僉憲哀之，親致祭焉。

陳相，百户，自廣西調於雷，輕便勇敢，隨軍調守陽春鳳凰寨。時陽春山賊猖獗，乘夜來攻，相督兵拒之。兵潰散，相挺身力戰，殺數賊，竟爲賊所殺。

韓恭，左所副千户，隨調瓊州府，征黎賊，保結營之敗，陷而亡。

王鼎，中所正千户，保結營之敗，與恭同死於賊。

〔一〕民國鉛印康熙二十六年刻本作『求平』，誤。抄本作『永平』，是。
〔二〕民國鉛印康熙二十六年刻本闕『揮』字。
〔三〕民國鉛印康熙二十六年刻本闕『潰』字。

吴賢，百户，同軍征廣後山十三村賊。賊設寨險固，賢勇先登，被刺死。事聞，陞副千户。

文帶，海康縣民，驍奮絶倫。天順中，猺賊侵境，帶充義勇，領兵禦賊，每戰皆捷。賊避其鎗，後與賊大戰於白沙坡，被鎗死，人咸哀之，瘞於白沙坡，題『義勇塚』，今存。

李茂才，東莞〔一〕人，南頭守備，果毅有謀。隆慶元年十二月晦，督兵〔二〕麻演，與賊曾〔三〕一本夜戰。至元旦辰，援兵不至，敗死〔四〕，英魂不散，人往往見之。萬曆六年，郡人請祀于忠〔五〕義祠，分守鄭蹕其議遣知縣郭鉞詣茂才死所，送〔六〕其魂而立之。

王道成，晉江人，白鴿寨把總，勇而能謀。時雷海多警，道成沙頭一戰，闔郡爲之歎美。及倭抵雷城下，道成晝夜防守，寇竟不敢犯城。後奉調追寇於電白，亡於陣。當路惜之，祀忠義祠。

胡松，自少孝友，長以勇聞。時海賊突至，松赴海北道告牌，買舟募士，督陣船追捕賊於澇沙港，身與賊戰，鼓衆陷陣，竟死於敵。御史徐題請陞其子紹忠一級，給田以贍其墓。

〔一〕民國鉛印康熙二十六年刻本闕『李茂才，東莞』。
〔二〕民國鉛印康熙二十六年刻本闕『月晦，督兵』。
〔三〕民國鉛印康熙二十六年刻本作『會』，誤。
〔四〕民國鉛印康熙二十六年刻本闕『不至，敗死』。
〔五〕民國鉛印康熙二十六年刻本闕『請祀于忠』。
〔六〕民國鉛印康熙二十六年刻本闕『送』字。

王廷輔，素有介操，勇略過人。嘉靖三十年，毛賊犯海康城，輔統軍督戰，身先犯敵，矢盡力窮，竟歿於戰。當道嘉其義，給田以葬。崇禎間，陞祀於忠義祠，給田以祭。

黄隆〔一〕，左所副千户。隆慶五年，掌錦囊所印。值倭寇犯城，鋒鋭莫〔二〕禦，衆皆散潰，隆獨挺身力戰，遇害。事聞于朝，陞〔三〕其子繼勳一級。

孫瑚，海康所〔四〕正千户。萬曆十八年，掌所印。時賊李茂餘黨殺掠海洋，瑚〔五〕率兵駕船往禦。自卯至申，擒斬四十餘顆，身退〔六〕。忽颶風起，陷而殞。院道嘉其義，獎而恤之。

潘恩，左所百户。隆慶四年，海寇猖獗，恩率軍防汛，遇賊於沙頭洋，奮勇赴戰，中鎗而亡。當道憫之，給其葬事。

楊豫，采石人，由袁州衛鎮撫陞雷州衛指揮僉事。性嚴毅，不受私謁。築城壘，督屯田，軍士附之。征龍水賊，擒斬李敬宗餘級甚多。永樂三年，備倭海道飭。

〔一〕民國鉛印康熙二十六年刻本作『黄龍』。
〔二〕民國鉛印康熙二十六年刻本作『難』。
〔三〕民國鉛印康熙二十六年刻本闕『于朝，陞』。
〔四〕『孫瑚，海康所』，民國鉛印康熙二十六年刻本闕。
〔五〕民國鉛印康熙二十六年刻本闕『餘黨殺掠海洋，瑚』。
〔六〕民國鉛印康熙二十六年刻本闕『四十餘顆，身退』。

張秉彛，石首人。洪武間，以指揮同知調鎮雷州。時〔一〕大兵之後，人民潰散，百度廢弛。彛招徠撫戢，歸附日衆。寇竊發，檄千户王清剿之，擒其黨七十餘人，地方以寧。又闢城濬池，建立衛所，析屯田諸營，砌濠橋，勞勩非一。後征廣西有功，捕高涼叛賊羅然，陞水軍衛指揮使。行時，父老遮於道。

蔡鼎，信陽人，本衛指揮僉事。正統初，掌衛政。守法奉公，不憚勞勩，建〔二〕衛治，修鐘樓，葺城浚隍，整飭營所，規制煥然一新〔三〕。

張傑，指揮同知，性喜〔四〕翰墨，有逸趣。視篆二十餘年，勤慎自勑，當飭建〔五〕衛治，煥然改觀。徵屯糧，斗斛不侵，士卒愛戴。以老致政，屏跡〔六〕公門，鄉飲舉大賓，亦武弁之傑出者。

粟養志〔七〕，榆林人。順治十三年，官高雷廉總兵。先是，山賊王鑑據樂民山中，爲寇遂溪，南昌人鄭昌又殺鑑而據其穴，盡招石城、吳川之惡少、無賴者，四出劫掠。每掠鄉村，盡驅男婦而牿之以取贖。賊火遍於近縣，而守將莫敢出救。粟公時以罣誤思過，既被命剿賊，乃檄舟師環其外，而聲言師

〔一〕民國鉛印康熙二十六年刻本闕『時』字。

〔二〕民國鉛印康熙二十六年刻本闕『不憚勞勩，建』。下句聚珍本作『鍾楼』，抄本作『鐘楼』。

〔三〕民國鉛印康熙二十六年刻本闕『規制煥然一新』。

〔四〕民國鉛印康熙二十六年刻本闕『張傑，指揮同知，性喜』。

〔五〕民國鉛印康熙二十六年刻本闕『慎自勑，當飭建』。

〔六〕康熙二十六年抄本作『跡』，民國鉛印康熙二十六年刻本作『踪』。

〔七〕民國鉛印康熙二十六年刻本作『粟養志』，誤。下『粟公』同。

期賊退〔一〕守南昌，而故久稽不至，賊守益懈。南昌與石城之麻水村隔〔二〕海港爲其後户，賊於遂之大路設栅數重〔三〕，公以一晝夜自石城馳，從麻水渡海道入其巢，賊倉皇，出不意，遂斬昌，據其巢穴，搜捕餘黨，釋所繫男婦千有奇〔四〕，獲諸盜奸闌梟黠者，悉斬之。石城、遂溪二邑之民共慶安枕，始知有生人之樂。後以海寇曲指二、曲指三〔五〕、王新明等劫西海，與投誠黄占三表裏爲奸，栗鎮〔六〕督師捕賊，並執占三，雷西之盗巢遂空〔七〕。

《名宧》《流寓》《兵防》〔八〕《勳烈》總論：

《論》曰：朝廷建官分治，文德武功相需，益〔九〕甚殷也。士君子學古入官，樹宏猷於當代，垂勛名於

〔一〕民國鉛印康熙二十六年刻本作『邊』，誤。
〔二〕民國鉛印康熙二十六年刻本闕『村隔』。
〔三〕民國康熙二十六年刻本闕『重』。
〔四〕康熙二十六年抄本作『男婦千有奇』，民國鉛印康熙二十六年刻本作『男女千有餘』。
〔五〕民國鉛印康熙二十六年刻本闕『寇曲指二、曲指三』。
〔六〕民國鉛印康熙二十六年刻本闕『山表裏爲奸，栗鎮』。
〔七〕民國鉛印康熙二十六年刻本闕『巢遂空』。
〔八〕民國鉛印康熙二十六年刻本闕『名宧、流寓、兵防』。
〔九〕抄本作『盖』。刻本、聚珍本作『益』。

奕世，以不負所學者，不負天子，固所甚願。即遭時不幸，被謫遐方，而白璧無瑕，流風遠播，不亦快乎。於以壯天南之鎖鑰，固社稷之苞桑者，文武均有責焉。荒徼之地，防衛不可不嚴，墩堡有備，器械有備，靖伏莽而清海氛，綢繆於未雨之先者，其道不踰乎。此守成之後，不忘創業之初乂。安之時，當思持危之士，功成汗馬不可忘也。績在封疆，伊可念也。因名宦而思流寓，因兵防而憶勳烈，後之仕斯土者，覩舊績而勵新勛，馳驅王國，克壯厥猷，無予人以印纍綬，若之譏歟，願相與勉〔一〕之。

恩選莫壯敘録〔二〕

□□□□□□□命者，寧僅以文章見哉。夫瑩宇□□□□□□□□學論，又屢爲文宗所嘉與？但限□□□□□□□，恩選出身，受判終老，誠不足以□□□□□□□矣。至於家庭之常節，不失其赤子之心者，念父母之生我劬勞，無能報答其萬一，凡生事喪祭之間，盡文情意屬在分與願之，當爲而欲爲者，總無幾微之憾焉，跡其肫然篤摯之意，殆深知夫至德要道之所存，而求無愧於昔聖昔賢之所許也。

〔一〕抄本作『免』，聚珍本作『勉』。

〔二〕《恩選莫壯敘録》，康熙二十六年抄本闕。此見於民國鉛印康熙二十六年刻本。

海康縣志下卷

選舉志

薦辟　科目　歲貢　恩選　例監　掾史　恩封　武舉

士生世間，惟德與才兩者，華實分焉。文則才之緒，而華之餘也。古重薦辟，左華右實，科目制興，舍才德而獨程文藝，能此者躡足青雲，雖素行不類，弗問也。不能此，終老巖穴，雖有淑德異才，弗問也。則採華忘實亦甚矣。且所謂文者，又非千古不朽，不過訓詁舉業，襲前人之唾餘，爲後來之新馥，轉盼之間，便成臭腐。如剪綵爲花，何裨實用，上既以是取之矣。爵禄在身，事權在手，然後品其德行，甄其才猷。譬如娶婦者，初惟姿色是求，彼其閨範之善敗〔一〕，女紅之工拙，俱不置念，抵家而始議其短長，不亦晚乎。試觀世有逆節倍義之夫，使構孝弟之章一段，愛敬之詞宛然可掬，平居揮毫，模擬高情亮節，灑灑可聽。及試之仕途，至有卑污，苟賤不可對於妻孥何？則彼其習者，科目之嚆矢，套也，僞也。優孟之學叔敖，衣冠者也。是故，方其鵬摶鳳舉，鄉里羨之，親戚榮之。及其敗名辱節，鄉里耻同桑梓，子孫羞舉姓名，反不若布衣行誼之士，聲稱於世，以華取人，弊固若斯已〔二〕。夫用而後擇，孰若

〔一〕民國鉛印康熙二十六年刻本作『成敗』。
〔二〕民國鉛印康熙二十六年刻本作『噫固若斯矣』。

擇而後用？區區〔一〕糟粕數篇，果足以盡羅天下豪傑哉。且如鄉科、甲科，均以文藝進者，才情、智識亦要〔二〕互相伯仲。今不論人品、力量，槩程以資格名位，崇卑樹立，難易〔三〕判若霄壤，又何怪乎。科目外者，不局曲輪轅哉。洪、永、成、弘，蕩蕩平平，不限流品，故況鍾以掾吏守蘇州〔四〕，士奇以儒生登宰輔，他如冢宰亞卿，由鄉科〔五〕進者，歷歷未易枚舉。隆、萬以來，清華一片地，鄉科〔六〕莫敢望焉。豈今昔人才，遂不相及。乃爾乎世路本〔七〕寬，人心自窄，則末俗之偷也。國家選用武人，白身〔八〕行伍，得與武科並登通顯，至於文，獨爲此拘拘。語云：『資格以待庸人，破格以待豪傑。』然則變而通之，稍還古初，不存乎特達之人哉。嗟乎，蝸角蠅頭，煙雲過眼，士所不朽，固有在也。雷地雖僻，人材産焉，分途別類，聊隨世眼，鑒往徵來，士宜知所樹矣。作《選舉志》。

〔一〕康熙二十六年抄本作『區區』，民國鉛印康熙二十六年刻本作『彼其』。
〔二〕康熙二十六年抄本作『亦要』，民國鉛印康熙二十六年刻本作『要亦』。
〔三〕民國鉛印康熙二十六年刻本闕『易』字。
〔四〕康熙二十六年抄本作『故況鍾以椽吏守蘇州』，民國鉛印康熙二十六年刻本作『故況鍾以椽吏守無州』。『椽』應作『掾』，『無』當作『蘇』。
〔五〕民國鉛印康熙二十六年刻本作『鄉會』。
〔六〕民國鉛印康熙二十六年刻本闕『科』字。
〔七〕民國鉛印康熙二十六年刻本作『愈』。
〔八〕抄本作『白衣』。刻本、聚珍本作『白身』。

薦辟

陳

陳文玉，海康人，舉茂才，爲本州刺史。舊志載：玉登進士第。查得進士之制自隋始，陳無之，故改正。

宋

陳彦德，海康參軍。

陳元鼎，海康。

元

海康：

陳九思，總管。見《人物》。

陳景昌，吉陽知事。

陳光大，本府教授。

馬思温，貴州知州。

王武震，高州學正。

王昆迪，石城知縣。

唐子鍾，本縣知縣。
陳興子，本路教授。
梁鶚飛，化州路教授。
卓應元，化州路教授。
唐洪，高州路教授。
曹韶玉，本路總通判。
唐旂，南寧軍學教授。
馮時溥，徐聞知縣。
唐仲珪，瓊山縣主簿。
唐萝牛〔一〕，衡州教授。
唐子錫，雷州録事判官。

明

海康：

周德成，任休寧縣知縣，有傳。

〔一〕康熙二十六年抄本作「唐萝牛」，刻本、民國鉛印康熙二十六年刻本作「唐夢牛」。

黃惟一，任監察御史，有傳。
唐思敏，遂溪訓導。
周士安，遂溪訓導。
莫維新，真定府同知。
唐遜與，南海教授。
何孟徽〔一〕，任軍芒衛知事。
何廷珊，羅縣丞。
唐宗盛，推官。
王存中，晉府典儀。
李安中，本縣訓導。
陳德仁，金城鎮巡檢。
勞伯常，徐聞訓導。
吴鼎叔，徐聞訓導。
陳仲實，福州知府。

〔一〕刻本、民國鉛印康熙二十六年刻本作「何孟徵」。抄本作「何孟徵」。

何則春，武緣知縣。
陳合，横州判官。
陳文舉，解州倉大使。
何旺，交阯巡檢。
陳彦英，蒲陽驛丞。
黄自守，本縣訓導。
黄希寅，本府訓導。
孫子儒，文昌縣丞〔一〕。
王仕廉，本府訓導。
程明德，徐聞訓導。
馮彦銘，新寧縣丞。
唐温，猗氏知縣。
李觀顯，龍虎倉大使。
張觀，蘇州知府。

〔一〕刻本、康熙二十六年抄本作『文昌縣丞』，民國鉛印康熙二十六年刻本作『文昌驛丞』。

唐濬銘，河間〔一〕縣丞。
楊景行，南涉知縣。
楊惟政，本縣訓導。
陳景仁，税課大使。
湯謙，武宣教諭。
黄貴文，龍溪主簿。
郭文澤，本縣訓導。
吴文淵，永春知縣。
吴倫敍，交阯屬縣典史。
鄧童瑶，馬平典史。
王時寇，交阯〔二〕宣化典史。
陳景文，倉大使。

〔一〕康熙二十六年抄本作『河澗』。刻本、民國鉛印康熙二十六年刻本作『河間』，是。
〔二〕民國鉛印康熙二十六年刻本闕『阯』字。

科目

宋進士：

淳熙八年黄由榜：

陳宏甫，海康人。

淳祐丙辰文天祥榜：

楊懌，海康人。

元進士：

缺傳。

明進士：

洪武乙丑丁顯榜：

廖謨，海康學，泰和人，庶吉士。

洪武戊辰任亨泰榜：

何元華，海康人，監察御史。

永樂〔一〕甲申曾棨榜：

林文亨，海康人，員外。

黄本固，海康，馬平知縣。

林現，海康，興化縣丞。

嘉靖乙丑羅洪先榜：

馮彬，衛籍，雲南監察御史。

嘉靖乙丑申時行榜〔二〕：

莫天賦，海康人，大理知府。

崇禎癸未楊廷鑑榜：

梁羽翰，海康人。

元鄉舉：

延祐間舉：

王震，海康。

〔一〕民國鉛印康熙二十六年刻本作『承樂』，誤。

〔二〕康熙二十六年刻本闕『申時行榜』四字。

周政。

陳杞，海康。

王景賢，海康。

莫士純，海康。

元統間舉：

王紳，海康，化州學正。

明鄉舉：

洪武甲子舉：

陳九思，海康。

廖謨，泰和人，進士。

洪武丁卯舉：

何元華，海康，進士。

洪武庚午舉：

羅真誠，海康，任〔一〕奉化教諭。

〔一〕刻本、民國鉛印康熙二十六年刻本闕「任」字。

何元焆〔一〕，海康，三任教諭。
邵應龍，海康人〔二〕，分宜教諭。
洪武癸酉舉：
錢與，海康。
易文蔭，海康。
宋繼顒，海康。
洪武丙子舉：
陳仕禄，海康，任修仁教諭。
陳思齊，海康，靖江泮蹟。
陳時懋，海康，任福寧州訓導。
陳璘，海康，成縣教諭。
賀聰，海康，應天推官。
黄與，海康，安溪教諭。

〔一〕民國鉛印康熙二十六年刻本作『何元焆』。
〔二〕刻本、民國鉛印康熙二十六年刻本闕『人』字。

洪武己卯舉：

馮守中，海康，贛州訓導。

陳以誠，海康。

永樂元年癸未舉：

林文亨，海康，解元，進士。

黄本固，海康，進士。

林現，海康，進士。

周榮，海康，順昌教諭。

王庸，海康，遷江教諭。

永樂乙酉舉：

顧秉莊，海康，清平衛經。

吴愈，海康，遷江教諭。

永樂戊子舉：

鄧觀現，海康，晉寧州〔一〕知州。

〔一〕民國鉛印康熙二十六年刻本無『州』字。

王欽，海康，東萊知縣。
唐詵，海康，安遠教諭。
吴處義，海康，永寧教諭。
陳本，海康，容縣知縣。
官衍芳，海康。
郭炫，海康。
永樂辛卯舉：
洪真獲〔一〕。
吴通。
鄭亹。
郭鼎。
陳延。
李實。
陳亹。

〔一〕 康熙二十六年抄本作『洪真獲』，民國鉛印康熙二十六年刻本作『洪真護』。

黄裳。

尚真詳〔二〕。俱海康。右九人，俱由海遷阻風舟覆，無一存者，此天數也，悲夫。

永樂甲午舉：

張旲，海康，平樂知縣。

永樂丁酉舉：

楊清，海康。

談源，海康。

李晟，海康。

永樂庚子舉：

李璿，海康，都御史，陞江西參議。

林勝，海康，富川訓導。

王吉，海康。

陳藍，海康。

〔二〕 康熙二十六年抄本作『尚真詳』，民國鉛印康熙二十六年刻本作『陳真詳』。

永樂癸卯舉：

梁琉，海康。

陳仕瀚，海康，中南畿鄉試。

武瓊，海康，辰[一]州訓導。

林岑，海康，會昌教諭[二]。

文懷本，海康，平樂教諭。

陳仕興，海康。

宣德壬子舉：

王畿，海康，思恩府訓導。

許昇，海康。

正統戊午舉：

符玑，海康。

莊麟，海康，貴溪教諭。

[一] 民國鉛印康熙二十六年刻本闕『辰』字。

[二] 聚珍本作『教訓』，抄本作『教諭』。

李昕，海康。

正統丁卯舉：

陳琳，海康，洛容知縣。

景泰庚午舉：

何鉞，海康。

梁裕，海康。

林惠，海康。

天順己卯舉：

馮鑑，衛籍，湖水永〔一〕二州通判，見名〔二〕賢。

天順壬午舉：

陳元，海康。

成化戊子舉：

羅章，海康，袁州府訓導。

〔一〕刻本、民國鉛印康熙二十六年刻本作「湖永永」。抄本作「湖水永」。二者文義皆不通，疑當爲「湖、永」。

〔二〕民國鉛印康熙二十六年刻本闕「名」字。

成化辛卯舉：

莫卿，海康，泰和知縣。

成化甲子[一]舉：

梁從義，海康，任徐聞訓導。

成化丙午舉：

劉鉍，海康，中南畿鄉試，南寧府推官。

弘治戊子[二]舉：

張德，海康。

弘治甲子舉：

林經，海康，臨桂知縣。

林鳳鳴，海康，道州知州。

正德丁卯舉：

羅奎，海康，瓊子，武平知縣。

[一] 康熙二十六年抄本作『甲子』，刻本、民國鉛印康熙二十六年刻本作『甲午』。

[二] 康熙二十六年抄本作『弘治戊子』，刻本、民國鉛印康熙二十六年刻本作『弘治戊午』。

正德癸酉舉：

莫欽，海康。

嘉靖乙酉舉：

陳時雍，海康。

馮彬，衛籍，進士。

嘉靖戊子舉：

高文舉，海康，石城教諭。

嘉靖辛卯舉：

馮世華，衛籍，保慶府通判。

陳時亨，中廣西鄉試，恭誠訓導。

嘉靖庚子舉：

詹世龍，海康，桂林訓導，中廣西鄉試，任上思知州。

嘉靖丙午舉：

丘淩霄，海康，安南知縣。

嘉靖己酉舉：

莫天賦，海康，進士。

周元賓，海康，壬子舉。

萬曆丙子舉：

鄧邦瑞，海康。

萬曆乙酉舉：

柯時復，海康。

萬曆戊子舉：

林起鶩，海康。

莫爾先，天賦子，中北京鄉試。

萬曆辛卯舉：

袁劉芳，海康，紹興同知。

萬曆甲午舉：

鄭繼統，海康。

萬曆庚子舉：

何起龍，海康。

萬曆壬子舉：

吴士奎，海康。

萬曆乙卯舉：

周東興，海康，江西石城知縣。

天啓辛酉舉：

梁裕國，海康，改名羽瀚，進士。

天啓丁卯舉：

梁永年，海康，湖廣東安知縣。

崇禎癸酉舉：

胡懋昭，海康。

國朝康熙丁卯舉〔一〕**：**

翁與義，海康人。

〔一〕 康熙二十六年抄本闕此條。此據刻本、民國十八年鉛印本。

恩選

明府學〔一〕：

黄溥，海康人，任縣丞。

董元相，衛籍，縣丞。

吴汝成，海康人，主簿。

黄衮，海康人，柳州問知〔二〕。

陳御墀〔三〕，海康人，廣西太平通判。

楊春魁，海康人。

陳鳳祥，海康人。

唐東鶴，海康人〔四〕，縣丞。

〔一〕刻本、民國鉛印康熙二十六年刻本作『明府學恩選』。

〔二〕康熙二十六年抄本、民國鉛印康熙二十六年刻本均作『柳州問知』，疑爲『同知』。刻本衹作『海康』，無『人』字。

〔三〕刻本、民國鉛印康熙二十六年刻本作『陳御墠』。

〔四〕刻本、民國鉛印康熙二十六年刻本無『人』字。

吴日上，海康人。

崇禎八年，奉旨復選貢法，廣求人才，以充國學，照科場分房，按院監試。

海康學：

張一拱，通山知縣。

詹世龍，就廣西教，中鄉試。

陳國用，海康。

林日麗，冀州判。

林喬。

陳堯道，贛州〔一〕經歷。

梁以棉。

莫汝瀚，知縣。

莫行壯，建昌府通判，有序録〔二〕，即莫若亭父。

〔一〕康熙二十六年抄本作『贛州』，刻本、民國鉛印康熙二十六年刻本作『撫州』。

〔二〕康熙二十六年抄本作『有亭録』，誤。刻本、民國鉛印康熙二十六年刻本作『有序録』。

吴士聯〔一〕，山東郯〔二〕城知縣。
林參雲。
黄龍躍，副卷准。
陳鼎言，副卷准。
陳御輦。
國朝府學：
翁孝緒。
王德榮。
海康學：
王之瑀。
明府學歲貢：
林熙，海康，晉守司斷事。
李章甫，海康。

〔一〕民國鉛印康熙二十六年刻本作『吴王聯』。
〔二〕民國鉛印康熙二十六年刻本闕『郯』。

林真護，清江遞運所大使。
莫微顯，海康，攸縣縣丞。
黎守然，海康，武昌河泊。
趙慶隆，海康。
張瑞，海康，河州驛丞。
蔡應麟，海康。
蘇元瑶，海康。
羅道充，海康，刑部主事。
陳仕齊，海康，蘆州知事。
黄鐸，海康。
林成美。
黄善鳴，海康。
郭庸，海康。
梁漢，海康人，肇慶府訓導，羅定州學正，瓊州府教授。
陳童行，海康。
上俱洪武。

陳紹業，海康，南康主簿。
唐頫，海康，任主簿。
蘇元，海康。
黃顯，海康。
陳汝成，海康。
陳德淳，海康。
郭倫，海康。
薛祐，海康。
陳善慶，海康，廣西布政司經歷，死義。
馮子傅，海康。
陳其脩，海康。
鄭宗，海康，交阯奉化知府。
馮子敬，海康。
俱永樂年間。
莫謙，海康。
柯璵，海康，興化府知事。

馮和，海康，甄寧主簿。
陳鑑，海康。
陳廣，海康，容縣訓導。
施威，海康，蒼梧訓導。
周淵，海康，贛州訓導。
吴驩，海康，京衛經歷。
林震〔一〕，海康，贛州衛經。
李晟，海康，大治〔二〕知縣。
劉俊，海康〔三〕，四川按察司經。
唐旺，海康，臨山衛經。
李紘，海康，德化訓導。
陳政，海康，六安州學正。

〔一〕民國鉛印康熙二十六年刻本作『林雯』。
〔二〕諸本皆作『大治』，疑當作『大冶』。
〔三〕民國鉛印康熙二十六年刻本作『海阯』，誤。

唐政，海康，化州訓導。

張矩，海康，梧州訓導〔一〕。

俱成化間〔二〕。

黄曼，海康，天河訓導。

吴祥鳳，海康，文昌訓〔三〕。

陳偵，海康。

陳嘉謨，海康，雩都訓〔四〕。

方昇，海康，任吏目〔五〕。

孫智，海康。

唐祝，海康，福清縣丞。

〔一〕康熙二十六年抄本作『梧州訓』。刻本、民國鉛印康熙二十六年刻本作『梧州訓導』，是。

〔二〕康熙二十六年抄本作『俱成化』。刻本、民國鉛印康熙二十六年刻本作『俱成化間』。

〔三〕刻本、民國鉛印康熙二十六年刻本作『文昌訓導』。

〔四〕刻本、民國鉛印康熙二十六年刻本作『都訓導』，實應作『雩都訓導』。

〔五〕民國鉛印康熙二十六年刻本作『東目』，誤。

楊尚志，海康，遂昌訓〔一〕。

楊尚德，海康。

吴夔，海康。

俱弘治間。

陳鉞，海康。

李昺，海康，宜章訓〔二〕。

羅壁〔三〕，海康。

李永，海康，象州學正。

曾一貫，海康，文昌訓〔四〕。

黄元佐，海康，祈門〔五〕教諭。

陳文德，海康，感恩訓〔六〕。

〔一〕刻本、民國鉛印康熙二十六年刻本作「遂溪訓導」。

〔二〕刻本、民國鉛印康熙二十六年刻本作「宜章訓導」。

〔三〕刻本、民國鉛印康熙二十六年刻本作「羅璧」。

〔四〕刻本、民國鉛印康熙二十六年刻本作「文昌訓導」。

〔五〕民國十八年鉛印本、康熙二十六年抄本、刻本均作「祈門」，疑當作「祁門」。

〔六〕刻本、民國鉛印康熙二十六年刻本作「感恩訓導」。

吴政，海康，河源訓導。
俱正德[一]。
李鉞，海康，定遠知縣。
李廷茂，海康。
林一賢，海康，崖州訓[二]。
施霖，海康，賀縣訓。
林一枝，海康，順[三]昌訓。
吴文通，海康，休寧訓。
林稟，海康。
馮文禎，海康，連城訓。
李天倫，海康，臨高訓。
許國英，海康。

〔一〕刻本、民國鉛印康熙二十六年刻本作「俱正德間」。
〔二〕刻本、民國鉛印康熙二十六年刻本作「崖州訓導」。以下凡康熙二十六年抄本作「某某訓」，民國鉛印康熙二十六年刻本均作「某某訓導」，不再加注。
〔三〕民國鉛印康熙二十六年刻本闕「順」字。

唐堯賓，海康。

林睿，海康，慶遠推官。

吴鍾，海康。

莫南彦，海康。

鄧文賓，海康。

梁喬，海康。

林思道，海康，任縣丞。

吴宗鄒，海康，淳〔一〕安訓導，定安教諭。

游文炳，海康，南康訓。

黄守謙，海康。

吴璿，海康，邵武訓。

唐一中，海康，興寧訓。

李維揚〔二〕，海康，揭陽教。

〔一〕民國鉛印康熙二十六年刻本闕「淳」字。

〔二〕抄本作「李維陽」，聚珍本作「李維揚」。

張九苞，海康。
黄源，海康，長寧知縣。
高維嶽，海康。
俱隆興年間〔一〕。
陳文華，海康，永安教諭。
林一鳳，海康，靖江王紀善。
陳應元，海康，香山訓。
游大壯，海康，文昌訓。
梁貞挺，海康，任訓導。
劉邦俊，海康，羅定州訓。
林芝，海康，榮府教授。
林奇竹，海康，教諭。
何炌，海康，吴川訓。

〔一〕刻本、民國鉛印康熙二十六年刻本作「俱隆興間」。抄本作「隆興年間」。疑當作「隆慶間」。

鍾京秀，海康，西江訓〔一〕。
許子鳳，海康，會同訓。
陳汝言，瓊山訓。
陳心得，海康，化州訓。
陳善，海康，萬州訓導，陞文昌教諭。
陳廷策。俱海康陳家人。
林鷟起，海康。
陳棟，海康。
陳濂，海康，瓊州府教授。
林起鳳，海康，三水教諭。
張光典，海康，陽江訓。
程紹孟，海康。

俱萬曆〔二〕。

〔一〕民國鉛印康熙二十六年刻本作『曲江訓導』。
〔二〕刻本、民國鉛印康熙二十六年刻本作『俱萬曆間』。

宿丹廷，海康，化州訓。

俱天啓間。

何道源，海康。

林萬程，海康。

易孔學，海康。

唐鏞，海康，肇慶府訓。

莫瑜，海康。

勞有功，海康。

程元賓，海康，任知縣。

楊橋枝，海康。

陳紹思，海康，陽江訓導。

梁應煜，海康。

梁廷元，海康。

俱崇禎〔一〕。

〔一〕民國鉛印康熙二十六年刻本作「俱崇禎間」。

鄧青雲，海康人〔一〕。

海康縣學：

楊宗鑑，儀禮司序班。

陳高。

吴思勝，湖廣按察司照磨。

吴孔智，監察御史。

郭文舉。

孫仁。

唐敬，福州右衛經。

蘇紹福。

王鼎新。

陳淵，交阯縣。

俱洪武。

林肇始。

〔一〕抄本、民國十八年鉛印本俱作「海康」。刻本作「海康人」。

鄧宗祐。
唐永清。
陳爵。
黃以紹，交阯，興化府經歷。
陳復新，交阯，交州府通判。
陳以智。
陳恩。
唐現。
蘇成。
俱永樂〔一〕。
黃璟，交阯，福康主簿。
宋子哲，交阯，石塘主簿。
黃祐。
曾顯。

〔一〕刻本、民國鉛印康熙二十六年刻本作「俱永樂間」。

俱宣德。

賀宗禮，黄岡〔一〕主簿。

林芬。

施澤，徐州吏目。

黄禮，新化知縣。

羅紳，鬱林知州。

黄暹，上林訓。

俱正統。

黄廷，龍溪知〔二〕縣。

楊縉。

俱天順〔三〕。

紀廉。

林時序，博白訓。

〔一〕康熙二十六年抄本作『黄崗』。刻本、民國鉛印康熙二十六年刻本作『黄岡』，是。

〔二〕民國鉛印康熙二十六年刻本闕『知』字。

〔三〕民國鉛印康熙二十六年刻本作『俱天順間』。

鄧表，太平照磨。
林懷。
卓昆，寧府主簿。
馮釗，向武州同。
彭伯壽，建昌軍民衛經。
楊麟，龍泉縣丞。
俱成化。
吴朝佐，建寧訓。
李務庸，天河訓。
唐琛。
黄本彰。
李英。
田安，潯州府訓。
彭寬。
劉蔭。
梁安。

陳瓛。

俱弘治〔一〕。

黄鑾。

陳銳。

陳諫，上杭教諭。

宋昶，衛籍。

王輔，諸暨訓。

丁應奎。

王球〔二〕。

陳廷瑞，陳家人。

吴瑶。

陳憲，陵水訓。

俱正德。

〔一〕 刻本、民國鉛印康熙二十六年刻本作「俱弘治間」。
〔二〕 康熙二十六年抄本作「王球」，民國鉛印二十六年刻本作「王琳」。

王翼。
莫惠，上林苑録事。
孫顯。
黄文卿，樂會訓。
陳思傑，樂會訓。
梁景乾。
梁商義，分水訓。
崔俊，廣西布政司都事。
汪本深。
林思貞。
陳世傑。
淩汝烈。
李應魁。
吴淳。
楊紹華，光州判。
陳文昭。

陳治要，定安訓。
鄒師孔，訓導。
褚廷臣。
林思文。
陳廷珪，武宣知縣，陳家人〔一〕。
陳常，漳浦訓。
曹世卿。
俱嘉靖。
梁景穆。
方世仁，修仁知縣。
吴士舉，廣寧訓。
俱隆慶。
何天衢，高州訓。
張公試，宣平訓。

〔一〕 民國鉛印康熙二十六年刻本作『武宣知，陳家』，闕『縣』『人』二字。

李燧，平海訓。
莫經偉。
鄧梓，臨高訓。
林元滋，常州府訓。
蔡廣淑。
吴道槐，臨川訓。
林世昭，永安教諭。
吴元發，博白訓。
陳文志。
歐思明。
馮文爤，興安教諭。
江南征。
楊時芳，虞城訓。
梁喬。
李攀雲。
游尚熙。

李能白，崖州訓。
陳材。
林待表。
馮嘉會。
楊春毓。
唐鑑。
陳槐。
梁以柏。
陳機。
梁以櫝，湖廣縣丞。
林超翼。
梁應奎，陽山訓。
唐家相。
周光禄。
林耀寰。
宋純德。

柯鳳翔。

黄焕。

林萬聲。

黄萬仞。

俱崇禎。

何鍾瑆。

柯元芳。

國朝府學歲貢：

黄耀奎。

鄭世科。

吴正嶸〔一〕。

陳就列，任新興訓導。

莫鄧，任始興〔二〕訓導。

〔一〕康熙二十六年抄本無此條。此據民國鉛印康熙二十六年刻本補。

〔二〕刻本、康熙二十六年抄本作『始興』。民國十八年鉛印本作『新興』。

陳簡命，任永安訓導〔一〕。
鄭樑儒。
吴逸驥。
卓九思。
唐文燧。
吴桂石，康熙二十四年貢。
吴馬暉，康熙二十六年貢〔二〕。

海康縣學歲貢：

許淩漢。
梅憲槐〔三〕，任昌化訓導。
莊廷範。
陳天若。

〔一〕刻本、民國鉛印康熙二十六年刻本闕『任永安訓導』。
〔二〕康熙二十六年抄本闕『康熙二十六年貢』，此據民國鉛印康熙二十六年刻本補。
〔三〕民國鉛印康熙二十六年刻本作『梅憲魁』。刻本、抄本俱作『梅憲槐』。

宋紹啓，任保昌訓導。
黄之鼎。
俱順治。
洪堯天，任惠來訓導。
莫若亭，康熙十一年貢，即莫行壯〔一〕子。
鄧宗雷，十三年貢。
苻位坤〔二〕，十五年貢。
陳梁式，十七年貢。
鄧一柱，十九年貢。
吴馬期，二十一年貢。
蕭鳴玉，二十三〔三〕年貢。
黄吉士，二十五年貢。

〔一〕民國鉛印康熙二十六年刻本作『莫行莊』。
〔二〕民國鉛印康熙二十六年刻本作『符位坤』。
〔三〕康熙二十六年抄本作『二十二』，民國鉛印康熙二十六年刻本作『二十三』。

府學恩拔：

莫吾昭，康熙二十四年貢。

海康縣學恩拔：

吴振傑，康熙二十四年貢。

明例監：

海康：

陳廷璋，附嘉靖年例，陳家人。

林擇，感恩縣巡檢〔一〕。

游藝，南京衛經歷〔二〕。

莫爾先，中順天鄉試。

莫鈺，附萬曆十年例。

梁以方，附萬曆十五年例。

鄧烈，萬曆年例。

〔一〕康熙二十六年抄本無此條，此據刻本、民國鉛印康熙二十六年刻本補。

〔二〕民國鉛印康熙二十六年刻本作『南京經歷』。抄本、刻本均作『南京衛經歷』。

吴良徹，候廪例。
莫若敏，光禄署丞。
國朝例監：
海康：
鄭維新。
徐大觀。
何如涇。
陳必上。
陳上達〔一〕。
俱康熙。
掾史：
宋元代難分別。
秦自明〔二〕，令史，忻縣知縣。
莫子純，瓊州經歷。

〔一〕刻本、民國鉛印康熙二十六年刻本作『陳上建』。
〔二〕民國鉛印康熙二十六年刻本作『泰自明』，誤。

陳惠章，陵水知縣。
陳子武，直倫知縣。
陳鑑，慶遠經歷。
廖文剛，徐聞知縣。
趙國瑜，廉州路經歷。
楊鑑，貴州知州。
吴玉友，普寧知縣。
陳天璵，平樂知縣。
林榮，廉州判官。
俱海康。
明三縣，俱載府志。

恩封：

明

馮瀾，衛籍，以子彬貴，封雲南道監察御史，妻羅氏，贈孺人。

何禎〔一〕，海康人，以子元華貴，封監察御史，妻鄧氏，贈孺人。
莫敖，海康人，以子天賦貴，封南京刑部郎中，妻唐氏，贈宜人。
劉慶淵，海康人，以子劉芳貴，贈湖廣寶慶府新寧縣知縣，妻費氏，贈孺人。

武舉：

明

胡洪，指揮使。
潘清，雷州衛鎮撫。
馮材〔二〕，舍人。
蔡禎〔三〕，指揮。
張大用，指揮。

〔一〕刻本作『何正』，抄本、聚珍本作『何禎』。
〔二〕抄本作『馮村』。刻本、聚珍本作『馮材』，是。
〔三〕刻本作『蔡正』。

俱嘉靖。

張齊程，海康人。

楊伯芳，衛舍，增生。

周宗武，中所軍，連中三科。

顧浩，揮僉，陸水寨欽總。

錢大成，揮僉。

沈仕賢，正千户。

孫繼宗，揮使，陸都司。

錢間闌，軍生〔一〕。

潘國材，千户。

洪之纘，海康，生員。

〔一〕抄本、聚珍本作「軍生」，疑當作「軍主」。

鄉賢志

海康〔一〕

夫鄉賢者，以懿德瑰行名之也。如以貴歟，則金張、許史，宜標大聖之稱；如以富歟，則猗頓、陶朱，必列上賢之譽。然而山西逸士，東海布衣，與捉襟肘見之輩，往往名聲不朽，而富貴反湮没焉，則所重可知已。邇來人心大非古志，崇勢利而簡寒微，尚奔競而抑恬澹。富貴之人𩋆悦者衆，即一善甫行，而詡譽已滿於四域，閭巷之人孤立寡援，雖闇修仁義，而播揚弗出於室盧。故槩觀斯世，登巍科，陟膴仕，子孫顯貴者，以宦必名，以鄉必賢。反是而實行，鑿鑿不負青雲，終亦沉淪塵土而已矣，余竊慨焉。人固有真面目，論人亦須有真權衡。若徇〔二〕一日浮華，爲千秋實録，只登科一録，仕宦一籍，封誥一册足矣，何必爲此擾擾也。

雷處海濱，扶輿清淑之氣藴而未洩。二百餘年，甲第數人，鄉書亦可縷指，巍科顯秩，尚有待風俗，

〔一〕康熙二十六年抄本、刻本均作『鄉賢志，海康』，與目録不符。目録作『人物志，鄉賢，隱逸』。
〔二〕刻本、民國鉛印康熙二十六年刻本作『狥』。

人心猶在淳龐間也。然舊志〔一〕所載人物，大都科目明經，十居八九，布衣行誼，尚落落焉。則所稱月旦鄉評，果盡公而無私耶！夫論才於貴盛繁〔二〕華之地，其道嚴；論才於人文稀闊之鄉，其道宜恕。余不敢嚴以求雷，然譽洵溢語，則不可以不核，故雷之甲科，苟無大過，姑載以示。向往鄉科明經，稍致參訂，潛德隱行，果有實跡，必加採録。此蓋微顯闡幽，挽勢利之澆，以還古初之意也。如以子孫之誇張，浮言之標榜，而遂進之以門祚之衰微，怨家之誹謗〔三〕而遂退之，則亦曩者俗腸世眼乎，余耻之矣。作《鄉賢志》。

海康 州衛附

陳

陳文玉，海康人，生而明敏，叱聲震霆。世傳其家出獵，得巨卵，異之，歸置諸庭。忽一日，雷震卵，得一男子，即文玉也。長涉獵書傳，有才智。陳大建時，辟茂才，仕爲本州刺史。精察吏治，巡訪境内〔四〕，

〔一〕康熙二十六年抄本作『誌』。民國鉛印康熙二十六年刻本作『志』。
〔二〕抄本作『煩』，誤。
〔三〕刻本、民國鉛印康熙二十六年刻本作『誹毀』。
〔四〕刻本、民國鉛印康熙二十六年刻本作『丙』，誤。

甦民疾苦，峒落諸酋，相繼輸款。梁武帝降璽書褒賞之。比卒，鄉人立廟以祀。吴東湖曰：『其謂手〔一〕有雷文者妄也。夫玄鳥生殷，大人跡生周，則人固〔二〕有異生者矣。然皆造形於人，未嘗離簡狄、姜原而生也。雷卵之説，其真可信也哉。』

宋

吴國鑑，海康人。紹聖中，爲大廟〔三〕齋郎，後退居於家。先是居民舍寇準，爲丁謂所害，自後無敢留遷客者。及蘇轍安置雷州，莫謀所止。國鑑慕義，不顧私害，特築室館之。已而，果坐辠〔四〕，略無悔意。祀鄉賢。新增。

陳汝達，海康人，少博涉好修，隱居不仕。值宋祚將移，雷已不守。明年，宋亡。達老且病，恐身後襲元國號，預刻石碑，題曰『宋陳四五公之墓』，囑其子曰：『慎弗改也。』墓在擎雷山，屢經兵燹，碑不剥落，人以爲義氣所感云。

王景賢，字希賢，别號愚谷，海康人。登鄉舉，爲邕州路教授，陞天河縣令，尋擢清江路推官。致仕，學富行修，著作超逸，皆抒自胸臆。文宗潛邸，時出居海南道經雷，景賢以詩進，覽之甚喜，手書『愚谷』二大字賜之。天曆中，復賜之以六花宫袍，鄉人榮之，祀鄉賢。

〔一〕康熙二十六年抄本作『乎』，誤。民國鉛印康熙二十六年刻本作『手』，是。
〔二〕康熙二十六年抄本作『因』。刻本、民國十八年鉛印本作『固』。
〔三〕諸本皆作『大廟』，『大』與『太』同，疑爲『太廟』。
〔四〕民國鉛印康熙二十六年刻本作『辠』，誤。

吴國賓，雷州人。性孝友，父喪，廬墓。大德八年，境内蝗害稼，惟國賓田無損，人咸異之，以爲孝感所致〔一〕。

陳杞，字楚材，海康人。少孤學，以舅氏王景賢淹貫羣籍，領鄉薦，不樂仕。退居山中，教訓生徒，究性命之學。海之南北學者，咸受業其門。所居里曰『義江』。元末，雷盜熾起，過其鄉輒相戒曰：『此陳先生里也，不可犯。』其行誼素著服以〔二〕强暴如此。祀鄉賢。

明

黄惟一，海康人。洪武間，舉孝廉，任河南道御史。端謹廉介，終始不渝。致政歸，見本州東溪地，堪開墾〔三〕，奏請興水利，灌溉成田二十餘頃，民需其利。

周德成，海康人。初爲泰康大使，遞運萊州。洪武庚申，以明經薦擢林寧令〔四〕。單車至縣，裁剸如流。邑籍民三萬餘户，里甲籍吏爲奸，德成悉釐正之。有丁鑾兒故無賴，横里中，格殺小族〔五〕，人莫敢

〔一〕刻本、民國鉛印康熙二十六年刻本句末有『云』字。
〔二〕刻本、民國鉛印康熙二十六年刻本作『於』。
〔三〕刻本、民國鉛印康熙二十六年刻本作『堪墾閒』，誤。抄本作『堪開墾』。
〔四〕康熙二十六年抄本作『林寧令』。民國鉛印康熙二十六年刻本作『休寧合』。二本皆誤，當爲『休寧令』。
〔五〕康熙二十六年抄本作『水旗』，未知何意。刻本作『小旗』。民國鉛印康熙二十六年刻本作『小族』，從之。

指。府詢之不屈，下其事於德成。至則俛首曰：公在余尚何辭？它邑中有寃滯者，悉借德成爲白其辨〔一〕，割牛舌即看〔二〕私宰者，與包拯在端事相合，餘如此類甚衆，故時以爲孝肅復生。邑故衝四方，遊者接軫，民疲不勝其役，德成懸一車於縣，俟强索者即身代舁之，諸遊者以非使命至，噤不敢請。在任七年，事無巨細，凡便於民，罔不畢舉。會以他累，逮至法曹，民號泣詣闕，願籍産〔三〕保其無它。尋賜還，又以軍誤，逮至兵部，民詣之如初。比得白病於旅邸而卒，邑聞之，若失怙恃。衆輿其喪，還休寧，葬於城之南。大學士劉三吾爲之銘。妻蘇氏，子一，女一，無所歸，民共市田代耕，以終其養。祀鄉賢。

何元焆〔四〕，海康人。洪武間領鄉薦，歷太平、松江、建寧三府教授。善啓迪，所至以文學著名。兄元華同舉於鄉，登進士，爲監察御史。

林文亨，海康人。永樂壬午，舉鄉試第一，登進士，歷官户部員外郎。性淳謹，無貴顯態，鄉閭重之〔五〕。見《一統志》。

黄本固，海康縣人。永樂甲申，登進士，知馬平縣。蒞政清敏，性嫉惡。劾奏馮内侍反，爲所構，

〔一〕民國鉛印康熙二十六年刻本作『辦』，誤。
〔二〕刻本、民國鉛印康熙二十六年刻本作『首』。
〔三〕民國鉛印康熙二十六年刻本作『廉』。刻本、抄本作『産』，是。
〔四〕刻本、民國鉛印康熙二十六年刻本作『焆』。
〔五〕康熙二十六年抄本無『之』字。此據刻本、民國鉛印康熙二十六年刻本。

削籍還。巡按唐舟等疏其無辜，尋起用，至省疾作，歸卒於家。祀鄉賢。

張昊，海康人。領永樂甲午鄉薦，授廣西馬平知縣。有惠政，民立祠祀〔一〕之。家居清貧，不與豪士聚會，俗爲一變。見《通志》。

李璿，海康人。領永樂庚子鄉薦，授教職，陞知縣，擢監察御史，廉毅有直聲。景泰初，廣賊黃蕭養攻省城，幾陷。璿素負才猷，爲時簡拔，奉調土兵二萬，協同總兵官進討，遂誅蕭養。賊平，陞江西按察司僉事。未幾，致政歸，杜門謝客，囊無剩物，惟喜讀書，至老未嘗釋卷。以恩例進階參議。祀鄉賢。

吴雯，海康人。恬静博學，不俛仰於時。篤宗誼，長於詩賦，所著有《譙樓記》及《家範》《宗譜》諸稿。事寡母劉氏〔二〕，怡色和顔，有堂扁曰『愛日』。郡丞陳聞而嘉之，爲之紀其堂而敘其譜。當路欲辟之，雯竟以養母不欲離膝下，辭不就，士大夫靡不重其孝行云。

羅紳，海康人。廉介寡欲，不俯仰於時，由胄監任鬱林知州。時值蠻賊肆掠，紳協同哨守相機卻敵，城賴以完。招撫渠魁胡公威等三千餘人，安置陸川諸屬邑，賊遂屏息。卒於官。

馮鑑，雷州衛人。器格嚴重，幼有奇志。領天順己卯鄉薦，選授湖州府通判，以公廉自矢。到任，

〔一〕刻本、康熙二十六年抄本作『祝』。聚珍本作『祀』。
〔二〕康熙二十六年抄本作『事寡母劉』。刻本、民國鉛印康熙二十六年刻本作『事寡母劉氏』。

首革糧長饋遺。甫三月，丁父艱，歸。服闋，補永州府。彌勵厥守，一意革弊，徵收額外羨餘，毫無所染，踰載聲譽赫然。聞母訃，即行，郡守賮以金，比出境，封以還之。再補黄州府，病卒。

羅章，紳子也。領成化戊子鄉薦，任遠州府學訓導，教養士類，亹亹不倦，矢志高尚。年五十既致政歸，授生徒，吟詠自適，文行爲時所欽。太守魏瀚尤加禮重，每有建置，徵以文紀。所著有《宜陽唱和稿》。

陳時雍，海康人。少貧苦力學，領嘉靖乙酉鄉薦，操履儀度有先輩風。時後進多出其門。少失怙，事母至孝，愛友孤弟，絶無間言。時内宦趙蘭鎮守珠池，恣行剽掠，民苦之。雍率士類抗言於當路，蘭竟革去，大爲雷廉造福。祀鄉賢。

馮彬，字用先，雷州衛人。嘉靖乙酉舉於鄉，己丑成進士，任平陽令。以内艱去，補上海令，並有卓異聲。上海六百里，繁劇最難治，彬至汰雜，徵省里費，藪〔一〕詭寄，審糧役，俱深中窾〔二〕。會俗多用火化，有化人亭，彬見立毁之，論以率從禮葬。有婦美而貞，姑逼之淫，不從，遂與所私者共刃之。彬廉得其情，悉按以法，而表其婦之墓。事具副使唐錦記中以薦，召爲侍御史。首疏備邊策，特旨嘉納。

〔一〕康熙二十六年抄本作『籔』，誤。刻本、民國鉛印康熙二十六年刻本作『藪』，是。
〔二〕刻本、民國鉛印康熙二十六年刻本作『竅』。

扈駕至承天，恩賚金幣。出按廣西，大揚風紀，谿峒蠻獠莫不震讋〔一〕，歸化恐後。會松江守缺，權彬補之。至則興學校，恤孤煢，政持大體，不事苛細，松江民無智愚皆戴之。竟以狷直解任。比歸，屏跡公門，恂恂里社中，絶無貴人態。彬邃於理學，且嫻詞賦，所著有《桐崗集》〔二〕。嘗修緝郡志。卒，祀鄉賢。

林鳳鳴，海康人。領弘治甲子鄉薦第七名，三歷〔三〕教職。湖廣分考，擢國子助教。與纂《實録》，敕書褒嘉。出判南寧，陞道州守。爲政，興學校，率孝悌，令譽赫然。歷任三十餘年，清介不污。致政歸，行李蕭然，鄉閭仰德云。

林思貞，海康人。少孝友〔四〕，苦志力學。嘉靖中，由郡庠貢入太學，授閩連江知縣，歷任幾三載，政尚廉平。時邑多水災，生員楊瑩家溺死者六人，思貞憫之，治棺以葬。餘溺者悉捐俸瘞之。士論頌德。以病歸，行李蕭然，民遮路，無不流涕。

詹世龍，海康人。嘉靖中，由選貢任桂林府訓導。庚子科中廣西鄉試，轉文昌教諭。時文昌以魚課米折諸生廩餼，經年莫給，申請院道革之。至今士賴焉。丙午，聘典江西分考，所得皆文士。尋陞平陸

〔一〕民國鉛印康熙二十六年刻本作『警』。
〔二〕刻本、民國鉛印康熙二十六年刻本作『桐岡集』。
〔三〕民國鉛印康熙二十六年刻本闕『歷』。
〔四〕康熙二十六年抄本作『孝弟』。刻本、民國十八年鉛印本作『孝友』。

知縣，北陀背化已久，龍招復之，境賴以安，士民立碑紀績。擢上思知州，建城闢路，興學恤民，民戴之。詳見《上思官志》。以内艱歸，因致政，結茅潭津，講解心性，後學宗之。

陳時亨，海康人。嘉靖間，由選貢任廣西恭城訓導。後領廣西辛卯鄉薦，不樂於家，平生與物無競。有搆争者，輒相謂曰：『何不學時亨兄弟。』

張能，海康人。博學善詩，雅有行誼。弱冠教於鄉，事寡母至孝，督學趙公按試特嘆奬之，令補郡庠生，不願就，時論重之。所著有《樸菴集》。

莫天賦，字子翼，海康人。賦性介直。嘉靖乙酉領鄉薦，壬午登進士，榜除莆田令。治行大振，莆人思之，祀諸祠。擢南刑部主事，晉郎中。出守大理，蠻漢雜處，最難治，天賦因俗爲政，民以獲甦，時比之召杜。陞廣西右江道兵憲，便道歸，卒於家。今舉鄉賢。子爾先，由太學領萬曆戊子、順天鄉薦，公車還，屏跡公門，孜孜策勵，惜嗇於年。

顧汝鐸，雷州衛人。年少補郡諸生，每試必獲巔處，詞賦華然可觀，與兄汝鑑相砥礪。性至孝，三世之喪，躬自襄〔一〕之，更以及親族之未葬者，屢爲督學所奬賞。由選貢入太學。既歸，翛然有塵世之想，購書博覽，慕古作者，未竟而卒。産無立錐，且絶其祀，天道果何如哉。

吴大謨，海康人。少補邑庠，以孝謹聞。父鍾由歲薦入，成均歸，得目疾，大謨多方療之，私籲天

〔一〕民國鉛印康熙二十六年刻本闕此字。

曰：『吾父以明窮經，因以經窮明，天若憐余，願減余算，以瘳父目。』竟不愈。大謨朝夕左右，即庶母弟不以代也。妻李氏，所以事翁者，一如大謨。鄉人翕然稱大謨賢，督學使者屢旌其行。孫良徹，俱以行誼有聲序，世家孝謹，爲時推重云。

林棐，海康人。少喜讀書，年三十八膺歲薦。繼母官氏能善事之厚，奩歸繼妹，得母歡心。孝聞學道張、李二公，前後旌扁。棐慕義好施，周給鄰族貧乏，擇弟姪穎秀者，出資買書教之。築江濱館，每年就學者四五十人，不責脩贄。門人赴京乏資者，棐將己田質於人，取銀以贈門人，宦歸不償，竟不取。居家塾，訓誨英俊，竟以老終。人指其宅墓曰：『林師宅墓其子淑，石城學出貢將上。』銓曹而卒。

柯時復，海康人。領萬曆乙酉鄉試，性嗜古，於書無所不讀，尤喜詞賦。嘗效杜少陵同谷書作七歌，意調悲壯，爲時傳誦。居父喪，哀毀盡禮，偶得疾，卒，人有懷奇未展之惜。子鳳翔，孫元芳，皆膠庠宿學，克振家聲云。

林起鶩，海康人。少篤學，有遠志。領萬曆戊子鄉薦，一意鉛槧，以澹約自甘，屏跡公門，他事毫無所與。壬辰卷已中式，值填榜以數字未馴，裁落，時論惜之。歸家，孜孜向學，孝友著稱。未竟所願，卒。

陳治明，海康人。博覽子史，長於詩。嘗拾遺金，候其主來，還之。主問姓名，不告而去。時有謗縣令鮑者，鮑索之，明對曰：『止謗莫如自修，必求其人，則鑿令重之。』扁其門曰『齒德』，褒崇直指察善士，邑舉明以應，屢飲於鄉。

劉袁芳，海康人。爲人孝友，天性淡約。領萬曆辛卯鄉薦，知湖廣新寧縣。以循廉稱，當道疊薦，陞浙江紹興同知。海塘圮於水，親行相視修築。以勞得疾，卒。紹人哀思之。

吴兆亨，海康人。三歲喪父母，陳氏矢志養之。見《貞節》。母病篤，兆亨朝夕號慟，焚香疏天，願以身代母，病遂愈，人以爲孝感所至。兆亨補郡庠，督學羅萬程、袁茂英皆獎其孝行。

陳堯道，海康人。少事祖母，有孝行。由恩選任撫州經歷。老而嗜學，睦族濟貧，人稱其盛德。

梁永年，海康人。持己端方，苦志篤學。領天啓丁卯鄉薦，任湖廣東安令。寬刑薄賦，振作士類，以治行稱。因山寇劫城，致政居家十餘年，勤課以迪後學，孝友以訓鄉閭。屏跡公庭，望重月旦，郡邑高其行誼。

唐東鶴，海康人。制行端重，才學優長。粤闈三中副榜，由選貢任福建政和縣丞。絶苞苴，清訟獄，夜不吠犬，庭可羅雀。以異政陞本縣知縣，遭亂未任〔一〕。致政歸，宦囊如洗。有詩稿刻入《石倉詩選》，行世。

梁羽瀚，號鵠起，海康人。少負〔二〕才名，力學不倦。領天啓辛酉鄉薦，崇禎癸未成進士。因甲申之

〔一〕刻本、民國鉛印康熙二十六年刻本作『未仕』。
〔二〕刻本、民國鉛印康熙二十六年刻本作『重』。

變歸家，杜門不干〔一〕仕進。時同榜在要津者頗多，丁亥歲有同年趙最守雷，多方勸慰，誘其出仕，輒以各行其志拒之，絶無趨時附勢之念。是年，抱志鬱鬱卒於家。二子遇饑荒，相繼而亡，郡人惜之。

〔一〕刻本、民國鉛印康熙二十六年刻本作『于』，誤。

貞女志〔一〕

笄幗之德不聞於外，惟節烈者稱焉，此非婦若女之幸也。然正氣凜然，與日星爭曜，丈夫懷二心者，視之愧死矣。海濱閨閣，錚錚鐵中，可令湮滅不彰乎？故傳之以勵女貞風鬚眉者焉。作《貞女志》。

貞烈

王妙璘，海康王谷榮女也，賦性沉静。元至正間，猺賊寇雷，被執，將犯之，妙璘罵不受辱。賊驅之行，乘間詒賊投水死。

周氏，海康縣朱克彬妻。彬喪無子，氏少有婉容，煢獨無倚，慮不免父母之命、强暴之逼，遂隨夫後自縊死，鄰里哀之。

莊氏，海康吴金童妻。吴世居邑之荇洲里。成化初，猺賊害甚。六月間，值新會縣民劉銘、梁狗同

〔一〕康熙二十六年抄本、刻本作「貞女志」，目録作「烈女志」。

賣穀海康，將還，吴祈與其弟金童携家避寇附銘。舟至新會，止于銘家。莊年二十二，有麗色，銘屢挑之，莊不從。銘之與狗謀曰：『婦水性耳，所不即從者，以夫在也，盍斥諸。』時吴祈傭工於外。九月初八日，銘與狗駕船一隻，假以出海捕魚，拉金童同行。至二更，二人縛金童，斫其腦撲殺，投尸江中。時江濱民關道安聞金童叫呼，欲救不果。銘歸，佯語莊氏，而夫風急溺死〔一〕。莊不信，强犯莊氏，拒益力，號天呼哭，難獲夫尸。十五日，金童身軀浮於銘門，莊出汲識爲夫尸。視之斫痕，藤縛宛然。知〔二〕銘與狗謀死。莊號哭，回力不能報。乃自梳洗，抱三歲幼女至江邊，先投女於水，即自扶夫尸投水而死。三尸隨潮上下，旋繞銘門。鄰人李逢春買棺收葬。銘夜發其尸，棄之大海。吴祈〔三〕自外歸，得弟尸於海濱，乃訴於官。儒生李啓、李蕃及關道安等争述莊氏節義事，并士人弔哭詩章上之，遂捕劉銘、梁狗於獄，訊實吐伏審録員外郎馮俊特爲具奏。上令有司即誅銘、狗，梟首示衆，旌表莊氏。刑部尚書陸瑜奏李逢春等收葬三尸，誠爲義舉。今遭發抽，宜命有司即其處窆之，立石大書其夫婦姓名，以誌永久，詔可〔四〕。乃建祠於新會之南門，名貞烈祠，仍行原籍，一體表揚。至嘉靖丙戌，雷守楊表〔五〕復建亭於阜民

〔一〕刻本、民國鉛印康熙二十六年刻本此句作『因大風急溺死』。此據抄本。

〔二〕康熙二十六年抄本作『如』。民國鉛印康熙二十六年刻本作『知』，是。

〔三〕刻本、民國鉛印康熙二十六年刻本作『祁』。

〔四〕刻本、民國鉛印康熙二十六年刻本作『詔下』。

〔五〕刻本、抄本作『楊表』，聚珍本作『揚表』。

橋南，立碑紀之。士大夫咸有詩以輓。

陳獻章詩：

節婦有此廟，千年亦不磨。世方逐蔡琰，吾甚敬曹娥。淫盜死殊邑〔一〕，良人歿逝波。江翻練裙帶，激烈有遺歌。盜賊輕人命，綱常殺此軀。也能作厲鬼，不問葬江魚。骨肉他鄉盡，英靈此廟居。乾坤不朽事，持以報君夫。

何氏，海康生員吴仕价妻。年二十一，价死，哀毀瘠立，食貧矢志，誓不再醮，垂十餘年無間。富民黄文寬囑媒，謀奪其守，訟之於〔二〕縣。比赴縣門，抽刃自刎而死。海北南道許孚遠憫其烈，旌之。

陳氏，海康林顯妻。歸未幾，而顯亡。時年二十，守志不渝，事舅姑以孝聞。洪武二十一年，旌其閭。

黄氏，海康鄧九成妻。年二十四始歸九成。又一年，而九成死，遺腹生一子曰堅節。事姑至孝，育子俾之成立，人無間言。洪武二十三年，郡守吕智以其事聞，賜旌表。

李氏，海康僉憲李璿女，妻於同邑知縣張昊子履，生一子能，未周歲而履卒。時李氏年二十五，撫其孤，誓不再嫁。成化初，郡罹兵火，時輒饑窘。李氏躬紡績，養子成立，節操〔三〕不移。弘治間，知縣林彦修具輿論以請，郡守陳嘉禮覆而申之，旌表未及。

〔一〕刻本、民國鉛印康熙二十六年刻本作『殊色』。
〔二〕刻本、聚珍本無『於』字，此據抄本。
〔三〕抄本作『節藻』，誤。刻本、聚珍本作『節操』，是。

饒氏，海康舉人符玑妻，年二十四而玑故。生一子曰孟夔，誓無他志。事姑教子惟謹，平生無疾言厲色。成化庚子，里以其事白諸提學趙瑶，未及奏請而趙卒。

馮氏，海康任通判馮世華女。適生員孫蘭，年二十夫故。生一子曰繼宗，舅孫鑑以事累家，耗業盡。氏勤女工以贍舅，養歷艱苦，貞操益勵。舅故，葬祭以禮。非婚喪大事不出梱〔一〕門。年六十一，里老暨兩庠諸生舉其事，按院劉會、督學陳鳴華俱給扁帛旌之。

朱氏，海康羅端妻。年二十歲，生一子而夫亡。性寡言，日夜惟事紡績〔二〕，不赴外户，守節四十餘年，周旋一出於禮。成化間，郡守黄瑜跡其實以聞，表厥宅里。後郡守魏瀚刻石，命其子彦卿竪諸門以褒之。

陳氏，海康民吴鑑妻。年二十二歲〔三〕，鑑故，遺腹一子曰威。時避寇於城，饔餐莫繼，每有食必先舅姑，而己後之。攻苦無貳〔四〕志，寇平還家，節操靡渝。年踰八十而卒。

何氏，海康廪生陳時雨妻。生男治紀，甫閲月而夫故，時年二十二。姑老子弱，貧苦無依，矢志孀居，紡績以給。奉姑育子，始終靡玷。姑殁，典衣殯葬。兩學暨鄉老呈其事於有司，按院潘季訓、蔡吉

〔一〕刻本、民國鉛印康熙二十六年刻本作「閫」。
〔二〕刻本、民國鉛印康熙二十六年刻本作「紡織」。
〔三〕康熙二十六年抄本無「歲」字，此據民國鉛印康熙二十六年刻本。
〔四〕抄本作「二」。刻本、聚珍本作「貳」。

連旌其門。

李氏，海康吴一夔妻，大學士〔一〕李璘女也。歸二載而一夔故，李年二十，遺腹舉一男曰啓東。誓無他志，勤紡〔二〕績以奉舅姑，雖至親罕見其面。舅姑亡，哀毁瘠立，典衣殯葬，親自築墳，觀者無不感泣。嘉靖四十三年，御史陳道基、督學樊〔三〕坊表其閭。氏終年六十五，莫天賦爲之傳。

馮氏，海康舉人張德妻也。年二十四，孀居守節，事姑訓子，始終靡玷。兩學請表其閭。

唐氏，海康陳一魁妻。年二十二，夫故，無子，孀居守節，哀毁骨立。時有祖姑何氏、姑楊氏，相繼寡居，垂老無措。氏紡績以供，比祖姑、姑故，典衣葬祭如一。撫按扁書『節孝』旌之，月給米帛，以資其養。

陳氏，海康典儀吴啓東妻，監生陳廷璋女也。年十九適啓東，越六載而啓東故。有子兆元、兆亨，煢煢在褓，氏矢志苦節，績紝〔四〕度日。子長雋於庠，母之教也。孝事寡姑及終，葬祭一以禮，三世祖柩，典衣鬻珥以殯之，始終完節。姑李氏先以節孝旌，陳氏繼之。一門雙節，季世所希。御史劉會、督學陳鳴華俱給扁，以旌其閭。

〔一〕刻本、聚珍本作『大學士』。抄本作『大學生』，誤。

〔二〕刻本、民國鉛印康熙二十六年刻本無『紡』字。

〔三〕抄本作『焚』。刻本、民國鉛印康熙二十六年刻本作『樊』。

〔四〕刻本、民國鉛印康熙二十六年刻本作『紡』。抄本作『紝』。

曹氏，海康陳爵妻，年十九爵故，孀居犵守，紡績〔一〕以度。有遺腹子，哀撫成立。節操至老不渝，兩學具請兩臺給扁帛以旌之。孫澤，府廩生，應貢士，世居吾面。

林氏，海康周諮妻。生男昌運，甫四月而諮故。林時年二十二，矢志守節。翁亡，事繼姑盡孝，足不越閫〔二〕外。而妯娌之間藹如，撫昌運成長，旦晚〔三〕勉之。昌運事母惟謹，嘗列庠序，以冠帶侍養。萬曆十八年，里老舉其事於有司，移學會議，僉謂林氏守節明確，按院劉給扁帛獎之。至二十九年，氏卒。

林氏，海康曹璟妻也。年十七適璟，生男正統。年二十三而璟〔四〕故。氏甘貧守節，誓死不嫁。舅姑卒，紡績以殯，撫其孤俾成立。數十餘年，幽貞無玷，郡以其狀聞。萬曆二十九年，軍門戴燿、御史李時華、督學袁茂英，前後給扁旌表。終年八十有二。

陳氏，海康許廷秀妻。踰二年，生子顯宗，甫五月而廷秀故。陳氏年二十，誓不再適。事孀姑譚氏謹，撫顯宗長，娶李氏，生孫希孔，七歲時而顯宗亡。陳又撫希孔長，娶宋氏，生曾孫上進，九歲時而希孔又亡，陳暮齡與孫婦宋氏，苦意撫上進。至有聲黌序，三世零丁，竟昌其祚，陳之力也。卒年九十，

〔一〕刻本、聚珍本作『績紡』。
〔二〕刻本、民國鉛印康熙二十年刻本作『閫』。抄本作『梱』。
〔三〕康熙二十六年抄本作『勉』。此從民國鉛印康熙二十六年刻本作『晚』。
〔四〕民國鉛印康熙二十六年刻本闕『璟』字。

府縣覈實〔一〕，屢褒之。

曹氏，海康曹陳之女，陳奭媳也。先是，奭娶黄氏，生男堯道。三歲而奭亡，黄氏守節，撫堯道，聘曹氏爲堯道配。比將親迎，而堯道逝，時曹氏年十八，步行至陳家，守堯道喪，誓不他適。養祖事姑勤謹，六載如一日，姑媳雙節固難，而曹氏未經夫面甘守夫節尤難，雖末路尚遥，而真誠可諒。里長謝良佐等據實以呈監司，府縣屢加奬勵。

王氏，海康唐輝妻，年二十歲輝故。孀居撫二女，紡績爲生，靡他之志，久而彌勵。萬曆十九年，按院旌表，歲給粟帛。七十七歲而終，生員唐鑛、唐鳳儀，其姪也。

石氏，海康鄧大純妻，年二十夫亡。守志撫遺孤，又事繼姑，晨昏無間。崇禎間，按院察實，題建坊表以旌。

卓氏，海康莫二之祖母，寡無嗣，守節不渝。莫二，其繼孫也，曾經兩院，題建坊表，前志未載，亟補之。

林氏，海康何均妻，年二十二均故。輒欲從夫地下，親族百計諭之，哀毁幾絶。卒矢志育遺孤，以有成立，壽八十五歲終。御史王業浩給扁，以旌其門。

〔一〕抄本作『覆』。刻本、聚珍本作『覈』，是。

《選舉》《人物》《烈女》總論

論曰：自古設科取士，務期得人，爲國家光輝山媚澤之英，馳名於當時，留勛於異代，多士挺生，後先繼起，誠快事哉。得乾之正者爲士，得坤之貞者爲女，陰陽相配而道成。女流中未嘗無君子焉，志首《選舉》重人物以及烈女，紀載寧有闕典乎。夫大丈夫崛起寒單，或振拔於科名，或見推於貢舉，或邀榮於薦辟，或抱道於山林，所處不一，皆並志之，以垂永久。至於毓德幽貞、閨門死節，尤天地之間氣所鍾不可多得者。嗟嗟，世風漸下，人物已非，其不以巾幗貽羞，爲妾婦所訕笑者幾人哉。士也，宜加勵焉。

藝文志 御製　表　記　序文　詩　文集

雷藝文，唐以上無所考，有之，自宋始。今不必宋，而宋其遺也。彙而蒐之，而雷藝文盡是。作《藝文志》。

敕誥

御製學碑文

朕親御路朝，首興教化，士風所繫，尤務作新。比年以來，習尚澆漓，士氣卑〔一〕薾，純厚典實，視昔歉焉。豈涵養之未充，抑薰陶之或闕。咨爾訓迪之職，毋拘内外之殊，各究乃心，俾知所向，矯偏適正，崇雅黜浮，使人皆君子之歸如古者。賢才之盛，副予至意，惟爾之休。

〔一〕刻本、民國鉛印康熙二十六年刻本作『萆』。

宋熙寧九年《封陳侯文玉威德王誥》

朕詔天下，凡天下川谷之神，能出雲雨、殖財用，有功烈於民，而爵號未稱者，皆以名聞，將偏加禮命以褒顯之。惟神聰明正直，庇于一方，供民之求，如應影響，守臣列狀，朕甚嘉焉。論德報功，疏錫王爵，俾民奉事不懈益恭，宜特封威德王。

宋乾道三年《增封威德昭顯王誥》

朕上接三神，下賓羣祀，所憑在德。方致力於幽明，一視同仁，顧何殊於遠邇。雷顯震廟食，際天所覆，共昭奮豫之功；服嶺以南，獨毖盛陽之施。糾陰兵而剪寇，沛時雨以利農。考觀民言，灼見洪祐。茲濟登於顯號，以發詡於靈威。尚迪休光，永承燕享。可特封威德昭顯王。

宋慶元〔一〕三年《增封威德昭顯廣佑王敕》

惟王英聲赫奕，聰德昭融。駕彼雙龍，咸浹沛天之澤；播厥百穀，茂臻樂歲之功。再加褒字之華，爰寵王〔二〕封之舊，秖〔三〕承榮渥，益衍〔四〕嘉祥。可特封威德昭顯廣佑王。

〔一〕聚珍本作『應元』，誤。抄本作『慶元』，是。

〔二〕刻本、民國鉛印康熙二十六年刻本作『上』。

〔三〕抄本作『秖』，刻本、聚珍本作『衹』。

〔四〕刻本、民國鉛印康熙二十六年刻本作『行』。抄本作『衍』。

宋淳祐十一年《增封威德昭顯普濟王敕》

惟王以威聲發響，英赫開祥。方五季之先，海康粤絶，已能濯濯，厥靈淑開明祀，歷我朝三百載不替。厥亨且雨暘，應於人情之急。籲寇賊弭於事勢之傾危。年穀順成，民以寧一。其有妙於冥漠間，以濟屯者矣。計狀驛聞，增裨懿號。爾之靈固以德不以爵，亦以狀風霆流行之運也。可特封英靈威德昭顯普濟王。

宋德祐元年《改封英靈威德昭顯〔一〕廣佑〔二〕普濟王敕》

有功於民，載在典禮，奠居之誼，通乎神人。宜易嘉名，以彰景貺。惟王於昭，其德克震，厥聲捍患禦災，允矣聰明，正直動人，作物偉哉。氣焰威靈，膺一品之極功，爲千里之明祀。爰以克敬之意，寓在徽號載更，昭顯之封，式彰靈異，尚其監止，其可度思。改封英靈威德昭顯廣佑普濟王。

元泰定二年《封神威剛應光化昭德王誥》

海康遠在南服〔三〕，雷聲化於寰宇之間，惟爾有神，實當司之。比來守吏削章上言，其在至順，導行潦以達戰艘。迨於元祐，沛甘霖而稔豐畝。考兹靈蹟，宜易徽稱。於戲，啓蟄收聲，有赫上天之號；令

〔一〕康熙二十六年抄本作『昭順』。刻本、民國鉛印康熙二十六年刻本作『昭顯』，從之。

〔二〕刻本、聚珍本作『祐』。抄本作『佑』。

〔三〕刻本、聚珍本作『南復』，誤。抄本作『南服』，是。

不言善，應永孚〔一〕下民之禱祈。可易封神威剛應光化昭德王〔二〕。

宋蘇轍《到雷謝表》

臣轍言：臣先蒙恩，責降分司南京、筠州居住。於今年二月内，又蒙恩責化州别駕，雷州安置。已於今月五日至貶所，訖者謫居江外已閲三年，再斥海州，通行萬里，罪名既重，威命猶寬。臣轍伏念，臣性本樸愚，老益猥鄙，連年驟進，不知盈滿之爲災，臨出妄言，未悟顛危之已至。命微比髮，釁積成山。比者水陸奔馳，霧雨蒸濕，血屬星散，皮骨僅存，身錮陋邦，地窮南服，彝言莫辨，海氣常昏。出有踐蛇茹蠱之憂，入有陽淫陰伏之病。艱虞所迫，性命豈當〔三〕，念咎之餘，待盡而已。伏惟皇帝陛下，仁齊堯舜，政述祖宗，日月之明，無幽不燭，天地之施，有生共霑。憐臣草木之微，念臣犬馬〔四〕之舊，未忍視其殞斃，猶復俾以全生。臣雖棄捐，向叨恩遇，知殺身之何補，願没齒以無言奏疏。

明林富《乞罷採珠疏》

爲乞罷採珠，以甦〔五〕民困，以光聖德，事官何爲以此時而議採珠也，何不以珠之不可採告之陛下

〔一〕刻本、民國鉛印康熙二十六年刻本作『永享』。
〔二〕刻本、民國鉛印康熙二十六年刻本句末有『表』字。
〔三〕刻本、民國鉛印康熙二十六年刻本作『常』。
〔四〕民國鉛印康熙二十六年刻本作『大馬』，誤。抄本作『馬犬』。
〔五〕刻本、民國鉛印康熙二十六年刻本作『蘇』。『甦』『蘇』二字同。

也？蓋珠有不可採者三：一曰理，二曰勢，三曰時。

不可採而不採，陛下之心也。知其不可採而不爲陛下言之，臣之罪也。臣聞之，書曰：不作無益害有益，功乃成；不貴異物賤用物，民乃足。夫不害有益，無益且不可作也；不賤用物，異物且不可貴也。但無益之作，未有不害有益者；異物之貴，未有不賤用物者。蓋持衡之勢，此重則彼輕，聖人審輕重之理，終不以此而易彼也。故堯舜抵璧于山，投珠于淵，正爲此耳。且自有珠池以来，祖宗时率数十年而一舉，天順年曾一行之，至弘治年始一行之，至正德年始又一行之。夫祖宗時非不用珠也，而以爲無則不必用耳；非不採珠也，而以爲不可採則正耳。陛下法堯舜、法祖宗，而偶不得推類於此，必有大不當於陛下之心者，此臣所以斷之以理，而知其不可採者一也。

且珠之爲物也，一採之後，數年而始生，又數年而始長，又數年而始老，故禁私採、數採，所以生養之。自天順至弘治十二年，珠以成老，故得之頗多。又自弘治至正德九年，珠半老，故得之稍多。自正德至嘉靖五年，珠尚嫩少，故得之甚少。今止隔二年，尚未生長，恐少亦不可得也。五年之役，病死者幾人，溺死者幾人，而得珠者〔一〕幾何？或者謂以人命易珠。今兹之役，恐易以人命，而珠亦不可得也。此臣所以度之以勢，而知其不可採者二也。

〔一〕抄本有『者』字。刻本、聚珍本無『者』字。

臣又體得廣西地方盜賊縱橫，猺獞盤據〔一〕，田土荒落，調度頻繁。凡宗室禄米、官軍俸糧，大半仰給於廣東。近者斯田之役，其取之又不止十之八九。故廣東者，廣西之府藏也，府藏空則人命危矣。目今嶺東、嶺西兩道地方所在，饑民告急待哺，申訴紛紜，盜賊乘間，竊發饋餉，日贍不暇。而廣西猺獞萬一靡寧，則調發轉輸，又未有息肩之期。而于此時，復以採珠坐令某府、某縣派銀若干千兩，某府、某縣派夫若干千名，某府、某縣派船若干百隻，誠恐民愈窮而斂愈急，將至無所措〔二〕其手足，而意外〔三〕之變難保必無，此臣所以揆之以時，而知其不可採者三也。

夫聖人之舉事，本之以理而乘之以時。勢理者，事之經也；時勢者，事之因也。理則可，時勢則未可，不可也。理則不可，時勢則可，不可也。而況理與時勢無一可者。故臣敢斷以爲不可，而知陛下亦必以爲不可也。昔漢順帝時，桂陽太守文礱獻大珠，詔却之曰：海内頗有災異，朝廷修政大官減膳，珍玩不御。文礱不〔四〕竭忠宣暢本朝，而遠獻大珠，以求幸媚，封以還之。元仁宗時，賈人有售美珠者，近侍以爲言曰：吾服御雖〔五〕不嘉飾以珠璣，生民膏血不可輕耗。汝等當廣進賢才，以恭儉愛人相規，不可

〔一〕民國鉛印康熙二十六年刻本作『盤踞』。
〔二〕民國鉛印康熙二十六年刻本作『採』，誤。
〔三〕刻本、聚珍本作『意外』，是。抄本作『億外』。
〔四〕民國鉛印康熙二十六年刻本作『石』，誤。刻本、抄本均作『不』，是。
〔五〕抄本作『雅』。刻本、民國鉛印康熙二十六年刻本作『雖』，是。

以奢靡蠹財相導。夫二君，庸主也，而此一事偶爾得之，則臣不敢以爲非也。陛下聰明睿智、仁孝恭儉之主，而此一事偶爾行之，則臣亦不敢以爲是也。或謂臣能言其不可，而不知珠之用爲成造王府等、妃珠冠等項而取，親親恩典，終不可廢，恐難遽止。臣以爲，陛下之於諸王，寵之以恩禮，結之以忠信，厚其禄餼而通其情，不違其所欲，且使其知陛下不以儀飾而略恭敬，不以綺麗而傷儉素，親親之情彌久彌篤，又何論一冠之輕重耶？况該監題稱庫内尚有餘剩匾小珍珠，是猶可以備飾冠之儀，亦未遽至缺乏。如少俟數年，池蚌漸老，民困少蘇，徐取而用之，則陛下親親之義，愛民之仁，用物之節，亦并行而不悖矣。臣又思上用偶缺，該監請辦擬而行之，於例固無不可者，而時勢不可，則非臣在地方者，不能知陛下固難懸斷而不可知也。故曰知其不可而不爲陛下言者，臣之罪也。此臣所以不揣狂妄，披瀝肝腸，竟持三不可之説，冒昧塵瀆，伏願陛下法古先以恭明命，昭令德以示四方，尚恩禮而篤宗親，敦樸素以遠珍麗，省財力以厚黎元，乞敕户部再加查議，將採珠一事暫賜報罷，則一方之民不覺鼓舞更生，而海濱嶺表咸歌尧舜之聖矣。嘉靖八年六月初一日題。

明林富《乞裁革珠池市舶内臣疏》

嘉靖九年十月二十日，題爲應詔陳言，廣聖謨以答天戒。事臣照得廣東濱海與安南占城等番國相接，先年設有内臣一員，盤驗進貢方物。廉州府合浦縣楊梅、青鸎〔一〕二池，雷州府海康縣樂民一池，俱産珍

〔一〕民國鉛印康熙二十六年刻本作『青鸚』。

珠。設有内臣二員，分池看守。前項各官或用太監、少監、監丞，初無定銜。成化、弘治年間，樂民珠池所産日少。至正德年間，官用裁革，惟廉州珠池一向存留看守。臣竊計各官供應之費，市舶太監額編，軍民殷實，人户各五十名，而珠池役占不減其數，珠池太監、額編門子、弓兵、皂隸等役，而市舶所用亦不爲少。及查先年番舶雖通，必三四年方一次入貢，則是番舶未至之年，市舶太監徒守株而待，無所事事者也。迨番舶既至，則多方以攘其利，提舉衙門官吏曾不與知，萬一啓釁，則該管官員固有莫知其由，而反受其咎者矣。況遞年額編殷實，及所占匠役無故納銀以供坐食，爲費不貲。珠池約計十餘年一採，而看守太監一年所費不下千金，十年動以萬計。割黄金之費，守二池之珠，於十年之後，其所得珍珠幾何。正謂所利不能藥其所傷，所獲不能補其所亡也。臣故以爲市舶珠池太監，俱不必專設，以貽日浚月削之害。市舶乞敕巡視海道副使帶管，待有番船至澳，即同備倭提舉等官，督率各該管官軍嚴加巡邏，其有朝貢表文見奉，欽依勘合，許令停泊者照例盤驗。若自來不曾通貢生番如佛郎機者，則驅逐之。少有疏虞，聽臣糾察，庶幾事體歸一，而外患不生。若欲查照浙江、福建事例，歸併總鎮太監帶管，似亦相應。但兩廣事情與他省不同，總鎮太監住札梧州，若番舶到時，前詣廣東省城，或致久妨機務。所過地方且多煩擾，引惹番商因而輒至軍門，不無有失大體。故臣愚以爲，不如命海道副使帶管之便也。其珠池乞敕海北道兵備官帶管，既係所管，汛地又免編役供需，禁命易及，民困可蘇。若謂珠池乃寶源重地，宜委内臣看守，誠恐倚勢爲奸，專權生事，憲職不得禁詰，諸司不敢干預，非爲費供億之煩，抑且滋〔一〕攘竊之弊。故臣愚以爲，不如命海北道兵備官帶管之便也。伏望皇上軫念邊方軍民窮困，特勅該部從長查處，將市舶珠池内臣取回别用，其額編軍民殷實，人户及所占匠役並門子、皂隸等役，盡數裁革，仍乞降敕巡視〔二〕海道及海北道兵備官各行嚴督官兵，巡察以待抽盤，看守以待採取，則省内二員之費，不啻齊民數十家之産，而地方受惠，邊徼獲安矣。

國朝

巡按御史張純禧《招撫西海疏》

題爲恭報招撫情形，仰祈睿鑒，以安一方之生靈。事照得臣肇、羅事竣西巡，七月初六日抵高州考察，即接雷、廉各道協稟報，土寇王之翰雖繳印投誠，尚無定局。廉州新恢，所在風鶴，兼之海寇劉成玉勾黨，慘殺人民，捉擄男婦，且勒民投順，征糧比餉，人心洶洶哭奔。

臣聞之，食不下，寢不安，遂行高州道府批選鐵騎二十名，步兵四十名。臣減去儀從，單騎同行入雷州境界，三面環海，一望曠莽荒凉之狀，臣不能悉也。每夜宿即與賊鄰，時聞炮火之聲。又與虎爲伍，時聞喊號之聲。又颶風暴雨，揭瓦翻屋。臣夜坐不寐，各兵枕戈披甲，幸於七月十五日始到雷州。城中茂草侵天，瓦礫滿地。城外新招殘黎，皆編草爲窩，苟延餘喘，觸目傷心，非復人境。臣大張告示，宣

〔一〕刻本、聚珍本作『玆』。抄本作『滋』，是。
〔二〕民國鉛印康熙二十六年刻本作『進視』。

布皇仁，親問疾苦，招流亡，考生童，鈐兵將，閱操賑貧，賞兵祭虎，生民〔一〕聞風，遠近俱來，復業就試，不及剃髮〔二〕者俱剪髮來奔。臣逐一安置，悉准考試。隨與道協商議，特書遣海康縣署典史郭繼協標署把總王應試，親往西海，招諭王之翰，令其薙髮，之翰隨具來稟。臣見其詞意真切，悔罪祈憐。臣復寫書，遣同知周熛、推官趙永祚親入巢寨。之翰見臣一片真誠，遂出與二官相見，不勝歡忻〔三〕。之翰隨出，嚴示曉諭彼寨士民盡行薙髮，隨令彼監紀同知陸問，參將李青、朱海、辛耀、梁元、楊騰，並齎户口册籍，隨同知推官來見。臣同道協各官親行筵宴，各捐賞袍帽。臣仍將自己袍帽一并給賞，各皆感激歡忻〔四〕。臣以所報户口恐有遺漏，復行駁造。今復補造文武官、生童、各社男婦户口，共五千四百餘丁口。尚有住居僻遠，一時不能盡造者。臣以新撫之民，自應寬其税，下令緩徵。但彼處里排各願輸糧，臣復商議道府暫行開徵，聽其自納，不事催科。業於八月十一日，徵收銀四百二〔五〕十餘兩，餘俟納以資兵餉。惟之翰自揣衰病，不能就仕，哀乞老髝嚴穴，尚未剃髮。但之翰士民既已歸附，亦日來哀訴，求臣題請。臣見士民如此傾心，思蔡人皆吾人也，向不過爲吴元濟淮西故事耳。若不據實題報，則士民

〔一〕刻本、民國鉛印康熙二十六年刻本作『生民』。抄本作『王民』。
〔二〕抄本作『剃頭』。刻本、聚珍本作『剃髮』。
〔三〕刻本、民國鉛印康熙二十六年刻本作『懽欣』。
〔四〕刻本、民國鉛印康熙二十六年刻本作『懽忭』。
〔五〕刻本、民國鉛印康熙二十六年刻本作『一』。

終不見信，之翰又生狐疑，彼此持疑，久則生變，勢必搆怨興兵，玉石俱焚，可惜五六千户口徒膏原野，不惟〔一〕有傷天地之和，恐亦非我皇上懷遠綏荒之至意也。且兩粵伏莽尚多，雲貴未入版圖，遠近聞之多生疑貳。伏祈皇上普如天之仁，擴好生之德，或暫寬之翰之髮等諸流放，而得五六千之人民，收西海一帶之土地，安雷郡〔二〕合郡之生靈，即使李定國諸逆聞之，咸慕皇上之寬大，解甲投戈，稽首來臣，未可知也。

此一役也，不煩勞師動衆，縻兵費餉，坐使十餘年負固之寇，輸心歸誠。從此兵戈可息，漸見太平，皆仰賴我皇上之威靈，兩藩督撫臣之籌略〔三〕。地方官如雷州道臣蕭炎，苦心調劑，加意撫綏；協守署副將喬增遷、雷州府知府陸彪，身履危疆，同心共濟；雷州府同知周爊、推官趙永祚，不避艱險，親入賊巢；道標中軍守備劉日從、協鎮標官喬文煥，皆往來招撫，素著勞績。臣目親擊，俱不敢没其功。之翰前繳僞敕二道銀印一顆，已經撫臣李棲鳳收貯訖。臣尚繪有雷州地圖一幅，抄白臣招之翰兩次書稿，之翰兩次回稟，並户口人丁册籍，送内院户部查照。瑣屑不敢仰瀆宸覽，相應一併題報。可異者，雷甫就緒，靈山又賊陷。部選知縣徐尚介，並縣丞、教巡等官，一時俱被慘殺，廉州欽合危如纍卵。臣一面飛

〔一〕民國鉛印康熙二十六年刻本作「已」。刻本闕字。
〔二〕刻本、民國鉛印康熙二十六年刻本作「雷州」。
〔三〕民國鉛印康熙二十六年刻本無「略」字。

檄鎮臣栗養志，並道將各官，協力夾勦。臣仍介馬親馳，相機招撫，察明情形。另疏馳報外臣，謹會同平南王臣尚可喜，靖南王臣耿繼茂〔一〕，廣東巡撫臣李棲鳳，合詞具題。伏祈皇上敕部速議，具覆將之翰投誠各官陸問等，酌議録用，雷屬各官分別紀敘。臣仍行道協諭之翰，令其薙髮。庶已歸者感恩思奮，未歸者亦聞風向化矣。謹題請旨。

順治十三年十一月初九日，奉旨兵部議奏，欽此欽遵，臣等看得王之翰帶領人衆向化投誠，宜行議敘。但王之翰尚未薙髮，應行該督撫按諭令薙髮，具奏到日再議，敘録賞賚。參將李青、朱海、辛耀、梁元、楊騰，隨來投見，造送歸順户口甚多，俱應照原銜給以參將，劄付交與全倖，隨標效用，俟立功另議。男婦户口共五千四百餘丁，應令該督撫按酌量安插其調征。參將喬增遷、中軍守備劉日從，不避艱險，往來招撫，相應記録，以示鼓勵。其喬文煥、王應試，查委册無名，例不准叙，應行該督撫酌量獎賞可也。等因順治十三年十一月二十一日題，二十二日奉旨，是依議行。又奉吏部議，得土寇王之翰投誠無定，以致廉屬一帶，所在風鶴。今按臣張純禧單騎親入雷境，能使渠魁繳印投誠，及雷州道臣蕭炎加意撫綏，雷州知府陸彪身履危疆，同心共濟。同知周熛不避艱險，親入賊巢招撫。以上四員均應記録，以示鼓勵。至僞監紀同知陸問，齎户口册籍投誠，應與敘用。察同知，係正五品，應照例以州同用。

〔一〕 抄本、聚珍本皆闕「繼茂」，刻本闕「耿繼茂」，此據《康熙遂溪縣志》補。

聽該藩該撫按在，于所屬地方查有相應員缺，題補可也。等因順治十三年十二月二十一日，奉旨依議〔一〕。

宋胡銓《築雷州郡城記》

紹興八年春二月，海寇陳旺長驅東犯城南鄙，縱火大掠，居民驚潰。兵馬虞輔國愴皇率衆出迎賊，戰殁，效用李憲等遇害，人争保子城。由是，邦人始以無外城爲病。十五年，右〔二〕朝散郎王趯來爲邦伯。視事之初，規創外城。期年，計畫始定。乃因民力之餘，於歲稔閲士保丁，按籍賦役。起自那廬，至西湖及赤嶺崗築城，大闢四門。功未就，而王公去官，更兩載不克繕。二十二年，右承議郎黄勳代爲州守，乃謀甃治，始陶磚甓，調方丁助埏埴，歲十月僝功。越明年，南北壁甃合四百二十二丈。而黄以代去。于是右朝奉郎趙公伯㮨來，不逾時，政通人和，百廢俱張。一日，閲城東西壁，歎曰：是于南北隅厥倍焉，吾不敢不勉〔三〕。乃命益陶磚瓦，自西壁凡三百四十丈，东壁半之。而東北壁塹山削城，又一百八十丈〔四〕。逾年，咸畢甃。猗歟美哉。時二十有五年冬十月。城高二丈有五尺，厚二丈，圍五里有奇。睥睨各二十七，墻二千六百五十有二，隍闊二丈有五尺，加闊之一，閲十有一年功乃克成〔五〕。嘗登高以望，

〔一〕刻本、民國鉛印康熙二十六年刻本末有『記』字。
〔二〕康熙二十六年抄本作『又』。刻本、民國鉛印康熙二十六年刻本作『右』，從之。
〔三〕刻本、民國鉛印康熙二十六年刻本作『免』。
〔四〕民國鉛印康熙二十六年刻本作『百八十丈』。
〔五〕抄本作『克城』。刻本、聚珍本作『克成』，是。

雉堞隱然，雖所謂矗若長雲，屹若斷岸，殆不能遠過，真一郡之壯觀，千古之宏規也，顧不偉哉。公生富貴，能痛自刮磨豪習，委己於〔一〕學，重知人情，急世之要累，爲大都蘇枯弱强，落其角距，櫛垢爬癢，民獲奠枕〔二〕，優游怡愉，而人自得於山海千里之外，使得行其志，澤被天下，雖漢間治平可企及也，刻石以記。

宋學士蘇軾《伏波廟》〔三〕

漢有兩伏波，皆有功德於嶺〔四〕南之民。前伏波，邳離路侯也。後伏波，新息馬侯也。南粵自三代不能有，秦雖遠〔五〕通置吏，旋復爲夷〔六〕。邳離始伐滅其國，開九郡。然至東漢，二女子側、貳反嶺南，震動六十餘城。時〔七〕世祖初平天下，民勞厭兵，方閉玉關，謝西域〔八〕，況南荒何足以辱王師，非新息苦戰，則九郡左衽至今矣。由此論之，兩伏波廟食於嶺南者，均也。古今所傳，莫能定於一。自徐聞渡海，

〔一〕刻本、民國鉛印康熙二十六年刻本此處多一「於」字。
〔二〕民國鉛印康熙二十六年刻本闕「枕」字。
〔三〕《蘇軾文集》題作《伏波將軍廟碑》。
〔四〕諸本無「嶺」字，此據《蘇軾文集》補。
〔五〕《蘇軾文集》「遠」作「稍」。
〔六〕諸本皆作「彝」，據《蘇軾文集》改作「夷」。
〔七〕《蘇軾文集》無「時」字。
〔八〕縣志諸本皆作「謝西城」，誤。此據《蘇軾文集》作「謝西域」。

適珠崖，南望連山，若有若無，杳杳一髮耳。艤舟將濟，眩栗喪魄〔一〕。海上有伏波祠，元豐中詔封忠顯王，凡濟海者必卜焉。曰：『某日可濟乎？』必吉而後敢濟。使人信之如度量衡石，必不吾欺者。嗚呼，非盛德其孰能然！自漢以來，珠崖、儋耳，或置或否。楊雄有言：『珠崖之棄，捐之力也〔二〕，否則介鱗易我衣裳。』〔三〕此言施於當時可也。自漢末至五代，中原避亂之人，多家於此。今衣冠禮樂，蓋班班〔四〕然矣，其可復言棄乎〔五〕！四州之人，以徐聞爲咽喉；南北之濟〔六〕，以伏波爲指南，事神其敢不恭。軾以罪謫儋耳三年，今乃獲還海北，往返皆順風，念無以答神〔七〕貺者，乃碑而銘之。銘〔八〕曰：

至險莫測海與風，至幽不仁此魚龍。至信可恃漢兩公，寄命一葉萬仞中。自此而南洗汝胸，撫循民

〔一〕此兩句縣志諸本作『艤舟得渡，殷慄魂喪』。此據《蘇軾文集》改。

〔二〕《蘇軾文集》作『捐之之力也』。

〔三〕據《蘇軾文集》，文中蘇軾所引爲『珠崖之棄，捐之之力也，否則介鱗易我衣裳』句出揚雄《法言・孝至》，原文『朱崖之絶，捐之之力也，否則介鱗易我衣裳』。

〔四〕諸本作『班然』。《蘇軾文集》作『班班然』。

〔五〕抄本、聚珍本『乎』作『于』，誤。刻本作『乎』。

〔六〕《蘇軾文集》作『南北之濟者』，多一『者』字。

〔七〕抄本、聚珍本『神』作『明』，誤。刻本作『神』，《蘇軾文集》同。

〔八〕縣志諸本無『銘』字，此據《蘇軾文集》補。

夷〔一〕必清通。自此而北端汝躬，屈伸窮達常正忠。生爲人英没愈雄，神雖無言意我同〔二〕。

宋黄必昌《蘇潁濱先生祠》

黄門公謫雷後百二十四年，毛侯當時始即故居祀之，未幾復壞。又二十年，永嘉薛侯實來。一日，訪遺址，則樲棘生焉，瓦礫聚焉。乃慨然曰：『是地勢硉兀，風蕩水齧，弗能支宜也。』北行數十步，得貢闈舊址，延袤百丈。曰：『是足以奉我公矣。』嘉熙戊戌之冬，乃築而遷焉，建樓百丈祠，公其下列老蘇、長蘇及公神主。於樓之上爲三翼，以兩廡位以四職，更衣有舍，齋〔三〕居有室，庖湢浣濯各有次。聚九經百代書，備籩豆、簠簋之器。門之外甃以巨沼，跨以長橋，繚以垣墻，植以花竹。沼之外爲重門，登樓遐眺，則環城樓觀如拱如揖，規模宏偉，氣象軒豁，而基址堅密，是可久矣。而侯猶以爲未也，首捐俸二十萬，買田積園。郡僚屬及州人咸踴躍趨之，積二百萬，歲得租約三十萬。凡月朔謁祠，春秋釋菜，與職掌之廩、葺理之費，皆給焉。是祠千載猶一日，而侯之德亦與之無窮矣。噫嘻，并建聖哲，立之風聲，此爲治之先務，而世俗罕有知之者。黄門公氣節、文章，師表一世，去此百餘年矣。更幾守而後建祠，又作興修壞〔四〕至今。侯而後能爲久遠之計，聚書蓄器，掌以學者。春秋之祀弗替引之，使人常

〔一〕縣志諸本『夷』作『彜』，《蘇軾文集》作『夷』，是。
〔二〕縣志諸本作『我意同』，此據《蘇軾文集》改。
〔三〕康熙二十六年抄本作『濟』。民國鉛印康熙二十六年刻本作『齋』，是。
〔四〕民國鉛印康熙二十六年刻本作『又作修環』，闕『興』字，『環』字誤。

有興起愛慕〔一〕之心，是則難矣。雖然，公方立朝屹然，一有不合卿相之位、萬鍾之禄，不屑顧也。使肇是祠者一拂於民，有愧於心，公豈屑享之歟？今侯之爲州，大略類長公之記，蓋公嘗論齊相所治齊者。此歲穀賤，民紓節縮用度之餘，因人心所同慕者而爲之，以是奉百世之祀，吾知公其享之必矣。

宋吴千仞《英山雷廟記》

夫記者，所以直書其事，以爲後人所聞知也。故物有奇異之狀，事有殊怪之由。然則雷廟也者，所謂奇異殊怪者也。按州之二里英靈村有居民陳氏，無子，嘗爲捕獵。家有異犬，九耳而靈。凡將獵，卜其犬耳，動有所獲，數亦如之。偶一日，九耳齊動。陳氏曰：『今日必大獲矣。』召集鄰里共獵。既抵原野，間有叢棘深密，犬圍繞驚匝不出。獵者相與伐木，偶獲一卵，圍尺餘。携而歸，置之倉屋。良久，片雲忽作，四野陰沉，迅雷震電，將欲擊其家。陳氏畏懼，抱其卵置之庭中，雷乃霹靂而開，得一男子，兩手皆有異文，左曰『雷』，右曰『州』。其雷雨止後，陳氏禱天而養之。既長，鄉人謂之『雷種』。

至大建二年，領鄉舉，繼登黄甲，賦性聰明，功業冠世。授州守刺史之職，陳文玉是也。殁後，神化赫奕，震霹一方。郡民就州之西南隅中，置立廟堂三間，塑雷神十二軀，應十二方位。各飾神冠、執劍刀斧鉞之類。至於雷公、電母、風伯、雨師，輪鼓電火，各以板圖像列於廟間，春秋刺史躬祀。至乾化二年八月十六夜，颶風大作，廟堂忽失二大樑，訪尋莫知所在。有地名英榜山，原立石神，去州五里

〔一〕民國鉛印康熙二十六年刻本闕『慕』。

许。時有軍士入山採木，忽見二大樑在石神之西。因申州，尚书率官吏詣其所，驗之，乃廟堂所失之樑也。焉知神托風雨遷移，若有擇地而居。州謂其靈異，搆材運〔一〕石神造廟宇。自是神靈益顯，官吏祈禱，應如影響。犯神必死，求者必應。廟宇有活雞活羊，蓋祈禱之所捨者〔二〕也，爲狸虎所捕，至旦而狸虎皆暴死於廟前。州之頑蠢者，假修廟之名，汲夫鄉村，乞錢糧，未入就其所在，皆自绞其手，號呼痛楚，直抵神廟，其家聞之，匍匐隨至。問之，即曰我假大王之名勾錢於人，今爲大王使者束縛鞭拷，速爲救我，不然當死。其家急以大牲致祭，命僧道誦經謝過，始得釋。廟人夜宿廟中，天將明，廟門忽開，有車蓋侍衛直上抵正殿，廟人驚惶，謂刺史到廟，奔走迓迎，忽爾不見。其靈顯如此。左右田家俱各畏懼，少有所逆，遂至亡命。乃議就廟之東北，置立佛殿祭祀，雜以經文爲獻，冀神威化爲慈。由是威猛差減，後佛殿敕額爲廣濟禪寺。至僞漢大有庚子歲正月十五夜，廟門井中忽音樂振作，入抵廟正殿。詰旦，廟人陳延長以爲申州，知州封尚書率官吏詣廟，見有神龍行跡，鱗爪印地，遺流涎沫直上正殿，久而不散。尚書具由奏聞，就當年八月上命，差内班薛譽就州重修廟堂，增置兩廟、兩門、三門，始封爲靈震王。而石神封廟内土地，其重修時擬遷石神于西，而正殿居東，使人舁其石，推而不動，遂鑿其根，愈掘愈深，乃知其神靈不許遷，於是正殿仍居西也。至僞漢大寶乙巳歲，命重賜冠帶、牙笏、衣帳、祭品若干

〔一〕抄本作『連』，誤。聚珍本作『運』，是。
〔二〕刻本、民國鉛印康熙二十六年刻本闕『者』字。

件。祥符二年記。
宋建炎间，戴堯仁、黄勳相繼修廟，有李永年記。
宋熙寧九年，改封『威德王』。
宋紹興三十一年，賜廟額曰『顯震』。
宋乾道三年，增封『昭顯』。
宋慶元三年，增封『廣祐』。
宋淳祐十一年，增封『英靈普濟』。
宋德祐元年，增封『英靈威德昭順廣祐普濟王』。
元泰定二年，改封『神威剛應光化昭德王』。
明洪武初，改封『雷司之神』。每歲上元，郡守具牲以祭。成化壬寅，郡守魏瀚因廟傾圮，重加修葺，建上肅所，又建石坊於前，扁曰『英山勝境』。羅璣爲之記。
弘治乙卯，太監陳榮擴地基，榮建殿宇三間，外門三間〔一〕，繞以垣牆。
嘉靖辛亥，皇妃杜氏請旨致祭，爲皇太子祈福。碑竪廟中。
萬曆甲辰，府縣命工修葺前後殿，材俱易以鐵力木。增置海北靈祠、兩廟、門樓、拜亭及鐘鼓樓。

〔一〕民國鉛印康熙二十六年刻本作『二間』。刻本、抄本作『三間』。

海康知縣鮑際明辛亥重修，有記。

明海康縣學《鄉貢題名記》

朝廷建學育才、設科取士，三歲大比考其德行、道藝，而興其賢者、能者，所以隆治本、致化理也。海康爲雷郡附邑，士由學校而登貢舉者，歷科相望，視他邑爲盛。固皆本乎作養造就之功，而亦士之無負於學校也。始學宮湫〔一〕隘弗稱，知縣胡文亮、縣丞王銓捐俸貿地而廣之，於是殿堂、齋廡以次繕治，咸克完美。又以貢士題名碑，前此未有，將磨石勒之，以勵學校。於是偕教諭脱英、訓導聶深、方榮詣余，請文紀之。余語之曰：『進德修業，由士子之遜志何如，誘掖誨道，在有司之躬行何如，題名何預焉？』文亮等進而言之〔二〕曰：『凡若是碑，不作無害也，然寓勸懲之意亦深矣。使題於碑者，他日建立事功，垂休邁烈前人，將指其名而譽之曰：斯人光於學校也，如此苟或制行，奸回殘虐，則人亦指其名而議之曰：斯人玷學校也。如此則凡列名之士，思以修其業，思以光其名，而咸知所勉勵矣。』余曰：『具是二者，碑其可不作哉？』遂書爲之記。

明鄧宗齡《新築東河記》

雷濱海，而郡山勢蛇蟺，自西北直趨而南，大海環繞其前。郡以前則平沙平曠，渺然無障。堪輿家

〔一〕刻本、民國鉛印康熙二十六年刻本作『秋』，誤。抄本作『湫』，是。

〔二〕刻本、民國鉛印康熙二十六年刻本闕『之』字。

者言，謂山不足而取資于河，乃克有濟。博士黄君率弟子員，請於郡守周公，力主其議，乃以白於監司王公、許公。兩公報可。周公乃率郡丞趙公、郡倅傅公，同司理鄭公，暨邑令陳公趣度之。咸捐俸佐費，擇期啓土，而以鄭公董其事。起自天妃宫，迤邐東繞，以合特侣之水，潮汐往返，環抱如帶。是舉也，無徵民力，無煩官帑，不數月而工就。此皆監司郡邑諸公〔一〕憫然念士之呰窳，而教之湮鬱也，意欲奪造化、移山川之靈以授，諸士德念無已矣。夫人民與山川，各操其柄，而有志者務人靈地，毋以地靈人。粤無文獻，何知有曲江也？曩時論者曰：儒術落穆，則職此之由，即有倜儻之才，下帷之力，豈能超山川而見奇。今大河告竣，川岳改觀，藉第令泄泄曰：吾將乞靈於河伯，邀寵於山君，玩日愒歲，躭逐自廢，而冀人民之自興，是兹舉爲多士累也，何以復諸公是在諸士哉。河寬二丈，長四百餘丈，大石橋一座，小石橋五座。參政徐君，名應奎，鄞縣人；參議王公，名民順，今〔二〕陞福建參政，金谿人；僉憲許公，名國瓚，晋江人；郡守周公，名良賓，晋江人；林公，名民止，莆田〔三〕人；郡丞趙公，名右卿，蘭谿人；蔣公，名一清，宣化人；郡倅傅公，名宴，鄭陽人；葉公，名茂晚，順昌人；司理鄭公，名子亨，羅源人；陳公，名泰旦，上虞人；邑令陳公，名錦，漳浦人；博士劉君，名希曾，上杭人；黄君，名夢

〔一〕康熙二十六年抄本無『監司』二字。刻本、民國鉛印康熙二十六年刻本作『監司郡邑諸公』，從之。
〔二〕刻本、民國鉛印康熙二十六年刻本作『金』，誤。
〔三〕民國鉛印康熙二十六年刻本作『蒲田』。

鯉，增城人；王君，名弘，高明人；劉君，名琮〔一〕，邵武人；路君，名希堯，瓊山人；黄君，名兆龍，合浦人。而奉委董役者，主簿陳君名世柟，侯官人。先後共〔二〕成厥美，例得并書。

明柯時復《雷陽對樂池罷採碑記》

粵稽珠璣作貢，昉地平日矣。毋亦曰，禮文所需職分，攸然係也乎。要以不問多寡，不立期會，俾民自致其土之所有耳。迨秦開疆百粤，尉屠睢採南海之珍以獻，而蚌胎熒熒，無脛而走天府矣。宋署媚川郡卒三千人備採珠役，而熙寧間始立官監之。正德初，雷池罕産珠，迺罷守，而以廉守者兼之。嘉靖時，撫臣言不便併罷，廉守以其事責兵備道等官，猶數年一採，大約所獲珠不能倍於費，與以金易珠何異？而奔命爲疲，要之出自合浦之淵，而對樂寄空名焉耳。

我皇上御宇幾三十年，有所須〔三〕珠寶，咸給内帑金貿進，不忍煩海外民，真超越前代事也。邇以賈珠之絶，罔稱櫝笸，爰命内臣採廉珠池〔四〕，時戊戌秋月也。其明年，又命督税太監李鳳抵雷，採珠與廉，畫海爲界，莫或侵越，越者法，而二廠奸人耽視矣。檄到則廠署館舍錯繡如斗，城内外取辦倉卒，官勞民病。己亥冬，參政林公如楚鎮以雅静，陽飭戢而陰調停，總兵黎國耀勒部曲，善固疆圉，署府務倅吴

〔一〕民國鉛印康熙二十六年刻本闕「琮」字。

〔二〕刻本、民國鉛印康熙二十六年刻本闕「共」字。

〔三〕刻本、聚珍本作「須」。抄本作「需」。

〔四〕諸本皆作「採廉珠池」，不通，疑當作「採珠廉池」或「採廉池珠」。

貢珠〔一〕，昕夕規措，理冗弭變。海康令何復亨、遂溪令袁時選、徐聞令莫敢齊，供億如禮兩全。官民惟節推張應麟署海防，實專領焉。日興大璫，周旋〔二〕風濤中焦蒿兵食細務，毋躪腰隕機〔三〕，毋跆籍召讁，始杜兩池之争，終解千艘之亂。是役也，調民船四百有奇，募商船稱是供役千餘人，押船守港，軍兵二千六百名，費糧四千石，旗杖什物莫絶，用帑金四千餘，而餽餉轉送之私不與〔四〕也。計所獲珠不滿百兩，且商船作姦大横，出則侵界速構，去則掠民取資，寧獨虚勞，幾挑大禍。所賴李公與二三任事者，運機權消之。夫李公老成仁厚，入雷目擊暴骨，戚然動念，捐資棺埋之。

時有奸人匿名讐陷善良者，百餘人焚，不問所過，秋毫無犯。及開採無珠，乃以其狀奏上，詔罷採，永爲後鑒。雷民鼓舞祝頌李公之德不衰。柯生時復曰：禹惡衣服而令民貢採，其故可釋也。夫珠不取則禮廢，取則民疲，兩利之術其用以時乎？其採以地乎？聞東莞海産異珠，宋元每取給焉。尋以勞多獲寡罷之，珠蚌亦遂絶。雷今者類是，故前産而後不産，地何心耶？聖王因地曷有意乎，心採之也。採於廉以爲禮，罷於雷以爲民，則可謂德配神禹哉。與是舉者勤王事，一時休〔五〕民力，且世世聲諸來禩不朽。

〔一〕刻本、民國鉛印康熙二十六年刻本作『珍』。
〔二〕康熙二十六年抄本作『周選』，刻本、民國鉛印康熙二十六年刻本作『周旋』。
〔三〕康熙二十六年抄本作『幾』，刻本、民國鉛印康熙二十六年刻本作『機』。
〔四〕民國鉛印康熙二十六年刻本闕『與』字。
〔五〕民國鉛印康熙二十六年刻本作『體』。

明陳光大《惠濟東西橋記》

按《雷志》，湖塘水利湖在城西，郡人不知灌溉。宋紹興間，郡守何公庚築堤潴水，東西爲閘，以時啓閉，以沃堤南之田。又引東經通濟橋〔一〕，合特侶水以灌東洋田，化斥鹵爲膏腴〔二〕。歲久潰墮，湖因爲地，近湖之家據而田之。後郡守鄭公明揆其田，以隸州學，得種二十石有奇。端平間，有提刑張公以爲放生池，復西湖水利，易以没官馮直田四十石償學，湖仍官有也。湖有堤、有橋、有亭，扁曰『衆樂』，曰『狎鷗』，曰『泳波』。皇元以來，巠六十載，亭與橋閘俱廢，湖既失灌溉之利，人復病利涉。親民者莫之問。至順三年，郭公思誠甫下車，考圖訪古，惻然曰：此有司責也。召攝海康事龐照磨，諭以利病，若亟修無緩。復命天寧寺住持議緣捨。一時官僚士庶咸悦此舉，捐金錢若干，以助寺帑，司其出納，公簿考之。于是市材，攻石、磚瓦、釘灰、夫匠，日食之費，咸取給于是，官无所擾。政暇雖署〔三〕，雨必日一至，指示方略，井井有條。甃石修閘以便疏決，建亭橋上以息擔負。湖光山色，左右掩映，儼然圖畫，真雷陽之奇觀也。既成，復建堂於橋西，舊十賢祠遺址之側。像圖通大〔四〕，覺其中爲雷民祈福。前创門樓，與横舟亭相對峙，爲一郡眉目。金碧璀璨，光彩照人，命曰『水月堂』。以橋成跨水，水通而月

〔一〕刻本、民國鉛印康熙二十六年刻本作『又引而東經過濟橋』。此句當順爲『又引而東，經通廣濟橋』。

〔二〕刻本、民國十八年鉛印本作『高腴』，誤。

〔三〕康熙二十六年抄本作『署』，民國鉛印康熙二十六年刻本作『暑』。

〔四〕刻本、民國鉛印康熙二十六年刻本作『像通圓大』。

湛，福田皆在月光中也。後堂崗頂平地一區，主者陳氏；東南山地兩小段，主者鄭氏。各喜捨入堂爲業，以俾常住，界至載之券書〔一〕，因名其橋曰『惠濟』，扁以額之，併志諸石云。

明參政張岳《湖心亭記》

雷州西湖之勝聞于海北，然縉紳南游過雷州，若不知有是湖者。蓋凡湖山以勝名，必帶林麓、窮巖壑，有宫室、亭謝之觀，而前世高人逸士復留故事以傳，如杭之西湖、越之鑑湖，其名始盛，而游者踵至。兹湖皆不能挾而有之。独其渾涵瀲淡〔二〕、吞吐萬象，與海上雲日相澄輝于遐荒杳藹之表，則非意趣悠遠，不以奇麗弘富求山川者，罕能屢至而自得也。嘉靖己亥，石盟孟子雷謫至雷州，始即湖心小島，壘土增高，作亭臨湖。亭成，未及名，而孟子遷去。又三年，壬寅春，僉憲夢山翁子溥巡歷至雷，游斯亭而愛之。榱桷瓴甓已有壞者，爲繕葺開拓，加焕飾焉。而余與參戎鳳山劉子經，適以事至雷，翁子以其暇日觴余二人于亭上。酒酣憑欄，四望慨然。嘆曰：『贺知章、林和靖死，天下湖山無真主人久矣。彼不幸處在都外，日混擾于笙歌羅綺，又不幸爲世家所據奪，欲如兹湖之淪於遐遠而存其真，胡可得哉？』自亭而望，東阻城闉，西蘸寇祠，其南則走珠崖之路也。昔之君子，蓋有抱忠懷潔，走珠崖，走萬里，至於蹴屋窮耕，九死不悔。當其時，豈有待於後世之名哉？卒其所以名者，諸君子蓋不與也。士患不學，

〔一〕民國康熙二十六年刻本闕『書』字。
〔二〕刻本、民國康熙二十六年刻本作『澹』。

無以自信耳，既學矣，有以自信，雖不盡知于人，必有獨知于天者。周公之聖，而不悦于召公，七十子于夫子亦不能知也。故曰知我者其天乎。以聖賢之徒同堂合席猶若是，況遠方之身逡巡末俗，而欲俛仰脂韋以求聲光于上下，不亦重愧斯湖而可悲哉！余與劉子矍然竦聽，復命酒酣飲，因取《離騷》所謂『余情信芳』以名斯亭，既名而去，猶覺湖光之入夢寐也。

明知縣張和《英山雷廟記》

方余未至海康時，稔聞有所謂雷廟者，靈柄一方矣。迨蒞任後，肅謁廟貌，目擊祠宇弗稱，思爲之新餙〔一〕而未遑也。辛亥秋，始克修葺竣工，於是雷裔陳生、朱衷、洪猷等，磨貞石請記其事，余固讓弗獲〔二〕，率勒梗概而付之。余聞《月令》云：雩祀百辟，鄉士之有益於民者，以祈穀實。《春秋傳》云：能禦大災〔三〕，則祀之；能捍大患，則祀之。乃知古来祀典，爲民設也，諂黷云乎哉，若雷廟可覘已。按《郡志》，陳公刺兹郡，生有惠政，殁有靈異，鄉人立廟祀之，俗稱『雷種』，故廟以雷名。其廟創于陳代，徙於後梁，禋祀於南漢，而加封錫號于宋元，累葉迄我朝龍興。洪武改封『雷司』〔四〕，定祀上元。厥後成、弘間，屢因圮壞而修廓之。邇者，前令鮑公業已締搆堂宇、繪塑諸像，卒以覲行而未竟。余來海

〔一〕民國鉛印康熙二十六年刻本作『飾』。
〔二〕刻本、民國鉛印康熙二十六年刻本作『不獲』。
〔三〕刻本作『菑』。
〔四〕民國鉛印康熙二十六年刻本闕『司』字。

康，先經紀民事，後致力於神祠。乃聚材鳩工，命巡檢唐大伸董其役，以增葺其所未備，而彩飾其所未周。始事于某月某日，竣事于某月某日。其费出取之贖鍰，其工〔一〕力用之農隙。不越数月而競。趨樂赴，廟貌燦然更新。此豈余之私媚幸福哉？竊計莅邑以來，禱祈賜雨，應若桴鼓。年穀登而氛祲息，海無鯨波，而民無札厲。詎敢曰，余不敏，所能致然，寔惟是赫奕明神陰隲而顯庇之，余敢忘美報乎？故今之修葺，一以爲民〔二〕報福祐之仁，一以示後之尹兹土者，嗣續而常新之，俾神之有益於民，禦災而捍患者，永爲海壖蒼赤所憑依也。斯則立石記事之微意也。既記之，又作歌以爲雷裔令，歲時歌曰：

神感雷精托異胎，生作神君歿不在。廟食英靈山之隈，雷爍梁飛英榜來。錫民福履禳民灾，海濱萬竈靖氛埃。累代褒封廟貌怪，金符玉册幾番開。余謁靈區奠荔醅，惻然命匠整傾頹。工役止〔三〕爲民福催，願得從今永護培。五風十雨慶豐垓，祥臻殃弭登香臺，靈光萬禩赫如雷。

廟舊時有祭田一庄五頃四畝六分，屬海康陳、吴二姓主之。銀香爐三個，銀瓶三副，銀燭臺三副，銀爵三個，銀碗三個，銀筯三雙，銀帶三圍，銀臺盤一個，金盞一個，共銀二百餘兩，俱南漢朝所施物。嘉靖十九年，郡守命經歷陸沉毁之，買田數頃，以供香火。有銅鼓二面，仍先朝遺物，今存。

〔一〕刻本、民國鉛印康熙二十六年刻本作「功」。
〔二〕民國鉛印康熙二十六年刻本作「氏」，誤。
〔三〕民國鉛印康熙二十六年刻本作「祇」。刻本作「祇」。

明郡人御史李璿《天妃廟記》

神之血食於人，爲有功於人也。海瀕之邦建天妃宮而崇奉者衆，其靈顯嘗著海。大凡[一]有舟楫之經過，必詣祠而攄誠至禱，以卜風濤之興否，報應捷於影響，故人得免不測之虞，而獲生全之慶，是亦神之貺也，豈非有功於人而血食者焉？雷州密邇大海，舊有行祠，創於南亭，歲月深遠，風雨飄零，往來謁使弗稱仰瞻[二]。邑侯胡公文亮見廟傾廢，發心而鼎建之，更名曰『雷陽福地』。故需木鳩工，預令耆庶募緣而僦工。經營之興，自正統十年冬落成，於明年夏廟宇牆垣煥然一新，足以妥神靈之安，展人心之敬矣。由是而晨夕香燈，鐘鼓鏗鏘，祈靈問卜者無虚日。

原廟有田二石，混侵于民既久，侯辨别而追出之，復捐己俸，置田三石，付守廟者掌之，以供時祭之費。事竣，命予以記之。吁，侯之用心可謂仁矣，而神之報，豈舍侯而他適哉？然是宫之建，雖公之自爲，而自[三]祀典之奉，實朝廷之制度，使後人仰慕者，非徒爲邦之美觀，抑以表胡侯之誠心耳。然侯之事神既如此，而治民之道從可知矣。故不辭特述其槩以記歲月云。

〔一〕刻本、民國鉛印康熙二十六年刻本作『人凡』，誤。
〔二〕刻本、民國鉛印康熙二十六年刻本作『瞻仰』。
〔三〕刻本、民國鉛印康熙二十六年刻本闕『自』字。

弘治乙卯，太〔一〕監陳榮鼎建廟宇，視昔有加。嘉靖元年，提學魏校毀之，知府易蓁〔二〕以其廟爲接官亭。後鄉民復置神像于中，署府事戴嘉猷修葺，廟宇煥然。嘉靖十六年，郡守林恕重建，日久傾頽。萬曆三年，郡守陳九仞重修，門扁『海不揚波』。萬曆十五年，守道王民順、巡道許國瓚〔三〕、郡守周良賓、知縣陳錦各修建，前堂、後殿、耳房、門樓俱全，復建石坊于大門内，扁曰『紫極』『承華』，同知趙佑卿董其事，有棟木自水浮來之異。

明郡人何起龍《真武堂記》

赤嶺故有帝真祠，其所從來久矣。乃在夾道中，堂不旋馬。起龍居，恒與友人陳瑾嘆曰：『帝造福境内，歲時伏臘〔四〕，肩相摩，踵相接，何隘窄乃爾。』于是瑾相與鳩金，賈其後地。時萬曆三十年春二月也。自後起龍詣公車，瑾遂垣其地而屋之。旦暮拮据，矻矻如治其家。然比三十二年秋七月，余歸，廟貌告成，輪奐改觀，獨大門仍舊也。瑾曰：『九仞一簣，百里半途，可謂完果乎。』于是馮宗伊、林待試、陳繼昌、鄭宗玉、鄧邦牧捨金，而瑾任其事。苦無石，瑾親荷畚鍤環河啓土得石。無木〔五〕，瑾挾斧斤走

〔一〕民國鉛印康熙二十六年刻本闕『太』字。
〔二〕刻本、民國鉛印康熙二十六年刻本作『易泰』，誤。
〔三〕刻本、聚珍本作『讃』。抄本作『瓚』。
〔四〕刻本作『歲伏臘』，無『時』字。
〔五〕刻本、民國鉛印康熙二十六年刻本作『苦無木』。

園林鄉落，得荔枝大木十圍，載歸。起工於三十四年秋，越五月而事竣。祠故無香火需，瑾復謀于起龍曰：『無需故無守者，是無香火也，奚祀之爲？』瑾又鳩金買田六十畝該租粒，歲給僧有差矣。善始不如令終，自建此祠，瑾鳩金三，捐槖三，躬董大役而成之，若瑾者，可謂有初克終矣〔一〕。萬曆乙巳歲二月十五日記。

明詹世龍《忠義祠記》

雷人祀其尹王公有祠，祠繫忠義，實協祀典。公諱麒，號溟南，泰和人，由舉人。天順二年，令海康。性毅才敏，清苦自茹。時大疫，積屍原野。公惕若弗安寢，給棺插穸瘞之。洎流賊侵境，嘯動山海，匪康惟恤，公率郡民〔二〕會官兵禦之，抵那柳村，犯先鋒，飛矢中喉而歿。僕隸多與難，雷人悼思之。弗泯疏于朝，贈本府通判，因立祠祀之。祠據縣東衢。弘治間，聞有厲異，僉憲瞿公俊遷附于郭西秦公祠，闇宦遂易其趾爲文昌宮。嘉靖壬午，督學道〔三〕魏公校毀淫祠，公仍復專祀。郡守楊公表修潔如故制。迄今十餘年，颸澍浸淫〔四〕，土木傾蠹。歲壬寅，令尹宜山楊公澄蒞政，秉禮先〔五〕義，視之曰：公完人，神

〔一〕此句刻本、民國鉛印康熙二十六年刻本作『可謂有初克成終矣』。
〔二〕康熙二十六年抄本無『郡』字。刻本、民國鉛印康熙二十六年刻本作『郡民』。
〔三〕刻本、民國鉛印康熙二十六年刻本無『道』字。
〔四〕刻本、民國鉛印康熙二十六年刻本闕『淫』字。
〔五〕刻本、民國鉛印康熙二十六年刻本闕『先』字。

匪所依，時予之咎。乃捐俸，伐木鳩工，從卜重建。財不徵官，力惟任民。厥中爲堂，蕭公遺像，壁繪師旅狀，俾從死者得餕祀之。餘庭東西爲耳房，南儀門，外大門，入門而廠者止肅所，計十有四楹，堊黝咸落成，奂然維新。耆老莫陵等屬予爲之記。

明薛直夫《渠隄記》

東洋之田，雲連萬傾。東南有海潮之害，西北有湖塘之利。海潮，田之螟螣也；湖塘，田之膏雨也。去其螟螣，施以膏雨，何、戴二公之遺愛也，至今民歌頌之不能忘。然頌何公者，則專濬渠；頌戴公者，則專築堤。是二公于斯二者，有偏重耶？余常原其故，然後知二公切于愛民，宜無所不用心也。戴公堤岸之築，實乾道五年。先是，紹興年間，經歷司嘗委胡簿修築矣，故公〔一〕則專意鑿渠以通水利。自紹興至乾道，方十二年，何公兩渠尚爾通流，而胡簿堤岸卑而且小，歲久寖壞，故戴公胡簿堤岸之外，別築一〔二〕堤。今胡簿堤岸尚存，而戴公堤岸非惟高廣數倍〔三〕，而濱海斥鹵之地，在胡簿岸之外增高，何啻數百餘頃。有何公渠而無戴公堤，則螟螣之害不可得而除；有戴公堤而無何公渠，則膏雨之利不可得而致。前有何公以濟其利，後有戴公以除其害，東洋萬頃得成良田，厥有由也。今以丈計之，東南捍海之堤

〔一〕康熙二十六年抄本作『故公』，刻本、民國鉛印康熙二十六年刻本作『何公』。
〔二〕民國鉛印康熙二十六年刻本闕『一』字。
〔三〕民國鉛印康熙二十六年刻本闕『倍』字。

有三：

自通明市路沿海而南投，西至擎雷渡北岸，計八千八百丈五尺；自擎雷渡南岸投東向嘉禾渡，至楊消港北岸，一萬一百一十九丈九尺；自嘉禾渡南岸投東〔一〕，至那涌港，計二千四百二十丈。西北潴水之塘有二：北曰特侶，西曰西湖。自特侶導河西南，以至南閘，計二千六十七丈；自西湖導河而東，以至東橋，計七百九十五丈五尺。此堤岸河渠之大略也。堤岸主之統管，河渠主之塘長。堤岸稍有損壞，爲統管者能拘食利户以修築之；河渠稍有湮塞，爲塘長者能率用水户以開浚之。興利除害，雖千載如一日也。設爲統管徇私廢公，而堤之損者不築，爲塘長者僥幸更替，而渠之塞者不浚，積而至于歷年之久，郡縣行移，勞民動衆，皆統管、塘長不能任責之故也。今兩渠各以〔二〕流通疏導，亦易爲利。捍海之堤，僻在東南隅，縣官未嘗親歷，統管視爲細故，合無定爲規約。自今堤岸已築，閘竇已通，之後責令諸統管，認地分各任己責。如將來或鹹潮衝入，被害之人指定，申州〔三〕委官點視，將分地統管重新號令，籍没家産，以謝被害之家。今堤岸統管、特侶〔四〕塘長，竝合仍舊，惟西湖一〔五〕渠自閘下至東橋，湮塞七十

〔一〕康熙二十六年抄本作『自嘉禾渡至南岸投東』，刻本、民國鉛印康熙二十六年刻本無『至』字。
〔二〕抄本作『以』。刻本、聚珍本作『已』。
〔三〕刻本、民國鉛印康熙二十六年刻本作『申明』。
〔四〕刻本、民國鉛印康熙二十六年刻本作『呂』。
〔五〕民國鉛印康熙二十六年刻本闕『湖一』二字。

餘年，舊跡不存。近方〔一〕開竣，專委進士學正王應容充塘長，三年一替。其下次亦委南門外士友或上户，近便朝夕究心，以爲永久之計。今慮其將來無所稽考，乃聚其築修始末，地里丈尺，以便後之仁人君子見云。嘉靖四年記。

明〔二〕吏科給事中許子偉《高司理濬河記》

夫善治雷者，未有不重水利者也。余往來道雷者三十稔，則〔三〕稔聞何渠、戴堤、三賢祠、四德堂永有辭於雷。邇來得《雷志》讀之，則所云十陂〔四〕、十一塘、通濟、惠濟〔五〕諸橋，大抵宋元至國朝名宦、水利懿積，蓋不啻西門豹、史起之業云。居平跡已事觀之，大率雷人饔飧取給東洋田，强半東洋萬數千頃所資灌溉，一自特侶塘之水南下，風雨非時，圮塞百狀，其利似脆且迂，兼以大海環偪，濤飛波漲，一潰防，頃畝輒飽鹹鹵其害，又促且劇，不渠之、疏之、潴之、濬之，未有得利者也。不堤之、捍之、排之、障之，未有免害者也。不時渠之、時堤之，不兼渠之、兼堤之，未有利無害者也。往者遞闢遞閉，

〔一〕民國鉛印康熙二十六年刻本闕「近方」。
〔二〕民國鉛印康熙二十六年刻本闕「明」字。
〔三〕民國鉛印康熙二十六年刻本闕「則」字。
〔四〕抄本作「坡」。刻本、民國鉛印康熙二十六年刻本作「陂」。
〔五〕民國鉛印康熙二十六年刻本闕「惠濟」。

旋舉旋廢，雷於是〔一〕枵腹啼飢之人，歲大祲輒瘠溝中，而散之境土之外。憶余丙申，曾東洪參藩曰：水利不興，彝教不〔二〕飭，安從福雷哉？參藩尋離任，不果。乃今幸得司理高君，則洞見雷利害而力行之。甲辰六月，王生之翰、李生能白航海而南，告余高君濬河狀，其言曰：高大夫福雷甚厚，司理賢聲昭晰。粵東不具述，頃〔三〕奉兩臺檄，兼署郡邑事犂然也，剖案積、清衙蠹，振作文教矣。而又夏日課東洋之農，循堰塘，踏墟岸，力修何、戴諸公故蹟，開二大河，河各長三千餘丈。宜障者障，宜橋者橋，宜閘者閘，計田鳩工，民不見勞，僅三月而告竣事。萬頃穰穰，周澤渥矣。兩臺諸當道咸嘖嘖嘉與之。御史林公且給贖鍰七十金佐其事。凡所調度，悉出大夫捐己以處，秋毫不費公帑及民間財。已而又議建迎春亭於東郊，以導生氣。豁海康溢額千八百口，以恤民窮。嚴禁四方游商〔四〕之略賣，以繁生齒。清沿海之野、輯鄉保之兵而益之，不動〔五〕聲色，而褫衆珠寇之魄俛首而去，諸如興釐若日果〔六〕而風清也。高大夫福雷甚厚，匄先生執筆紀〔七〕之，用光往者、風來者。余聽之擊節，然余瓊嘗辱高君代直指巡矣。宿蠹一洗而盡，

〔一〕刻本、民國鉛印康熙二十六年刻本作「於雷是有」。
〔二〕民國鉛印康熙二十六年刻本「不」作「之」。
〔三〕抄本作「頃」。刻本、聚珍本作「傾」。
〔四〕民國鉛印康熙二十六年刻本闕「商」字。
〔五〕民國鉛印康熙二十六年刻本闕「益之，不動」。
〔六〕民國鉛印康熙二十六年刻本闕「如興釐若日果」。
〔七〕民國鉛印康熙二十六年刻本闕「生執筆紀」。

瓊人頌之，雷其大有造乎。遂爰綴居平所聞見，於雷言而自諗之曰：夫士文行自詡，一入聲利之場，如突入洿池，拖泥帶水，任之疇能禔〔一〕身澡潔，念切痌瘝日〔二〕孳孳務與民同噢〔三〕咻而衽席之也者，一宜紀。以暫視署，難於永肩以叢脞，視兼署難於紛馳疇能神思大定精綵〔四〕綽，如林公恕之風稜、楊公澄之平怒〔五〕，合而爲一人〔六〕也者，二宜紀。禦寇何如，唐公汝迪苦節何如，陸〔七〕公瓚自非勇不避難，忠不慮私，又疇能以一歲策千百載也者，三宜紀。有此三宜紀，而渠當不擅何，堤當不專戴，三賢可四，四德可五，英靈諸山若增而崇，擎雷之〔八〕水若濬而深，而安可不貞之石哉？余夙知高君秉正〔九〕不近名士，民斯舉必且爲阻然一郡之心、一世人之心也。雷人公之世，寧復以爲私，雷人直之世，寧復以爲枉，矧高君直道公心，必能自信以信，雷人而信之，當世又何阻焉。

〔一〕民國鉛印康熙二十六年刻本闕「禔」。

〔二〕民國鉛印康熙二十六年刻本闕「瘝」。「日」作「口」。刻本「痌」作「痌」。

〔三〕民國鉛印康熙二十六年刻本闕「噢」。

〔四〕民國鉛印康熙二十六年刻本闕「思大定精綵」。

〔五〕康熙二十六年抄本作「怒」，民國鉛印康熙二十六年刻本作「恕」。

〔六〕民國鉛印康熙二十六年刻本闕「合而爲一人」。

〔七〕民國鉛印康熙二十六年刻本闕「節何如，陸」。

〔八〕刻本、民國鉛印康熙二十六年刻本作「諸」。

〔九〕刻本、聚珍本作「秉政」。

明本府理刑歐陽保《鼎建元魁塔記》

夫士人操觚，而決勝棘圍，猶大將提兵而奏捷疆場也。曰鏖戰，曰奮標，古已比類而觀之矣。然猶是兵也，果將空拳冒曠野，而遂得志于敵乎？抑據〔一〕游阨險，而後可以惟吾所向也。孟氏云：天時不如地利，地利不如人和，斯三者遞爲輕重，匪獨戰也。于文亦然。夫士不漱芳拮潤，綜今騖古，而期青紫，此徒手之搏也。然亦有藝擅穿楊錢堪萬選而試之，文場多蹶，此豈其技有未工，而工者不必遇，則天時地利操之矣。然天時杳不可知，地利有形而可據，宇内鉅若都次若會散若百千萬。郡邑形勢全者，氣勢隆；形勢虧者，氣勢嗇。下至賈區閭井，財賦之盛，人文之奕，必其跨有名山勝川，而單門衰户，未有不於窮源僻塢者也〔二〕。此其説開於郭景純，精於朱晦翁，蔡牧堂而總之，發〔三〕竅於孟氏，乃云〔四〕形家言儒者不道，何蹈其實而欲〔五〕諱其名也。海内士大夫一涉其藩，浸〔六〕假而求〔七〕深入其奥，惟冥冥者置之，

〔一〕民國鉛印康熙二十六年刻本闕「據」字。
〔二〕民國鉛印康熙二十六年刻本無「也」字。
〔三〕民國鉛印康熙二十六年刻本闕「而總之，發」。
〔四〕民國鉛印康熙二十六年刻本作「去」。
〔五〕民國鉛印康熙二十六年刻本闕「蹈其實而欲」。
〔六〕民國鉛印康熙二十六年刻本闕「浸」。
〔七〕民國鉛印康熙二十六年刻本闕「而求」。

彼蓋陰授〔一〕扶輿之靈淑而不知耳，道故不以知而有不知而〔二〕無也。

雷陽僻在天南，説者爲粤東嶺以西，而下山水大盡，似爲靈氣不屬，余聞之否否，譬之人身，上頂下趾，其中腹趾固人身盡處也。使氣獨榮于頂，腹而不及於趾，則趾又何能運動於一身，行走賴之乎。然則謂嶺以西無地氣者，不知人身者也。雷士〔三〕運往古不具論。國初永、弘間，鄉書每科六七人以〔四〕爲常，甚者一榜十人，發解發甲種種相望于册。余〔五〕輯《郡志》，異之，乃後稍稍〔六〕衰微也。形家謂雷地平衍，無文筆所致，士人因議建塔，以補地脉。乃輒議輒止。余奉命理雷，欲得雷佳士，彬彬以光上國，固出素心。適諸士以塔請，遂不辭而僭爲己任。余家君噬青囊，余趨庭習聞其槩，因出所知審視雷地，則見郡形東南單寒，法宜補，且係巽方，宜文筆。于是諏吉開基，得三元兆，益喜。而肩承擘畫慮費難，而余以署篆贖鍰倡其端，若道若府助其瀾以及百。執事士庶莫不津津隨力以輸，而不虞于費。慮任事之人難，余以一身總其綱，二陳生悉心理其目下，逮鄉老耆民莫不拔志勤事，而不虞于人。慮木石之料難，

〔一〕刻本、民國鉛印康熙二十六年刻本作「受」。
〔二〕民國鉛印康熙二十六年刻本闕「而」字。
〔三〕民國鉛印康熙二十六年刻本闕「身者也。雷士」。
〔四〕民國鉛印康熙二十六年刻本闕「科六七人以」。
〔五〕民國鉛印康熙二十六年刻本闕「相望于册。余」。
〔六〕民國鉛印康熙二十六年刻本作「種種」。

而余爲之廣窯優值，給金于庭，易薪于社，陶人、灰人、梓人莫不歡欣胼胝，如京如坻，而不慮于料。故每一月而一層之功成。不九月，而九層之功成，傍觀駭爲神工鬼運，而不知上作下應，人心鼓動使然也。

語云：非常之原，黎民懼〔一〕焉。及臻厥成，天下晏如，固知愚公之山可移，壯士之戈返日，惟其誠耳。誠則未有物不動、事不濟者。余樂觀厥成，登九級而睇盻之。北枕高涼，鬱鬱蒼蒼；南浮瓊管，縹渺雲虹；東匯滄溟，魚龍浩瀚；西顧廉交，媚川夜光。而雷地形勝，赫然聳觀，山若增而高，水若增而闊矣。于斯而不孕毓多賢、占鰲奪標、銘勳鼎呂，吾不信也。乙卯秋闈，文塔政成，雷得雋有二人，盛機兆矣。由斯〔二〕而元魁輩出，當未艾也。額曰〔三〕：元魁塔蓋豫期之耳，然余有進於雷士焉。

夫地靈而人〔四〕傑，亦人定而勝天，彼大將臨陣布壘，雖得地利，倘不〔五〕稱爾戈、比爾干、閑爾節制，必非勝局。雷士毋曰〔六〕：吾今邀福于塔峰，而遂可以倖也。余復建文昌閣于塔前，立文昌一會，設

〔一〕刻本、民國鉛印康熙二十六年刻本作「俱」。
〔二〕抄本作「由期」，誤。刻本、聚珍本作「斯」，是。
〔三〕民國鉛印康熙二十六年刻本闕「額曰」。
〔四〕民國鉛印康熙二十六年刻本闕「地靈而人」。
〔五〕民國鉛印康熙二十六年刻本闕「得地利，倘不」
〔六〕民國鉛印康熙二十六年刻本闕「雷士毋曰」。

田措費，爲雷士稱戈比干之用，雷士益厲〔一〕弓秣馬，人人誓斬樓蘭，庶乎有志竟成，而余願爲不孤耳。然余更有進焉，士人元魁非難不愧科名，難必在鄉鄉，重在國國，重行與塔比峻，聲與塔俱永，雷從此鼓行海内無難也。不然，雖有巍科顯秩，生平漫無建明，又不然怙勢敗德〔二〕，貽羞縉紳〔三〕，滋詬鄉里，爲世殷監，則人弗傑，而地脈亦〔四〕黯然失色矣，非今日建塔意也。余六載理雷，兢〔五〕兢法守，自愧無善可紀，或亦無惡可書，雷理局二〔六〕百餘年，靡超遷者，余今仗雷之靈，幸附徵書之選，則余不負雷，而雷亦不負余矣。故效區區于雷士者如此，若夫塔功之成，則在位與地方諸君子之力也，余何庸焉。時萬曆之丙辰孟秋記。

國朝知府陸彪《重修雷城記》

雷城之築也，肇自僞南漢乾亨間，迄明嘉靖丙午申葺有記，嗣是經營者無聞焉。乙未夏，大方伯蕭公秉節入雷，見夫通池既夷，峻堣〔七〕復圮，命甃之。然是時官民尚在荆棘中，未暇鞏焕也。暢月彪初受

〔一〕刻本、民國鉛印康熙二十六年刻本作『勵』。
〔二〕民國鉛印康熙二十六年刻本闕『怙』『敗德』。
〔三〕康熙二十六年抄本作『紳紳』，刻本、民國鉛印康熙二十六年刻本作『縉紳』。
〔四〕民國鉛印康熙二十六年刻本闕『傑，而地脈亦』。
〔五〕民國鉛印康熙二十六年刻本闕『載理雷，兢』。
〔六〕民國鉛印康熙二十六年刻本闕『雷理局』。『二』作『一』。
〔七〕民國鉛印康熙二十六年刻本闕『堣』字。

雷事，大方伯教之曰：『城盛也，□□□□□□□□□□□□〔一〕。聖天子赫然思治，必使海隅日出咸壯金湯，而南顧之憂始釋，子其勉之。』彪唯唯然，而有極難者二。雷貧郡也，歲供不及二千金，則難于捐上。蓬萊之民向也含哺，今也吸露，其咸没〔二〕于荒烟野草、徵车戰馬之間者，不可勝數，而復勞其力以執宮功乎。則難於捐下，雖然猶有難者五。土不蓄水，與無濠同；牆不受風，與無墉同；鉄不衛木，與無門同；灰不貫磚，與無雉同；瓦不守椽〔三〕，與無樓同。彪於是陶磚削木〔四〕，煮鐵爐灰，與同事諸君子日登埤督焉。是役也，捐金四百兩有奇，鳩工一百日有奇，不費朝廷一金錢，而百姓之負畚鍤〔五〕者歡然無戚容。蓋大方伯能出其智力，又能集衆人之智而用之也。長〔六〕雲斷岸之頌，寧有既哉。順治十三年丙申春三月十三日記〔七〕。

〔一〕康熙二十六年抄本、刻本于此處郡留白若干空格，疑當爲闕文部分。
〔二〕刻本、民國鉛印康熙二十六年刻本作『役』，誤。
〔三〕抄本作『椽』。刻本、聚珍本作『稼』，誤。
〔四〕刻本、民國鉛印康熙二十六年刻本作『水』，誤。
〔五〕民國鉛印康熙二十六年刻本闕『鍤』字。
〔六〕民國鉛印康熙二十六年刻本闕『長』字。
〔七〕民國鉛印康熙二十六年刻本闕『月十三日記』。

知府吴盛藻《大魚塚記》

嘗讀〔一〕《山海經》所有怪物，而知水之族以百數，未有荒大不經如魚者也。然竊觀之子史，任公子爲大鉤釣東海，期年得一魚，則白波若〔二〕山，海水震蕩，秦始皇自以連弩候巨魚，自瑯琊至之罘，始得而射殺之，若〔三〕然則魚之大者，又嘗數數見也。余蒞雷之四載，海濱〔四〕無事，既安且平，至荒忽譎詭之説，未知見，亦未之〔五〕聞。越壬子春，有以大魚從海入港，觸石而死來告〔六〕者，郡之人紛紛往視。余亦從而觀之，見其狀鰌〔七〕，巨口無鱗，自首至尾，不下數丈。噫〔八〕，是所謂海鯨者也〔九〕。夫魚，陰類也，得陰則生，失陰則死。有小人之象焉，且柔物也。以至柔之物當至堅之石，未有不碎首者。魚之族類衆夥，縱横於巨浸之中，以爲水弱可玩，一旦失其群而觸石以死，此猶小人狎比〔十〕成黨，自謂陰霾晦塞可

〔一〕抄本作『讀』。刻本、聚珍本作『議』。

〔二〕刻本、民國鉛印康熙二十六年刻本作『若』，康熙二十六年抄本作『與』。

〔三〕民國鉛印康熙二十六年刻本闕『若』字。

〔四〕民國鉛印康熙二十六年刻本闕『四載，海濱』。

〔五〕刻本、民國鉛印康熙二十六年刻本『知』作『之』，是。闕『見，亦未之』。

〔六〕民國鉛印康熙二十六年刻本闕『而死來告』。

〔七〕民國鉛印康熙二十六年刻本闕『其』字。『鰌』作『鰆』。

〔八〕刻本、民國鉛印康熙二十六年刻本作『意』。

〔九〕刻本、民國康熙二十六年刻本作『乎』。

〔十〕民國康熙二十六年刻本作『此』。

以自肆，而曾不足以當化日之一照也。是故石以比君子，而魚以比小人，可爲勸戒者矣。然〔一〕吾聞之，太剛則挫，太堅則折。水至弱也，而有漂石之勢，君子其亦宜自慎哉。雷之好事者，欲得此魚而争食之，余謂此異種，宜瘞之以避不祥。是爲大魚塚，塚在南渡城之南十餘里也。是爲記。

海康學教諭黄濵《建修明倫堂記》

甲子季冬，余秉鐸海邦。蒞任之日即謁聖廟，但見樑〔二〕宇榱題，爲風雨所壞。及進而登明倫堂舊址暨東西齋，悉皆荒土纍纍，荆榛瓦礫，蓋不知凡幾矣。至細閲其殘碑、《郡志》，始知聖殿修于康熙甲辰，啓聖祠建于康熙癸亥，維時未甚久遠，而朽敝若斯速者。蓋因雷地環抱皆海，無高山峻嶺障列前後，颶風一至，靡不摧折，故宫室之朽敝者最易。若明倫堂及東西齋廨，久矣蕩廢無存，未有起而修之者。余乃集本學諸生，如吴子集賢、王子純忠、黄子時〔三〕憲、温子起龍、陳子易新，相與酌議。謂當今聖天子親詣闕〔四〕里，加意右文，通飭海内，修明學校，何海邑而獨遲〔五〕遲耶？余今既膺是職，此事乃余責也，

〔一〕康熙二十六年抄本無『然』字。民國鉛印康熙二十六年刻本作『然』。
〔二〕刻本、民國鉛印康熙二十六年刻本作『棟』。
〔三〕民國鉛印康熙二十六年刻本闕『時』字。
〔四〕民國鉛印康熙二十六年刻本闕『聖天子親詣闕』。
〔五〕民國鉛印康熙二十六年刻本闕『海邑而獨遲』。

諸生盍少〔一〕助焉，諸生各奮然而起，咸謂當道久已〔二〕催修，但工費浩大，必得設法捐資，方克有濟。

乙丑初春，即請命于雷瓊道程公諱憲。公下議于郡守沈公諱聯鏕〔三〕、縣尹鄭公諱惟颺，設法修葺。於是始各捐俸，爲鳩工庀材，揀選物料備用，意欲垂之久遠〔四〕，不敢苟且粗略飾美一時。計起工于乙丑年夏四〔五〕月，規模草創，經理一年仍未得結搆完美。至丙寅春〔六〕三月，新任堂尊鄭公諱〔七〕俊復振起而經營焉。由是聖殿朽樑盡皆〔八〕换易，鰲魚、闐闔焕然，粉飾更新。明倫堂依舊址建造，一棟〔九〕三間，左右平起，耳房二間，暫爲齋廨。東西作進德、修業兩廡。凡廳一而房二焉。上接啓聖祠，下連聖殿，東邊開大門，闢甬道，四圍牆堵，基築完密，巍峩富麗，足備壯觀。迨丙寅冬十二月，工始告成，迄今都人士登斯堂，會課、譚文、敦詩、説禮，濟濟彬彬，何異海濱鄒魯，誠數百年來未有如今日之廟貌，整齊

〔一〕民國鉛印康熙二十六年刻本闕「諸生盍少」。
〔二〕民國鉛印康熙二十六年刻本闕「久已」。
〔三〕民國鉛印康熙二十六年刻本闕「鏕」字。刻本作「鑣」。
〔四〕民國鉛印康熙二十六年刻本闕「久遠」。
〔五〕民國鉛印康熙二十六年刻本闕「丑年夏四」。
〔六〕民國鉛印康熙二十六年刻本闕「美。至丙寅春」。
〔七〕民國鉛印康熙二十六年刻本闕「堂尊鄭公諱」
〔八〕民國鉛印康熙二十六年刻本闕「朽樑盡皆」。
〔九〕康熙二十六年抄本作「樣」。民國鉛印康熙二十六年刻本作「棟」，是。

輝煌輻輳。此雖聖世聿興文教始然，然其中拮据年餘，端賴當道大人捐金倡率，暨諸生勸理之勞。至于黽勉從事，竭蹶而成完美者，余不敢居功，亦無容任咎此念。惟可質之聖賢，不必以言傳也。雖然，余今日蓋重有厚望焉。夫文運與地運相關，矧學宫乃文人根本之地，一旦轉廢爲興，地靈人傑，正人才崛起之時也。後之君子蔚然而爲王國禎，當必以余言爲不謬爾。

郡人洪泮洙《遊西湖記》

雷地平愆〔一〕，無崇岡峻阜、長川巨池供人遊覽。東西數十里外，皆大海深叢，魚龍虎豹出没之藪，人跡罕至。缴〔二〕外風月造化，私之人不得而與。郡城勢自北迤邐而來〔三〕，城西里許有湖曰「西湖」，湖心有亭，逃禪者往往依〔四〕之。地〔五〕近夫喧〔六〕，機藏于寂，何必深山绝谷始稱幽勝〔七〕，士君子寄懷，自有

〔一〕康熙二十六年抄本、刻本皆作「愆」，實此當爲「衍」之誤。
〔二〕民國鉛印康熙二十六年刻本闕「缴」字。抄本作「檄」，誤。
〔三〕民國鉛印康熙二十六年刻本闕「北迤邐而來」。
〔四〕民國鉛印康熙二十六年抄本闕「禪者往往依」。
〔五〕康熙二十六年抄本作「地」，民國鉛印康熙二十六年刻本作「抱」。
〔六〕民國鉛印康熙二十六年刻本闕「喧」字。
〔七〕民國鉛印康熙二十六年刻本闕「谷始稱幽勝」。

在也。余郡人世家遂之廬山，出〔一〕宰新安。康熙己酉秋道歸，卜寓城西南隅之古〔二〕樓巷，即蘇穎濱先生伯仲讀書處，與湖水相望，西湖近郊之美者也。背原面川，孤亭如注。蘇、寇之祠峙其左，清渠、修竹、翠苹〔三〕、碧蓮，遥相映于孤舟流水之曲，高人遠士，時至止焉。宋郡守陳公大震表八亭以紀其勝，明太守王公秉良、林公恕、少參張公岳〔四〕、翁公溥，相繼潤色，增所未備。自是詩篇贈答溢于緗〔五〕帙，湖之峥嶸倍之。居方暇，友人邀相往還，嘗欲〔六〕因亭引望，以舒遠懷。散步周林，翻飛之情俯仰，爲〔七〕得斯亦吾儕樂事，可幸而同也。訪疇昔勝槩，渺不〔八〕可即，從旁趣者，嗟嘆久之。或諸〔九〕誶之，何今之〔十〕不古若耶？昔狄梁公有云：功不使鬼，必在役人物，不天生，終須地出，烏用此爲哉。且淑女嬌姿，不専藉夫脂粉；丈夫倜儻，初無待于假飾。人且如此，何况山水。相與徘徊瞻視，白雲在天，清泉匝地，亭

〔一〕民國鉛印康熙二十六年刻本闕「遂之廬山，出」。

〔二〕民國鉛印康熙二十六年刻本闕「之古」。刻本、聚珍本「隅」作「偶」，誤。

〔三〕民國鉛印康熙二十六年刻本作「翠草」，誤。

〔四〕民國鉛印康熙二十六年刻本闕「張公岳」。

〔五〕民國鉛印康熙二十六年刻本闕「篇贈答溢于緗」。

〔六〕民國鉛印康熙二十六年刻本闕「相往還，嘗欲」。

〔七〕民國鉛印康熙二十六年刻本闕「之情俯仰，爲」。

〔八〕民國鉛印康熙二十六年刻本闕「昔勝槩，渺不」。

〔九〕刻本、民國鉛印康熙二十六年刻本作「詬」。

〔十〕民國鉛印康熙二十六年刻本闕「何今之」。

樹雖〔一〕非，山水猶是。既無艷于今，何必驚夫昔？欣然同来，悠然便歸，都不知聚散之所由也。士大夫遊賞於此，未必非撥冗卸囂之一日。今天下之人正苦大熱，誰似亭蔭而庥之，賢人君子爲蒼生之庥蔭，不當如是耶？諸公盛芻從左右戒途，終歲偶一憩息，其于天性之樂，吾不得而窺其涯際矣。因此紀其勝云。

郡人洪泮洙《天師廟記》

天師廟，曷爲乎建也？曰：伊前有北府祠之故。北府祠曷爲乎存也？曰：伊士民愛戴之故。神有福於國則祀之，有庇于民則祀之。萬曆間，鄉民陳觀瑞等公舉建，置廟宇二座，扁曰『福國庇民』，有自來矣。雷城東病閑曠，假神祠以鎮之，爲全郡藩屏。其於捍災禦患，與有功焉。前人爲慮，實深且遠，歲久風雨漂零〔二〕，頹垣敗瓦，蠹木腐瓴，日堆積于柴魚之肆，神靈之不妥，民生之不可知〔三〕。順治癸巳，大參陳公當兵馬〔四〕雲集之秋，重以饑饉，民病疾疫，謀建上座以棲神像。朔〔五〕望焚香，自矢無二，以瘳

〔一〕抄本作『難』，誤。刻本、聚珍本作『雖』，是。
〔二〕刻本、民國鉛印康熙二十六年刻本作『冷』，誤。
〔三〕民國鉛印康熙二十六年刻本作『民生之不安可知』。
〔四〕民國鉛印康熙二十六年刻本闕『當兵馬』。
〔五〕民國鉛印康熙二十六年刻本闕『以棲神像。朔』。

此一方民，民獲甦之。康熙乙〔一〕巳，太守陳公相繼伐木鳩工重建。中座拜臺、門樓〔二〕合計八間，監厨房二間，兩楹窗壁煥然一新。財不〔三〕徵官，力爲任民。尚遺鋪地十間，歲計租銀一兩有〔四〕奇，付守廟道人爲年終修理費。由是〔五〕，朝夕香燈，鐘鼓鏗鏘，震播于万頃洪濤之外，則雷民欣神之賜，皆二公之賜也。參議陳公諱嘉善〔六〕，己丑進士，上元人。知府陳公諱允忠，拔貢，復州人。前〔七〕後督役者主持道人許妙奇也，故并書之。郡人洪泮洙記於〔八〕康熙己酉孟秋吉旦〔九〕。

〔一〕民國鉛印康熙二十六年刻本闕「獲甦之。康熙乙」。

〔二〕民國鉛印康熙二十六年刻本闕「中座拜臺、門樓」。

〔三〕民國鉛印康熙二十六年刻本闕「煥然一新。財不」。

〔四〕民國鉛印康熙二十六年刻本闕「計租銀一兩有」。

〔五〕民國鉛印康熙二十六年刻本闕「是」。

〔六〕刻本、康熙二十六年抄本作「嘉善」，民國鉛印康熙二十六年刻本作「嘉氏」。

〔七〕民國鉛印康熙二十六年刻本闕「前」字。

〔八〕民國鉛印康熙二十六年刻本闕「記於」。

〔九〕民國鉛印康熙二十六年刻本闕「酉孟秋吉旦」。

序文

宋李仲光《重建御書樓上梁文》〔一〕

海山懷抱，真鵾鵬變化之鄉；雲漢昭回，有鸞鳳飛翔之勢。可無壯觀以侈珍藏？眷兹東合之封疆，信謂南州之冠冕。士知禮義，人習詩書。屬逢英主之右文，屢拜臣〔二〕章之錫寵。銀鉤鐵畫，森然人物〔三〕之護持；玉軸牙籤〔四〕，甚矣泮宫之榮耀。以疇昔將還於舊貫，故規度有待於後人。賢太守樂於興修，揮金成就郡文學，耻於簡陋，悉力經營，費節而材良，力半而功倍。鱗鱗碧瓦，現海市於層霄；翼翼朱欄，跨仙橋于平地。式涓穀旦，其舉修梁築〔五〕，聽取歡謡，敢陳善頌。

宋劉震三《賢堂上梁文》

北門管鑰，豈惟雙柏之峥嶸；西蜀山川，喜見兩峰之突兀。慨風流之異代，慶星聚于一堂。於南粤、

〔一〕民國鉛印康熙二十六年刻本題作『御書樓上梁文』。
〔二〕康熙二十六年抄本作『臣』，刻本、民國鉛印康熙二十六年刻本作『宸』。
〔三〕刻本、民國鉛印康熙二十六年刻本作『神物』。
〔四〕刻本、民國鉛印康熙二十六年刻本作『籖』。
〔五〕刻本、民國鉛印康熙二十六年刻本闕『築』。

海南、海北之濱，有忠愍、文忠、文定之像。三公英爽，猶水之在地中；一脈新文〔一〕，如日之行天上。士仰之爲星辰、爲河嶽；民奉之如父母、如神明。鼎鼐樓臺，宛高風之如昔；輪輻翼軫，播英譽其猶今。星霜更易而事殊，風雨飄摇而楝朽〔二〕。賴有我憲使相作新院宇，宗主文盟運才力以經營，在規模而改作。斧者、鋸者，指趨左〔三〕而右奔，陶人、冶人，自出作而入息。苟合美、苟完美〔四〕，美輪焉、美奂焉。于以闡一代之文風，于以揚三賢之〔五〕德業。去國一身，高名千古。每憂辱之無常，到海〔六〕十里，過山萬重，何意馳驅〔七〕而至此。

明林齊聖《雷儋集序》〔八〕

宋〔九〕室諸君子，以謫而後先至海南北者多矣。獨蘇家兄弟同時而至，當其相逢瘴霧中，蕭然兩別駕

〔一〕康熙二十六年抄本作『新文』，刻本、民國鉛印康熙二十六年刻本作『斯文』。

〔二〕刻本作『楝橈』。民國鉛印康熙二十六年刻本作『楝撓』。

〔三〕民國鉛印康熙二十六年刻本闕『鋸者，指趨左』。

〔四〕民國鉛印康熙二十六年刻本闕『苟合美、苟完美』。刻本作『苟合矣，苟完矣』。

〔五〕民國鉛印康熙二十六年刻本闕『于以揚三賢之』。

〔六〕民國鉛印康熙二十六年刻本闕『之無常，到海』。『辱』作『榮』。刻本作『每憂榮辱之無常』。

〔七〕刻本、民國鉛印康熙二十六年刻本作『驅馳』。

〔八〕民國鉛印康熙二十六年刻本文題只有一個『序』字，其他闕。

〔九〕民國鉛印康熙二十六年刻本闕『宋』字。

各携一〔一〕幼子，間關百罹，狼狽萬狀，顧乃以娱憂紓悲〔二〕之言，發洩於風〔三〕晨月夕之下，伯倡仲酬，咲〔四〕歌自得。若視向者，登〔五〕大科，步天衢，兄弟優游於金馬玉堂間，未必有此〔六〕喜者。異哉，假非生平學道〔七〕之深，何以遇困窮不戚〔八〕戚乃爾耶？嘗讀子瞻詩云：『海南萬里真吾鄉。』而子〔九〕由亦云：『故國田園少，何須恨海涯。』子瞻詩云：『莫〔十〕嫌兄弟隔雲海，聖恩猶許遥相望。』而子由亦云：『上〔十一〕賴吾君仁，議止海濱黜。』則又嘆二公忠厚愛君之至，擯九死以無怨，匪直其詩之精深華妙，相爲伯仲已也。至於海上之文，片楮尺幅，俱足膾炙人間。余小子袖而珍之久矣，一行作吏渡海而南，既經子瞻舊遊，今徙而北，復得子由故居，跨海清光，二公當日所分受之者，予小子得而合領之，則兹遊不可負余，

〔一〕民國鉛印康熙二十六年刻本闕「一」字。
〔二〕康熙二十六年抄本作「紓」，民國鉛印康熙二十六年刻本作「紓」。刻本闕「悲」字。
〔三〕刻本、民國鉛印康熙二十六年刻本「花」作「風」，是。抄本作「花」。
〔四〕刻本、民國鉛印康熙二十六年刻本「咲」作「嘯」。
〔五〕民國鉛印康熙二十六年刻本闕「得。若視向者，登」。
〔六〕民國鉛印康熙二十六年刻本闕「堂間，未必有此」。
〔七〕刻本、聚珍本作「學道」，抄本無「道」字。
〔八〕民國鉛印康熙二十六年刻本闕「以遇困窮不戚」。
〔九〕民國鉛印康熙二十六年刻本闕「里真吾鄉。而子」。
〔十〕民國鉛印康熙二十六年刻本闕「子瞻詩云莫」。
〔十一〕民國鉛印康熙二十六年刻本闕「子由亦云上」。

余亦安可負此遊哉？每山窮水絶處，往往有二公題詠，余因而漫題其後，以託尚友之意於千載，或庶幾焉。

林齊聖《祭寇蘇李張四公祠文》〔一〕

祭寇萊公祠文

鬚髯似戟，鼻息如雷。生平浩氣，百折不回。有官鼎鼐，無地樓臺。到海十里，公乎曷來。宵人嫉正〔二〕，終以自災。蒸羊相迓，復何憾哉。千載而下，旌忠祠開。登堂相對，酌彼樽罍。折竹植祭，於焉徘徊。

祭二蘇公祠文

文章氣節，兄弟同符。南荒並謫，相遇于途。仲兮僦舍，伯兮乘桴。茫茫雲海，唱和不孤。風流百代，緊惟二蘇。廟〔三〕貌瞻仰，在水中都。生平所至，境有西湖。精靈髣髴〔四〕，明潔冰壺。何以薦之，一束生芻。

〔一〕諸本皆僅存題闕文。
〔二〕刻本、民國鉛印康熙二十六年刻本作「止」，誤。
〔三〕民國鉛印康熙二十六年刻本闕「二蘇。廟」。
〔四〕民國鉛印康熙二十六年刻本闕「湖。精靈髣髴」。

祭李忠定綱公祠〔一〕文

惟公精英，無處〔二〕不被。於昭于天，如水行地。况茲雷陽，轍跡所至。揮毫〔三〕在碑，留咏在寺。我宗若人，尚友千禩。匪直文章，兼〔四〕懷忠義。崇祀千秋，公則不愧〔五〕。

祭張太傅世傑公祠文〔六〕

惟公當年，遭時顛〔七〕蹶。渡海間關，帝舟在粵。舉目山河，憂心如惙。師〔八〕指雷陽，誓斬胡羯。天不祚宋，中流失柮。辦香數言〔九〕，慷慨嗚咽。公乎何悲，國耻莫雪。誰知皇朝，重〔十〕新日月。依舊神州，公恨可滅。

〔一〕民國鉛印康熙二十六年刻本闕「祭李忠定綱公祠」。
〔二〕民國鉛印康熙二十六年刻本闕「惟公精英，無處」。
〔三〕民國鉛印康熙二十六年刻本闕「陽，轍跡所至。揮毫」。
〔四〕民國鉛印康熙二十六年刻本闕「千禩。匪直文章，兼」。
〔五〕民國鉛印康熙二十六年刻本闕「義。崇祀千秋，公則不愧」。
〔六〕民國鉛印康熙二十六年刻本闕「祭張太傅世傑公祠文」。
〔七〕民國鉛印康熙二十六年刻本闕「惟公當年，遭時顛」。
〔八〕民國鉛印康熙二十六年刻本闕「河，憂心如惙。師」。
〔九〕民國鉛印康熙二十六年刻本闕「失柮。辦香數言」。
〔十〕民國鉛印康熙二十六年刻本闕「雪。誰知皇朝，重」。

祭天妃文[一]

初任澄邁，以署瓊山，祭海口廟文。

昔我來思，海不揚波。匪海不波，神庇爲多。宦亦有海，險更難過。鯨鯢煽浪，萬頃一舸。將神助予，日霽風和。誕登于岸，鯨鯢則那。

再任海康以署徐聞登海安廟文

俔天之妹，在帝之旁。厥初自出，我家姑行。尊臨海若，雲際茫茫。相予小子，重遊炎方。昔瓊而澄，今徐而康。履歷四邑，不敢怠遑。予位無忝[二]，于神有光。

詩

題曹氏園亭 寇準　宋丞相，貶雷州司户

野静長原迥，亭開夕吹清。登臨時一望，海樹與雲平。

[一] 民國鉛印康熙二十六年刻本闕「祭天妃文」。

[二] 民國鉛印康熙二十六年刻本作「參」。

和陳司馬見招

潁川公子重賓僚，花竹開筵遠見招。飲至夜深人欲去，颼颼〔一〕風雨響芭蕉。

留題英靈陳〔二〕司馬宅

公餘策馬到英靈〔三〕，幸有官僚伴使星。人物熙熙風景盛，好將佳會入丹青〔四〕。

天寧寺閣提花三首〔五〕 李綱　宋丞相

阻涉鯨波寇盗森〔六〕，中原回首涕成霖。清愁萬斛無消處，惟有幽花〔七〕慰客心。

深院無人簾幙〔八〕垂，玉英翠羽粲〔九〕芳枝。世間顏色難相似，暗雪初殘未墜時。

冰玉風姿照座寒，炎方相遇且相寬。紵衣縞帶平生志，正念幽人尚素冠。

〔一〕民國鉛印康熙二十六年刻本闕「去，颼颼」。

〔二〕民國鉛印康熙二十六年刻本闕「留題英靈陳」。

〔三〕民國鉛印康熙二十六年刻本闕「公餘策馬到英靈」。

〔四〕民國鉛印康熙二十六年刻本闕「盛，好將佳會入丹青」。

〔五〕民國鉛印康熙二十六年刻本闕「天寧寺閣提花三首」。

〔六〕民國鉛印康熙二十六年刻本闕「阻涉鯨波寇盗森」。

〔七〕民國鉛印康熙二十六年刻本闕「無消處，惟有幽花」。

〔八〕民國鉛印康熙二十六年刻本闕「深院無人簾幙」。

〔九〕民國鉛印康熙二十六年刻本闕「粲」。

國朝

詠蓮十絶 有引 吴盛藻 本府知府

雷陽，古謫地也，帶水銈山，無可寓目以撥悶懷，惟城西一湖水頃不滿十，中有亭數楹，湖有蓮花數畝，可供納涼，予時往遊焉。任三載，蓮開並蒂者再。或曰：此瑞也，曷〔一〕獻之。予曰：海晏河清，民安物阜，此國之瑞、臣〔二〕之慶也，蓮何與焉。然亦勝事，亦希覯也。作十絶詠〔三〕之。

地盡天荒放眼無〔四〕，城西亭上小西湖。湖中芳氣宜三夏，亭畔風光想〔五〕二蘇。

紅英發似赤城霞，白〔六〕者山人卧雪槎。一瓣更能分兩色，便教桃李〔七〕莫開花。湖中花有三種。

香香影影對寒蒲〔八〕，並蒂蓮根不忍孤。子厚他年如進表，鴛鴦寫〔九〕入合歡圖。

〔一〕抄本作「昌」。刻本、民國鉛印康熙二十六年刻本作「曷」。
〔二〕民國鉛印康熙二十六年刻本闕「國之瑞、臣」。
〔三〕民國鉛印康熙二十六年刻本闕「也。作十絶詠」。
〔四〕民國鉛印康熙二十六年刻本闕「地盡天荒放眼無」。
〔五〕民國鉛印康熙二十六年刻本闕「夏，亭畔風光想」。
〔六〕民國鉛印康熙二十六年刻本闕「紅英發似赤城霞，白」。
〔七〕民國鉛印康熙二十六年刻本闕「色，便教桃李」。
〔八〕民國鉛印康熙二十六年刻本闕「香香影影對寒蒲」。
〔九〕民國鉛印康熙二十六年刻本闕「表，鴛鴦寫」。

昭陽門殿幾時開，長信宫中姊妹來。鏡裏湘妃雙下泪，半流粉面半流腮。
羞從相府年年緑，悔作官〔一〕家步步金。獨憶當年周茂叔，亭亭相對結同心。
出水紅衣原有意，迎風團扇豈無知。縱使楊妃能解語，可能全不着污泥。
帶水臨風别樣粧，婦人頭上不分香。始信天孫直太巧，卻能無縫織霓裳。
館娃宫外芰荷風，越女吴歌曲未終。一自苧蘿人去後，五湖煙月總朦朧。
本是瑶池太液〔二〕姿，檳榔隊裏逐雄雌。蓮心更比檳榔苦，儂若堪憐〔三〕郎怎知。
十丈光中丈六身，玉〔四〕皇謫下玉樓人。楊枝水滿波心月，應倚慈雲出火〔五〕輪。

雷陽曲 十二首〔六〕　屈大均　番禺人

〔一〕民國鉛印康熙二十六年刻本作『宫』，誤。
〔二〕民國鉛印康熙二十六年刻本闕『本是瑶池太液』。
〔三〕民國鉛印康熙二十六年刻本闕『苦，儂若堪憐』。
〔四〕民國鉛印康熙二十六年刻本闕『十丈光中丈六身，玉』。
〔五〕民國鉛印康熙二十六年刻本闕『月，應倚慈雲出火』。
〔六〕本組詩，康熙二十六年刻本缺漏嚴重，以康熙二十六年抄本爲全。今人陳永正《屈大均詩詞編年校箋》：『作於康熙十一年西遊雷州時。原作十二首，《詩外》衹録九首。第九、十一、十二首自《雷州府志》卷十三補録。雷陽，即海康。』民國鉛印康熙二十六年刻本闕『雷陽曲十二首』之題。故宫博物院藏刻本不録《雷陽曲十二首》。

其一

郎心好似調黎水，不〔一〕起風波春復秋。日日兩潮還兩溪，令儂消卻别離愁。雷〔二〕東有調黎之水，日兩潮汐。西〔三〕有那黄水，日一潮一汐。

其二

天脚遥遥起半〔四〕虹，濤聲倏吼錦囊地名。東。天教鐵颶吹郎轉，願得朝朝見破蓬。雷人見天脚有暈若半虹者，呼爲『破蓬』，輒知颶風將至。颶風之大〔五〕，無堅不摧，名『鐵颶』云〔六〕。

其三

花下歡聞白馬嘶，郎來日日在南溪。莫如瓊海潮相似，半月東流半月西。

其四

南亭溪畔二橋前，柳葉〔七〕陰陰帶暮烟。蠻女喜簪青茉莉，月明齊立〔八〕伏波泉。茉莉青者尤香，來自海外。

〔一〕民國鉛印康熙二十六年刻本闕『郎心好似調黎水，不』。
〔二〕民國鉛印康熙二十六年刻本闕『溪，令儂消卻别離愁。雷』。
〔三〕民國鉛印康熙二十六年刻本闕『西』。
〔四〕康熙抄本闕『半』字。
〔五〕刻本、民國鉛印康熙二十六年刻本作『入』。
〔六〕《翁山詩外》卷十五作『雷州人每見天腳有暈若半虹，輒呼爲「破蓬」，爲颶風將至之候。颶風大者無堅不摧，名「鐵颶」』。
〔七〕聚珍本作『椰葉』。
〔八〕民國鉛印康熙二十六年刻本闕『立』。

惟雷州有伏波井，在城南。相傳伏波將軍馬跑〔一〕而得泉云。

其五

數錢争出手纖纖，结葉〔二〕鴛鴦滿玉奩。莫道檳榔甘液好，買儂椰子更心甜。椰子中有實，色白味甘，曰『椰心』〔三〕。

其六

蠻娘細葛勝羅〔四〕襦，采葛朝朝向海隅。爲〔五〕有珠池名對樂，家家生女〔六〕盡如珠。

其七

夕陽潮挾颸〔七〕風來，欲渡瓊南舟卻迴。望斷所歡〔八〕愁不見，青青一髻是〔九〕擎雷。山名。

〔一〕民國鉛印康熙二十六年刻本闕『跑』。《翁山詩外》卷十五無此注釋文，當爲志之纂修者所注。
〔二〕《翁山詩外》卷十五作『葉結』。
〔三〕《翁山詩外》卷十五作『椰中有實曰椰心，甚甘旨』。
〔四〕民國鉛印康熙二十六年刻本闕『蠻娘細葛勝羅』。
〔五〕康熙二十六年抄本作『惟』，民國十八年鉛印本及《翁山詩外》作『爲』。
〔六〕民國鉛印康熙二十六年刻本闕『樂，家家生女』。
〔七〕首句，民國十八年鉛印本闕。《翁山詩外》『颸』作『颶』。
〔八〕民國鉛印康熙二十六年刻本『所歡』作『離蓬』。
〔九〕民國鉛印康熙二十六年刻本闕『見，青青一髻是』。

其八

朔日城南小隊過，鬟〔一〕邊祇要插花多。金釵兢扣〔二〕三銅鼓，沉水齊薰〔三〕二伏波。有漢兩伏波將軍祠〔四〕。

其九

小車日日如流水〔五〕，大估紛紛集暮天。不道紅顏嫌白〔六〕髮，當罏個〔七〕個是同年。雷人謂青樓曰同年云。

其十

薄暮人人射鹿〔八〕歸，城端秀塔掛斜暉。雷公廟裏多簫鼓，十里風吹出翠微〔九〕。

其十一

郊西亦有一西湖，生遍荷花與綠蒲。往事誰憐六君子，信芳亭上咏蘼蕪。六君子：寇準、蘇軾、蘇轍、劉安

〔一〕民國鉛印康熙二十六年刻本闕「朔日城南小隊過，鬟」。
〔二〕《翁山詩外》卷十五「扣」作「叩」。
〔三〕民國鉛印康熙二十六年刻本闕「鼓，沉水齊薰」。
〔四〕《翁山詩外》卷十五作「有漢二伏波祠」。
〔五〕民國鉛印康熙二十六年刻本闕「小車日日如流水」。
〔六〕民國鉛印康熙二十六年刻本作「向」，誤。
〔七〕《翁山詩外》卷十五「罏」作「壚」。民國鉛印康熙二十六年刻本闕「髮，當罏個」。
〔八〕康熙二十六年抄本、民國十八年鉛印本均作「鹿」，《翁山詩外》卷十五作「獵」。
〔九〕民國十八年鉛印本作「薇」，康熙二十六年抄本、《翁山詩外》卷十五作「微」。

世、秦觀、李綱也。皆常〔一〕居雷陽，今有六君子堂在西湖，與信芳亭相望。

其十二

太守恩波及稻苗，洋田近日少鹹潮。神君自是延陵札〔二〕，萬户謳歌達紫霄。謂太守吴公盛藻也。

石茆嶺 海康 詹世龍 郡人〔三〕

宇宙滄桑變，乾坤浩刧灰。神功〔四〕開混沌，靈斧劖崔嵬。絶壁凌霄起，雙峰跨海來。洞中涵太極，鰲背擁蓬萊。窈窕〔五〕瓊爲闕，璘珣玉作臺。烟露〔六〕呈景象，風月净塵埃。篆人〔七〕無人識，林深有鶴迴。石牀虚夕照，丹竈冷秋〔八〕槐。松蓋摩蒼靄，虹橋鎖碧苔。泉從銀漢落，芝傍素雲〔九〕栽。客醉孤亭暮，猿

〔一〕《翁山詩外》卷十五「常」作「嘗」，是。

〔二〕《翁山詩外》卷十五「札」作「禮」。

〔三〕康熙二十六年刻本、抄本皆闕「人」，此據本卷詹世龍《題西湖》詩署名補。又《選舉志》有詹世龍，其曰：「詹世龍，海康，桂林訓導，中廣西鄉試，任上思知州。」

〔四〕刻本、民國鉛印康熙二十六年刻本作「神工」。

〔五〕民國鉛印康熙二十六年刻本闕「蓬萊。窈窕」。

〔六〕刻本、民國鉛印康熙二十六年刻本作「霞」。

〔七〕民國鉛印康熙二十六年刻本闕「月净塵埃。篆人」。刻本作「篆久」。

〔八〕民國鉛印康熙二十六年刻本闕「夕照，丹竈冷秋」。

〔九〕民國鉛印康熙二十六年刻本闕「銀漢落，芝傍素雲」。

啼萬壑哀。曇花香拂袖，瑶草〔一〕色侵栢〔二〕。元覽窮三島，疏觀暢九垓。興隨天籟〔三〕發，詩就雨聲催。鐵笛憑虚弄，仙笻躡蹬迴。杳〔四〕然迷出處，恍佛〔五〕入天台。雷陽八景詩。藝□□〔六〕。俱載《府志》〔七〕。

西湖八詠 有引 袁茂英 本道〔八〕

雷城西有湖塘，仰受原泉，俯溉白沙，曲折而瀝于海，蓋靈秀所聚云。將前創立湖亭七〔九〕，名『七星』。募居〔十〕氓爲長，給〔十一〕以田，田分八卦，量入爲葺理費，垂謨〔十二〕深遠。曾年歲之幾何，而亭圮，田更民，因緣爲市。漫併其湖而墜之，將來勢必無湖矣。余與劍南陳將軍流覽徘徊，雖嘆人事之非，而

〔一〕民國鉛印康熙二十六年刻本闕『曇花香拂袖，瑶草』。抄本、刻本『曇花』作『雲花』，誤。

〔二〕刻本、民國鉛印康熙二十六年刻本作『堦』。

〔三〕民國鉛印康熙二十六年刻本闕『九垓。興隨天籟』。刻本『天籟』作『天賴』。

〔四〕民國鉛印康熙二十六年刻本闕『笻躡蹬迴。杳』。刻本『笻』作『旌』。

〔五〕刻本、聚珍本作『恍惚』。抄本作『恍佛』。

〔六〕康熙二十六年刻本、抄本僅一『藝』字，其下當有闕文，或爲『藝文志』。

〔七〕民國鉛印康熙二十六年刻本闕『詩。藝□□。俱載府志』。

〔八〕刻本、民國鉛印康熙二十六年刻本無『有引　袁茂英　本道』。

〔九〕民國鉛印康熙二十六年刻本闕『七』。

〔十〕民國鉛印康熙二十六年刻本闕『居』。

〔十一〕民國鉛印康熙二十六年刻本闕『給』。

〔十二〕民國鉛印康熙二十六年刻本闕『謨』。

天然景色猶如圖畫，與至神王，忽白魚入舟中，倘亦有經始之兆乎！爰次俚詞爲八詠以志之〔一〕。

西湖塘

曉出城西門，西湖抱城郭。一水盈瀰瀰，四時流不涸〔二〕。面面環方塘，天然豈穿鑿。挹之滌煩囂，好挽天河杓。

西湖亭

湖水流澮動，亭〔三〕臺巧結作。倒影青天裏，分明七星落。四窗納靚景〔四〕，高樹罩踈幕〔五〕。于焉暫游憩，俯仰盡寥廓〔六〕。

西湖堤〔七〕

金堤修且廣，左右接崖崿〔八〕。人影鏡中行，彷彿山陰壑。兒童多近畔〔九〕，解衣恣盤礴。日暮山樵

〔一〕民國鉛印康熙二十六年刻本闕「以志之」。
〔二〕民國鉛印康熙二十六年刻本作「週」，誤。
〔三〕民國鉛印康熙二十六年刻本闕「湖水流澮動，亭」。
〔四〕民國鉛印康熙二十六年刻本闕「四窗納靚景」。
〔五〕抄本作「羃」。刻本、聚珍本作「幕」，是。
〔六〕民國鉛印康熙二十六年刻本闕「寥廓」。
〔七〕民國鉛印康熙二十六年刻本闕「西湖堤」詩題。
〔八〕民國鉛印康熙二十六年刻本闕「金堤修且廣，左右接崖崿」。
〔九〕民國鉛印康熙二十六年刻本闕「兒童多近畔」。

歸，小車聲繹絡〔一〕。

西湖田〔二〕

古人重湖防，卦田各有托。今人愛田利，湖塘日割削。遠人江海襟，巵水安足酌。滄桑有變遷，此田願如昨。

西湖船

造舟漾微波，洄沿隨所薄。淺向草間過，陰從樹下泊。忽聞採菱唱，土人前獻噱。龍船渡競喧，激水濺疏箔〔三〕。

西湖漁〔四〕

湖平水多藻，游魚自瀺灂。止恃長官清，不聞吏呼索。因歌偶出聽，見餌亦驚愕。俄然躍入舟，毋乃知余樂〔五〕。

〔一〕民國鉛印康熙二十六年刻本闕『聲繹絡』。
〔二〕民國鉛印康熙二十六年刻本闕『西湖田』詩題。
〔三〕刻本、民國鉛印康熙二十六年刻本作『簿』。
〔四〕刻本、聚珍本作『西湖渔』，抄本作『西湖鱼』。
〔五〕民國鉛印康熙二十六年刻本闕『余樂』。

西湖雨〔一〕

大風從東吼，煙雲〔二〕亂天漢〔三〕。雨來炎暑清，雨過堤岸擴。倏然滄浪相，漁翁一笠箬〔四〕。雷聲動山南，水深蛟龍躍〔五〕。

西湖月〔六〕

圓月浸澄湖，清光〔七〕兩相若。人從玉盤遊，罇向金波瀹。歌舞久徘〔八〕徊，嫦娥轉綽約。曠望無纖氣，海天同一廓。

二蘇亭　洪泮洙　郡人　進士

俠氣亘今漫縱横，何〔九〕年宋室待調羹。殘碑苔蘚雁留字，廢榻草深莫問名。日暖郊坰千竹翠，雲封野岸一湖平。遥思古道存知己，莫訝坡仙不近情。

〔一〕民國鉛印康熙二十六年刻本闕「西湖雨」詩題。
〔二〕民國鉛印康熙二十六年刻本闕「大風從東吼，煙雲」。
〔三〕康熙二十六年抄本作「亂漢雨」，刻本、民國鉛印康熙二十六年刻本作「亂天漢」。
〔四〕民國鉛印康熙二十六年刻本闕「擴。倏然滄浪相，漁」。「漁翁一笠箬」之「一」亦闕。
〔五〕民國鉛印康熙二十六年刻本闕「龍躍」。
〔六〕民國鉛印康熙二十六年刻本闕「西湖月」詩題。
〔七〕民國鉛印康熙二十六年刻本闕「圓月浸澄湖，清光」。
〔八〕民國鉛印康熙二十六年刻本闕「瀹。歌舞久徘」。
〔九〕民國鉛印康熙二十六年刻本闕「何」字。

伏波井

漢廷風雨至今存，銅柱砥波壯帝閽。薏苡歸舟千古恨，據鞍立馬萬〔一〕人屯。天開海道功先著，地撼濤〔二〕聲志欲吞。正是當年顧盼處，荒習〔三〕未改舊時痕。

寇公祠

雷陽千載播鴻〔四〕名，曾憶當年莫拔丁。枯竹逢春新主眷，蒸羊逆境〔五〕故人情。身羈炎海氣猶烈〔六〕，夢入澶淵恨未平。俎豆〔七〕至今傳勝事，祠前荒草鷓鴣鳴〔八〕。

〔一〕民國鉛印康熙二十年刻本闕「萬」。

〔二〕刻本、民國鉛印康熙二十六年刻本作「雷」。

〔三〕民國鉛印康熙二十六年刻本作「背」，誤。

〔四〕民國鉛印康熙二十六年刻本闕「雷陽千載播鴻」。

〔五〕民國鉛印康熙二十六年刻本闕「眷，蒸羊逆境」。

〔六〕民國鉛印康熙二十六年刻本作「身羈炎海氣猶烈」，是。抄本作「身羈氣海炎猶烈」，誤。

〔七〕民國鉛印康熙二十六年刻本闕「澶淵恨未平。俎豆」。

〔八〕民國鉛印康熙二十六年刻本闕「鳴」。

題西湖〔一〕 詹世龍 郡人

自歎生平野趣多，結茆聊〔二〕傍白鷗波。淵明斗酒花三徑，范蠡扁舟雨〔三〕一簑。石潑泉聲穿砌落，天邊雁影帶雲過。晴〔四〕霄洗耳橋邊月，嘯詠滄浪濯足歌。

題天妃廟 王清〔五〕

臺殿深沉捲鳳幃，天香浮動紫綃〔六〕衣。聰明有德爲乾配，靈惠無私運化機。海底月明金鏡出，簷前風静彩鸞歸。嗟于〔七〕萬里巡邊急，願掛征旗似箭飛。

題伏波廟 羅章〔八〕

漢室功臣兩伏波，身平南粵定山河。長驅汗馬威風振，仰覩飛鳶瘴霧多。北海樓船曾布列，南交〔九〕銅柱尚嵯峩。遐方廟食彰靈貺，千載勛名永不磨。

〔一〕 民國鉛印康熙二十六年刻本闕「題西湖」詩題。
〔二〕 民國鉛印康熙二十六年刻本闕「自歎生平野趣多，結茆聊」。刻本「歎」作「笑」。
〔三〕 民國鉛印康熙二十六年刻本闕「徑，范蠡扁舟雨」。
〔四〕 民國鉛印康熙二十六年刻本闕「邊雁影帶雲過。晴」。刻本「天邊」作「天迴」。
〔五〕 康熙二十六年抄本無作者「王清」，此據刻本。民國鉛印康熙二十六年刻本闕「題天妃廟」詩題。
〔六〕 刻本、民國鉛印康熙二十六年刻本作「銷」，誤。
〔七〕 民國鉛印康熙二十六年刻本闕「于」。
〔八〕 康熙二十六年抄本無「羅章」，此據刻本。民國鉛印康熙二十六年刻本闕「題伏波廟」詩題。
〔九〕 康熙二十六年抄本作「南郊」，誤。民國鉛印康熙二十六年刻本作「南交」，是。

題英山雷廟

千古英山廟，神居福地開。有時能致雨，無地不驚雷。電掣青雲去，龍騰碧海來。天瓢如何托，一滴淨炎埃[一]。

[一] 民國鉛印康熙二十六年刻本闕「炎埃」。

海康縣故址。自隋〔二〕建置，今在雷州衛治，爲古縣。至南漢乾〔三〕亨十三年，州遷縣治，縣治遷于西澄清坊。元〔四〕至元十六年，又以縣治設雷州路，縣遷改不定。泰定〔五〕元年，在城南隅愷悌坊。洪武二年，遷府治後，其遺址爲軍營〔六〕。

雷州縣故址。在海康。《隋志》〔七〕，大業初廢模〔八〕，遷羅阿、雷州三縣入海康縣。

〔一〕刻本、抄本題作「縣古蹟」，接《藝文志》後，未作一門。民國鉛印康熙二十六年刻本闕「縣古蹟」。目録作「古蹟志，外志，怪異附」，此據之改。

〔二〕民國鉛印康熙二十六年刻本闕「海康縣故址。自隋」。

〔三〕民國鉛印康熙二十六年刻本闕「縣。至南漢乾」。諸本皆作「乾享」，誤，當作「乾亨」。

〔四〕民國鉛印康熙二十六年刻本闕「遷于西澄清坊。元」。

〔五〕民國鉛印康熙二十六年刻本闕「州路，縣遷改不定。泰定」。

〔六〕民國鉛印康熙二十六年刻本闕「洪武二年，遷府治後，其遺址爲軍營」。

〔七〕民國鉛印康熙二十六年刻本闕「雷州縣故址。在海康。《隋志》」。諸本皆作「雷州縣」，疑當作「雷川縣」。

〔八〕康熙二十六年抄本、刻本均作「模」，此當漏一字，本應作「模落」。下句中「羅阿，雷」爲刻本所闕。本條中「雷州」，皆應爲「雷川」，史上有雷川縣而無雷州縣。

縣尉司故址。宋時〔一〕在西門外一里，元遷南門外開元寺西。

鹽課都舉八司〔二〕。在東北隅安仁坊。洪武初去之，舊址改爲軍器局。

録事司。故〔三〕址在鎮寧坊。宋設兵馬都監，掌夜禁。至元十五〔四〕年，改爲録事司。

蒙古學故址。在南門外開元寺西。

清道巡檢司故址。在那滕〔五〕村。

黑石巡檢司故址。在第一都新村。

貢院〔六〕。在海康縣西南二百步内桂華〔七〕坊。嘉靖中改建于郡西。宋鄭畫有記，今廢。

水軍寨〔八〕。在城南，宋置，屯兵備禦海盜。秦侃有記。遺址今廢爲民居。

澄海指揮營。宋建，今爲民居。

〔一〕民國鉛印康熙二十六年刻本闕「縣尉司故址。宋時」。下句「遷」亦刻本所闕。

〔二〕民國鉛印康熙二十六年刻本闕「鹽課都舉八司」。本條中刻本闕「安仁坊」之「坊」字。

〔三〕民國鉛印康熙二十六年刻本闕「故」。

〔四〕刻本、民國鉛印康熙二十六年刻本作「十七」。

〔五〕康熙二十六年抄本作「滕」，民國鉛印康熙二十六年刻本作「縣」。

〔六〕民國鉛印康熙二十六年刻本闕「院」字。

〔七〕民國鉛印康熙二十六年刻本作「桂葉」，誤。

〔八〕自「水軍寨」至「《藝文、古蹟、外志總論》」，民國鉛印康熙二十六年刻本均闕。

商稅務故址。在觀音閣前，今廢。

風師壇。在城西門外。萬曆三年遷城北英靈崗。

雷雨師壇。址〔一〕在雷廟三殿前。

雷陽馬驛。在城内西北隅迎恩坊，後遷北隅安仁坊。洪武三年，遷爲今驛，遺址爲海南道，今廢。

思亭。海康縣東南舊州治内，今衛治是也。宋和元年郡守張紘創建，以亭在艮方，取《易艮卦》『君子思不出其位』名其亭，自爲文以記。後張栻又有記，亭久廢。

望雲亭。城南外，即南亭坊。宋郡守何庾開西湖渠，引水南下，東趨灌洋田。邦人建之，久廢。

觀稼亭。東洋坡上。宋守薛直夫建之，後廢。元郭思誠移創城上，今圮。

接官亭。北門外那廬坊，今廢，址存。

清政亭。縣南惠民坊橋上，洪武初建，今廢。

清詠亭。縣西南城外，二水合流，通大溪，樹木夭喬。嘉靖甲子，推官張鳴鳳登臨，有感建亭，扁曰『清詠』，今圮廢。

光華館。在英禄山，一名蓬萊館，有亭舍十餘所。宋嘉興間，郡守薛直夫建，今廢〔二〕。

〔一〕 抄本無『址』字。此據刻本。
〔二〕 刻本作『後廢』，抄本作『今廢』。

蘇公樓。城西南隅。蘇子由謫雷，祠宰禁住官舍，郡民吴國鑑建屋以居之。時子瞻亦謫儋耳，兄弟處此月餘。後靖康丙午，海康令余惇禮又買居前隙地，建遺直軒，繪二蘇像于軒。嘉定丁丑，郡守毛當時即其地建樓以表之，郡守〔一〕薛直夫復修樓爲祠。咸淳八年，郡守陳大震遷是樓于湖之西，與寇祠對峙。元末廢。正德丙子，郡守王秉良即其舊址建層樓，翼以迴廊，繚以周垣，刻東坡、潁濱二先生詩詞于上。今又廢。

東樓。久廢，蘇轍有詩。

楚閣樓。亦名北樓，海康縣古子城東北，其樓卓處郡城之中，址勢隆然，登望四方，廓達若壺中一粟耳，因名楚閣樓。歲久廢。

偃波軒。南亭溪西側，魏懷信、凌晟建，以爲督造船艦之所。魏瀚拓地重建，扁門『偃波』。今圮〔二〕廢。

懷坡堂。即雷音堂舊址，在天寧寺内。羅章有記，柯時復、林恕俱有詩。今廢，址存。

三賢堂。宋郡守陳大震建，在平湖書院内，祀寇公、二蘇，今廢。教授劉震有《上梁文》。

三官堂。譙樓西。弘治間，太監傅倫創建。嘉靖元年，提學魏校毁之。

〔一〕刻本作『郡守』，抄本無『守』字。

〔二〕刻本無『圮』字。

瑞芝堂。先名無訟，後因產芝改正址。在衛治，今廢。

百花堂。在府西，今廢。

水月堂。在西湖西南岸，今廢。

澤幽堂。在郡北阜。

怪異

九耳犬。見《雷廟記》。

九座佛。在第六都香坑村。昔逆流漂一木，落香坑溪田中，鄉人棄去復返，如是者數，因地建〔一〕，刻爲九座佛，今廢。

石龜。二座，當雷廟前百步小埠上，石琢成。龜形蓋古墓蓋也，雷擊裂開，不相聯屬。天順間，開處猶容掌，弘治後漸合。至今堅實，跡如瘢癬而已。

石人。在衙〔二〕治前，舊石人十二，持矛旗兩傍。忽一夜，守宿軍見人賭錢府門，逐之，散步其所，

〔一〕刻本作『因地建』，抄本作『因地之』。

〔二〕刻本作『衛』。

乃石人也。得錢數千，聞於官，閲庫中失錢如數，而錢之串記在焉，乃將石人分置各廟，而其怪乃止。

討網村。村前有海嶼三，墩[一]上有古樹怪，號『龍王廟』。海中有淡井，號『龍泉』，天旱祈雨，取此勺水，甘霖立至。

大魚塚。在郡城南渡路。康熙十一年三月□□□□日，白沙社内港鯨魚乘潮進港，潮退魚不能動。塘兵以砲擊之，若無物也。鄉人争以繩拽之，有千人拽至岸。其魚長五丈，闊二丈。許刺史[二]命瘞之，以避不詳。時耕牛聞魚氣，俱死。

《藝文》《古蹟》《外志》總論

論曰：博學而採《藝文》，居今而放[三]《古蹟》，有志于當世者之所爲，《藝文》《古蹟》，非纂修中所不可遺者哉！古者先德行而後文藝，將文藝可一切罷去。曰：不然，《藝文》之爲用也廣，國有大事，詔誥頒諸臣民；君有過舉，諷議形諸獻替。忠臣義士之歌詠，詞人騷客之行吟，因人以賦言，借辭以達意，

[一] 刻本、抄本皆作『墪』，疑當作『墩』。

[二] 刻本作『吴刺史』，抄本作『許刺史』。

[三] 刻本作『仿』，抄本作『放』。

文藝相傳，振古如兹。有世遠人湮〔一〕，其人不可見，而蹟猶尚存。過廬墓而動伊人之思，睹丘園而切先民之感，非古蹟耶！即以海邑論，蘇、寇雖往也，覽西湖舊址，如見其人焉。路、馬雖遠也，飲伏波甘泉，如飲其澤焉。諸如此類〔二〕，皆古蹟所遺。至於災異必書，僧道有紀，近于荒誕，志中及之，猶《春秋》之紀災祥，以示修省焉爾。

〔一〕刻本作『湮』，是。抄本作『諲』。
〔二〕刻本作『諸如此類』，抄本作『諸如類』。

海康縣志跋〔一〕

嘗讀魯《左氏春秋》曰：楚左史倚相能讀《三墳》《五典》《八索》《九丘》。《九丘》者，九州之志也。丘，聚也，言九州所有土地所生，風氣所宜，皆聚此書也。後世因之，遂有郡縣之志焉。海邑雖屬在荒徼〔二〕，猶是天子之土也，弗以遐陬僻壤而有異，民豈以遐陬僻壤而有異治也。觀風問俗，徵文獻，稽治績，採之輶軒，貢之朝廷，非志無以也，志其顧不重乎！且自秦迄今，二千〔三〕有餘歲矣，其間疆域之併析，建置之沿革，星野之位次有定，風候之轉移隨時，山川形勢之平衍險阨，物產土殖之不齊，風俗習尚居處之異宜，户口丁役之貧富，田賦貢稅之盈虧，以至學校之或興或廢，秩祀之或淫或典，名宦之優劣，人物之臧否，寓賢之流風餘韻，女貞之冰操，芳規科目之盛衰，薦辟之有無，職官分鎮之或同或異，兵防武衛之或因或創，由今以稽昔，由後而溯今，彰往詔來，非志無以也。且也若亭館、若坊表、

〔一〕民國鉛印康熙二十六年刻本闕此跋文。
〔二〕抄本作「徼荒」。刻本作「荒徼」，是。
〔三〕抄本作「二十」，誤。刻本作「二千」，是。

若文塔、驛鋪、橋渡，何者丘墟，何者修葺，何者裁汰。若泉井、若陂塘、若堤岸，何者利益，何者衡決而坍陷，何者仍舊。若古蹟、若外志，何者足以備觀覽，何者足以廣覩記，何者足以憑今而吊古。若藝文之有誥敕、敘記、詩賦也，何者爲國之華，何者關吏治，何者係民情。若選舉之有例監、掾史、武舉也，亦以記名姓，亦以昭時代，亦以闢國家用人之路、仕進之門，大小靡遺，真贋罔炫，非志無以印乎前，非志無以範乎後也。志其顧不重乎！雖曰《雷陽總志》一書已具列三邑之事，而縣志不備，典章殘闕，文采弗昭，政教、法制靡所考證，亦司牧者之羞也。志其顧不重乎！

丙寅歲，儀部奉詔徵取直省州、縣諸志，粵省撫藩各上臺檄取再四，而海邑屬在荒徼，野無藏藁，庫無鏤板，載籍湮没，取譏當世。諸上臺廉得其故，下檄就郡志採輯之。余捧檄進學師、紳士而謀之，有原任學博宋紹啓、明經吴馬期者，博雅之彦也，身任其事，潛心搜輯，研究考訂，閲朞月而書成，分爲三卷。余取其藁而覽之，慨然曰：海邑雖褊小，志成而徵文獻、稽治績、問俗觀風，採輶軒而貢朝廷，治天下之道具是哉。由今而稽昔，雖數千百年而上，瞭若指掌矣。由後而溯今，數千百年而下，雖陵谷有更遷，滄桑有變易，而法制政教因革損益，印古範今，如駕南車，無或有異矣。持而獻之，當寧以佐廟堂之籌畫，若兵農、禮樂之大，錢穀、户口之盛，文武、寮寀之黜陟取舍，選舉、科目之替隆，文章、政事之得失，皆可由邑志而類推之。治天下之道，寧有外于是耶？志之重也，所係有如此，此其所以〔一〕

〔一〕抄本無『所以』二字，此句刻本。

不可不亟爲纂集也。若云夫藻采可觀，華實并美，以成不刊之令典，垂不朽之鴻業，用以黼黻皇猷，媲美史漢，則余身司邑事，總率是書，鄙陋無文，不能勝也。請以俟夫擅三長而操如椽，若龍門、扶風、廬陵、涑水諸鉅公者。

右康熙年《海康縣志》，爲知縣鄭俊纂，迄今將三百年，存者寥寥。會縣修《續志》，查取此書。城區採訪員陳君登策送來一部，閱之，見中所記載多有嘉慶年《縣志》所漏略者，是亦考證前事所不可少之書也。第原板已朽壞無遺，此孤本亦虞或佚，爰與局中同事勞君佐文、陳君景鋆、吴君天澤、林君麟年等商，再付聚珍板印，以廣流傳。而志爲一縣之書，僉謂宜用一縣之款，司新賓興祠錢穀事李君其璜主張尤力，遂以該祠存款白金一百五十元，印書一百部，庶流傳勿替，邑事大有足徵也。印既竟，爲志其緣起於此。民國十八年夏曆己巳歲八月續修《縣志》，總纂梁成久記〔一〕。

〔一〕此記爲民國十八年梁成久重修聚珍本後記，故不見刻本、抄本。